南水北调东线一期工程文物保护项目

山东省考古发掘报告 第一号

梁山薛垓墓地

山 东 省 文 物 局
山东省南水北调工程建设管理局 编

文物出版社

封面设计　李　红
责任印制　陈　杰
责任编辑　王　伟　秦　彧

图书在版编目（CIP）数据

梁山薛垓墓地/山东省文物局，山东省南水北调工程建设
管理局编著．－北京：文物出版社，2013.8
　ISBN 978-7-5010-3792-6

　Ⅰ．①梁…　Ⅱ．①山…　②山…　Ⅲ．①汉墓－考古发掘－
梁山县②宋墓－考古发掘－梁山县　Ⅳ．①K878.8

　中国版本图书馆CIP数据核字（2013）第173492号

梁山薛垓墓地

山　东　省　文　物　局
山东省南水北调工程建设管理局　编

文物出版社出版发行
（北京市东直门内北小街2号楼）

http://www.wenwu.com
E-mail：web@wenwu.com

北京燕泰美术制版印刷有限责任公司制版印刷
新华书店经销
开本：889×1194　1/16
印张：23.5　插页：2
2013年8月第1版　2013年8月第1次印刷
ISBN 978-7-5010-3792-6
定价：328.00元

An Excavation Report on Xuegai Cemetery in Liangshan

by

Cutural Relics Bureau of Shandong Province

Shandong Provincial Adnimistration Bureau of South-to-North Water Diversion Project

Cultural Relics Press

南水北调东线工程文物保护项目报告
山东省编辑委员会

项目承担单位

山东省文物局

山东省南水北调工程建设管理局

总　编　　谢治秀

副总编　　刘鲁生　　王守功

编委会

主　任　　谢治秀

副主任　　刘鲁生　　由少平

编　委（按姓氏笔画）

王守功　　田光辉　　田　洁

阮同华　　任泽俭　　李传荣

张运保　　张振国　　郑同修

季新民　　黄　茜　　鲁文生

傅俊海

南水北调东线工程文物保护项目报告
山东省第一号

《梁山薛垓墓地》

编著单位

山东博物馆

济宁市文物局

梁山县文物管理所

主　编	杨　波		
副主编	于秋伟		
编　委	张　骥	肖贵田	卫松涛
	朱　华	李洪岭	田　洁
摄　影	于秋伟	张爱民	
绘　图	朱　华	宋爱平	李　宁
	徐　波	李德渠	刘善沂
拓　片	李　宁	杨西辉	

总　序

　　南水北调工程是继三峡工程之后又一举世瞩目的大型水利工程。东线一期工程在山东省呈"T"字形走向，分为南北干线和东西干线两部分，总长度为695千米，干渠经过9个地市的26个县（市、区）。

　　南水北调干渠经过的地区交通便利、物产丰富，自古以来就是人类活动的中心区域。通过考古调查，在山东段干渠及库区共发现文物点88个，其中省级文物保护单位2个，地、县级文物保护单位12个。此后经过工程部门多次调整方案，避让了其中的21处文物点，最后确定文物点67处，其中地上文物点5处，地下文物点62处。发现的文物点年代跨度长、分布密集、文物保护级别高、文化内涵丰富。

　　为做好南水北调工程山东段的文物保护工作，山东省文化厅成立了南水北调文物保护工作办公室，负责文物保护工作的组织协调工作。为做好南水北调文物保护工作，办公室首次将市场机制和监理机制引入文物保护工程。通过邀标与指定相结合，确定文物保护项目的承担单位、监理单位和协作单位。根据以往配合工程的经验，在地下考古发掘工作中，在实行领队负责制、项目合同制的基础上实行学术课题制；地上文物保护工作中实行业主负责制、项目招标制、工程监理制、设计资质制、项目验收审计制等，确保文物保护工作按照文物保护规划的内容如期、保质完成。

　　几年来，通过考古工作者的努力，南水北调山东段共完成勘探面积200余万平方米，发掘遗址39处，发掘面积8万余平方米。获得重大考古成果的文物点有：寿光双王城盐业遗址群、高青陈庄西周城址、济南长清区四街遗址及墓地、梁山薛垓墓地、济南长清区大街南汉代画像石墓葬、汶上梁庄宋元村落、高青胥家庙隋唐寺院、聊城土桥闸、阳谷七级码头、临清贡砖窑址等，其中寿光双王城盐业遗址群、高青陈庄西周城址的发掘分别获得2008年和2009年度十大考古新发现。

　　山东省南水北调工程的文物保护十分注意人才培养与课题研究。为加强田野技术力量，在高青陈庄遗址先后举办了两期"山东省南水北调工程田野考古技术培训班"，培养业务干部五六十名。在进行田野工作的过程中，根据发掘成果，先后就鲁北地区盐业考古、佛教寺院、齐国早期都城、运河文化等进行了课题研究，大大提高了南水北调文物保护工作的档次。

　　田野考古工作结束后，运河沿线发掘的水工设施（船闸、码头等）正在由具有修复资质的单位进行规划设计、维修。维修完成后，这些水工设施将成为运河申遗的亮点。地下发掘项目承担单位积极做好资料整理与出土文物的保护工作，考古报告将陆续出版，出土文物将得到更好的保护。

为宣传南水北调文物保护工作成果，先后多次举办考古成果论证及新闻发布会，山东博物馆在"改革开放三十年考古成就"展和"山东考古馆"中，大量展现了南水北调文物保护工作的成果。

山东省南水北调工程的文物保护工作得到国家文物局的大力支持。国家文物局多次组织协调南水北调文物保护规划的编制、文物保护经费的落实等工作。在南水北调田野考古进行过程中，多次派专家组到田野工地，进行检查、验收、论证工作，大大提高了田野考古的工作质量。

山东省南水北调工程的文物保护工作得到了山东省水利厅、山东省南水北调工程建设管理局的积极配合。从南水北调山东段文物保护专题报告的编写，到每个项目的组织实施，工程指挥部门都积极主动的做好各种协调工作。山东省文化厅与山东省水利厅还多次举办"山东省南水北调文物保护工作座谈会"，加强沟通，共同处理田野考古碰到的一些疑难问题。

几年来，在山东省委、省政府的正确领导下，在国家文物局的大力关怀下，经过考古工作者的艰苦努力，我们比较顺利的完成了南水北调工程文物保护的田野工作，并在工作中锻炼了队伍，取得了辉煌的成果。今后，我们将以十八大会议精神为指导，认真贯彻《中华人民共和国文物保护法》和《山东省文物保护条例》，积极做好工程建设中的文物保护工作，努力使山东省的文化遗产保护工作走在全国前列，为建设文化强国战略作出积极的贡献。

谢治秀

序

　　《梁山薛垓墓地》作为南水北调东线工程山东段文物保护发掘项目的第一部考古发掘报告，历经近三年时间的整理和编写即将出版。这是山东地区文物考古工作的又一新成就，也是汉代和宋代考古的又一新成果，还是考古学为文化遗产保护事业做出的新贡献。

　　山东是汉代考古的重要地区之一，汉代城址的发现和研究自不待言，汉代墓葬的发现更是惊人，迄今已达上万座。其中，既有一批汉代诸侯王墓，如长清双乳山济北王陵、章丘洛庄汉墓、章丘危山汉墓、临淄大武西汉齐王墓、临淄金岭镇东汉齐王墓、昌乐东圈1号墓、曲阜九龙山鲁王墓、济宁任城王墓、巨野红土山汉墓，以及最近发现的定陶汉墓等；也有一些列侯墓葬，如济南蜡山汉墓、阳谷吴楼1号墓、东平王陵山汉墓等；官吏和平民的中小型墓葬更是遍布山东各地，其数量已经超过万座，近年出版发掘报告的就有《鲁中南汉墓》、《东平后屯汉代壁画墓》等。以此为基础，关于汉代墓葬类型、分期与演变、墓葬分区、随葬品及丧葬文化的专题研究和综合研究等都不断取得进展。在这样的学术背景之下，梁山薛垓墓地的发掘及其成果，无疑为山东地区的汉代考古增添了新的材料，注入了新的活力。

　　梁山薛垓墓地共发掘汉代墓葬126座，其中砖椁墓60座、石椁墓51座、竖穴土圹墓5座、砖室墓9座、石室墓1座，经历了西汉中期、西汉晚期、新莽至东汉初年等三个时期。虽然墓地延续时间长，墓葬数量多，但墓葬排列有序，很少打破关系，显然是有所规划、有序使用的一处汉代家族墓地。梁山一带地处黄泛淤积区，汉代墓葬大多被淹埋在厚4米以上的黄土层下，难以发现更难以发掘，像薛垓墓地这种比较完整并且经过大规模发掘的汉代家族墓地，不仅在梁山地区属于首次，在鲁西南地区也不多见，因此其重要性是不言而喻的。

　　从不同墓葬类型的年代和空间分布来看，墓地的中心区域分布有砖椁墓和石椁墓，夫妻合葬墓的形式为异穴合葬，其年代为西汉中期；中心区的外围主要也是砖椁墓和石椁墓，但墓葬的方向主要由南北向变化为东西向，夫妻合葬墓多为并穴合葬，其年代为西汉晚期；墓地边缘很少见到砖椁墓和石椁墓而代之以券顶砖室墓，夫妻合葬墓转变为同穴合葬，其年代为新莽至东汉初年。这种现象清楚地表明，薛垓墓地从西汉中期至东汉初年的一百多年间，墓地空间经历了由中心区域逐渐向外扩展的过程，墓葬类型经历了从砖椁墓和石椁墓逐渐向砖室墓和石室墓演变的过程，夫妻合葬形式经历了从异穴合葬到并穴合葬再到同穴合葬的演变过程。尽管该墓地在宋代以前就被多次盗扰而使得大量信息尤其是随葬品严重丧失，尽管该墓地中砖椁墓和石椁墓两种墓葬类型的同时并存、墓葬类型从砖椁墓和石椁墓向砖室墓和石室墓演变的历史动因、墓葬方向主要由南北向转变为东西向所反映的丧葬文化等，也都有待于进一步深入探讨，但无论如何，薛垓墓地的发掘展现了一处汉代家族墓地的总体风貌及其兴衰演变的历史轨迹，初步揭示了梁山一带西汉中期至东汉初年墓葬类型及丧葬文化演进的某些侧面，更为汉代家族墓地的研究提供了一个很好的个案实例。

就薛垓墓地的汉代墓葬类型而言，砖椁墓和石椁墓占墓葬总数的88%以上，尤其是砖椁墓流行，构成薛垓墓地的一个鲜明特点。砖椁墓是山东地区具有地方特色的一种汉代墓葬类型，曾被认为是鲁北汉墓分布区的特点之一。实际上，从鲁西北的茌平南陈庄汉墓，鲁北的章丘女郎山、寿光三元孙墓地、潍坊后埠下墓地，黄海沿岸的青岛城阳区文阳路汉墓到鲁中南的兖州徐家营墓地、鲁西南的济宁潘庙墓地等，砖椁墓都有所发现，但又都没有薛垓墓地数量如此多且流行。这里的砖椁墓在竖穴土坑内用条形小砖垒砌椁室，再以小砖叠涩内收封顶或直接覆盖石板形成椁室，椁室狭小，于是在椁室外的一端用小砖垒砌器物箱，形成鲜明的自身特色。结合薛垓墓地发现的结构简单的券顶砖室墓及其特点，可以清楚地看到由砖椁墓向券顶砖室墓的演变轨迹，为汉代砖室墓的起源和演变研究提供了可靠的实物例证。

汉代石椁墓及石椁画像，是薛垓墓地发掘的又一个重要收获。这里发现的石椁墓，结构大多比较简单，椁室的一端有用条形小砖垒砌的器物箱，石椁选材上乘，加工平整，并且有的还雕刻有画像。薛垓当地并没有石灰岩山丘，缺乏制作石椁所用的石材，发掘者结合石椁石材的鉴定以及鲁西南石灰岩山丘的分布认为，这里的石椁大多来自50千米之外的嘉祥石灰岩产地。值得注意的是，有的石椁上遗留有石作工匠书写的椁板的墨书编号，表明石椁是在其他地方制作后运到墓地进行组装的，暗示出在石材产地有专门制作丧葬用石椁的作坊。这对于汉代石作手工业生产的研究颇有意义。就石椁画像而言，虽然数量不多，但内容有楼阁、门阙、人物、动物、常青树等图像以及穿璧纹等几何形图案，采用凿纹地凹面阴线雕刻技法，线条流畅、画风质朴，并且M7和M200的画像雕刻在椁板的外侧，无论其画像内容、雕刻技法还是画像位置等，都具有初期石椁画像的鲜明特征。今梁山一带并不出产石材，石构墓葬不是当地的丧葬传统，但石椁墓的流行及石椁画像的出现表明，起源于鲁南苏北地区的石椁墓及石椁画像这种丧葬习俗，在西汉中期已经传播并影响到这一地区。这对于研究石椁墓及石椁画像的起源和传播等提供了新的资料。

梁山薛垓汉代墓地的发掘，还将有助于山东地区中小型汉墓区域性研究的进一步深入。随着汉墓资料的逐步增多，不同区域之间汉墓的统一性和差异性也逐步显现出来，山东境内汉代中小型墓葬的分区研究逐步展开。最初，山东地区汉墓被分为鲁北、鲁南和胶东三个分布区（《山东20世纪的考古发现和研究》第470页）。后来，又被划分为四个分布区，即以临淄为中心的鲁北区、以临沂为中心的鲁东南区、以胶莱平原为中心的胶东区、以兖州为中心的鲁中南区（《鲁中南汉墓》第12页）。东平后屯汉墓发掘之后，我们曾经提出，"似可将鲁西南地区单独划分为山东地区的一个汉墓分布区域"（《东平后屯汉代壁画墓·序》）。现在看来，综合自然地理、人文地理、汉代的行政区划以及汉墓的发现及其特点等诸多因素，将鲁中南低山丘陵以西鲁西平原的黄河以南、东平湖至微山湖一线的沿线及其以西的山东地区，以及江苏、安徽和河南的邻近地区划分为"鲁西南汉墓分布区"是大致可行的。这一地区，约当西汉时期的济阳郡、山阳郡、东平国以及东郡的南部、沛郡的东北隅等，迄今已经在东平芦泉屯、王陵山、后屯，梁山柏松村、后银山、柏木山、馍馍台，嘉祥宋山、长直集，巨野红土山，济宁肖王庄、师专校区、普育小学、潘庙，定陶灵圣湖等地发掘了汉代墓葬，而薛垓墓地的发掘，尤其是一批具有特色的砖椁墓和石椁墓的发现，将进一步深化鲁西南汉墓之统一性和地域性，以及同邻近苏豫皖地区之文化联系的认识。

汉墓之外，梁山薛垓墓地的宋代墓葬同样值得重视。这里发掘宋代墓葬61座，包括31座成人墓和30座儿童墓。其中，成人墓为砖砌墓室，但结构简单，墓室狭小仅可容棺，并且很少有随葬品；儿童墓虽为砖砌，但结构更为简陋，随葬品也更少，死者大都是婴幼儿，都具有鲜明的时代特征和地方特色。这里需要指出的是，自1952年春，河南禹县白沙宋墓发掘并经科学整理出版发掘报告之后，宋代墓葬的发掘和研究逐步成为考古学研究的重要课题之一。就全国来说，宋代墓葬的发现遍布各地，相关研究相继展开，成为宋代考古的有机组成部分。就山东地区来说，宋代墓葬也多有发现，如长岛邮电局宋墓、龙口阎家店宋墓、栖霞慕家店宋墓、招远磁口村宋墓、临淄后李宋墓、章丘宁家埠宋墓、嘉祥钓鱼山宋墓等，为山东地区宋墓研究提供了珍贵资料。但值得注意的是，长期以来受到关注并经科学整理的宋墓大都限于砖雕墓、壁画墓以及随葬品精美且丰富的大中型墓葬，而对于为数众多的小型平民墓葬缺乏足够的重视和认真的整理，直接制约了宋代墓葬的系统研究和全面认识。在这样的学术背景下审视梁山薛垓墓地的宋墓，尽管这批宋墓似乎并没有"惊人"之处，但它们形象地再现了宋代梁山一带平民社会的丧葬文化，无疑是宋代平民墓葬研究的珍贵资料。同时，发掘者据此指出：薛垓墓地地处宋代梁山水泊之南，易受水灾之害，成人墓结构简单且随葬品少，而夭折儿童的墓葬为数近半，"反映了宋代这一地区经济生活的低下和窘迫，北宋时期宋江起义从这里爆发正是政治、经济生活双重压迫的结果"。这就进一步揭示了这批宋墓的历史学价值。

实际上，梁山薛垓墓地的学术价值除上述诸方面之外还有许多，譬如，该墓地的地层堆积关系为鲁西南地区历史上的黄河泛滥和自然地理环境变迁的研究提供了可靠的实物证据等。我这里进而要说的是，该墓地的发掘及其发掘报告的及时出版，还在考古学学科建设以及考古学与文化遗产事业有机结合等方面具有重要的启示和示范意义。

众所周知，"考古学是根据古代人类通过各种活动遗留下来的实物以研究人类古代社会历史的一门科学"。毫无疑问，考古学要研究的是全部的、整个的古代社会历史。仅就研究的社会层面而言，既要研究上层社会，也要研究下层社会；既要研究贵族生活，更要研究平民生活……这就要求在考古的实践中，既要重视上层社会的实物遗存，如宫殿和官署建筑、帝王陵墓和大中型墓葬等，同样要重视下层社会的实物遗存，如普通的村落和住居、为数众多的小型墓葬等。只有这样，才能发现和积累社会各阶层的资料，才能研究各阶层的社会，才能"有血有肉"地解读和阐释古代社会，才能全面担当起研究古代社会历史、探求人类社会发展规律的科学重任。从这个意义上说，薛垓墓地210座汉代和宋代平民小型墓葬的科学发掘、系统整理以及发掘报告的正式出版，对于改变"重上轻下"的倾向具有重要的学科建设意义。

就考古学与文化遗产事业的关系来说，愈来愈多的人们认识到，考古学与文化遗产保护是一种互为依存的关系，科学的考古活动为文化遗产保护提供强有力的科学支撑，尤其对于古遗址和古墓葬更是如此。就基本建设过程中的田野考古来说，至少有两个基本点：一个基本点是，田野考古本身必须科学规范，只有科学的考古发掘才是真正对文化遗产的科学抢救和有效保护；另一个基本点是，田野考古的资料必须科学记录、系统整理并公之于社会，只有这样才能真正实现对文化遗产的科学抢救和有效保护。两者缺一不可（当然还有考古现场的文物保护、出土实物的管理、保护和展示等，这里暂且不说）。但不容回避的是，重视田野发掘、轻视乃至忽视发掘资料的整理和发掘报告的出版，并不是个别现象。从这个意义上说，薛垓墓地发掘资料全面系统的整理、科学详尽的记述、严谨认真的分析和发掘报告的及时出版，对于纠正"重发掘、轻整理"的倾向，让考古学在文化遗产事业中更好地发挥作用具有良好的示范意义。

在《梁山薛垓墓地》即将付梓之际，遵杨波、于秋伟同志所嘱写了上面我对梁山薛垓墓地的初步认识以及对发掘报告出版的所感所想，既是与山东的师友们和全国考古界的朋友们交流，更是祝贺山东博物馆在考古学研究上的新成就、在文化遗产保护事业上的新贡献！

白云翔

目　录

插图目录

彩版目录

第一章　绪　言

第一节　位置与沿革

梁山县地处山东省西南部，位于山东省济宁市西北部，县域在北纬 35° 36′ 36″ ～ 35° 58′ 59″，东经 115° 51′ 37″ ～ 116° 21′ 26″ 之间，县境东西宽 45 千米，南北长 41 千米，总面积 964 平方千米。县城东北距省会济南市 148 千米。梁山县北、东面与东平、汶上县毗邻，南、西面与嘉祥、郓城县接壤，西北隔黄河与河南省台前县相望。梁山县地处鲁西南平原，大部分是黄河淤积平原，北面为泰山余脉，南面为微山湖，地貌特点北高南低，县城附近分布有海拔 200 米左右的丘陵低山，其余地区为平原地貌。

梁山在五代以前为膏腴之地，土地肥沃，人口密集。由于地势低洼，梁山历史上成为黄河水患受灾最严重的地区之一。由于黄河泛滥频繁，梁山县境多次被洪水淹没，淤土层平均在 4 米左右。境内水系经常改变，目前水系多为晚期人工开挖灌溉时所遗留。根据县志记载，宋元时期县境内还分布有大片的水面，现在的东平湖即为大片水面的遗留。

薛垓墓地位于梁山县城东南韩垓镇薛垓村西，1958 年新开挖的京杭大运河河道纵贯墓地，薛垓墓地呈南北方向的长方形，墓葬集中在运河与支流琉璃河的交汇处。这里的地表主要是河边坡地和农田，地形平整，是黄河淤积平原的典型地貌（图一；彩版一）。

梁山县历史文化悠久，早在新石器时代就有先民在这块土地上繁衍生息。商代梁山北部是商王庶兄微子的封地。西周时这里成为须句国，国都在小安山东的济水之滨。春秋时期，县境西部属晋国，东、北部属鲁国，战国时期属齐国。西汉时，梁山县境分属东郡的范、须昌、寿良三县，东南部属东平国的东平陆县。东汉时期则分属兖州东郡范县、东平国的寿张、须昌县。北宋时期梁山分属郓州（宣和元年升为东平府）须城、东阿、中都、寿张县，咸平三年（1000 年）郓州城毁，迁至今东平县州城镇。金代分属山东路东平府须城、汶上、寿张和济州的郓城县，大定七年（1167 年）黄河决口，寿张县迁治竹口镇，大定十九年（1179 年）复治于今寿张集。元代属东平路须城、寿张、汶上三县和济宁路的郓城县。明代属兖州府东平州、寿张县、汶上县、东阿县、郓城县，县境东部属东平州，西部属寿张县（南至梁山）。清代分属山东兖州府汶上县、寿张县和泰安府的东平州、东阿县及曹州府的郓城县。1913 年废府、州为道、县，县境南部属岱南道（1914 年 6 月改为济宁道）郓城、汶上县，西、北部属东临道寿张县，东部属东平县。

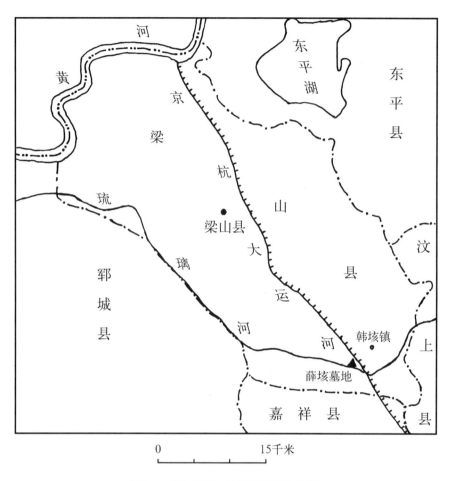

图一　薛垓墓地地理位置示意图

　　梁山建县于1949年8月，所辖区域由原郓长、东阿、东平、汶上和郓城等县的边沿地带组成，其前身是昆山县，县委、县政府分别迁至阎庄村和西小吴村（今属黑虎庙乡）。1950年2月，梁山县委、县政府迁至郑垓村（今属前集乡）。1952年春，县委、县政府迁至后集村（今属梁山镇），是年11月，平原省撤销，梁山县随菏泽专区划归山东省。1958年10月，菏泽专区撤销，梁山县改属济宁专区。1959年6月，梁山县复属菏泽专区。1985年12月，将梁山县的银山镇、斑鸠店、豆山、昆山、司里山、大安山乡及戴庙乡的32个村庄（含乡驻地），商老庄乡的23个村庄（含乡驻地），划入东平县，东平湖由东平县统一管理。1990年1月，梁山县划归济宁市管辖。

第二节　工作经过

　　国家南水北调东线工程要求将运河河道拓宽40米，为了更好的保护薛垓墓地，2006年4月至11月，受山东省文化厅南水北调文物保护办公室委托，山东博物馆考古部、济宁市文物局考古研究室在梁山县文物管理所配合下，对薛垓墓地进行了考古钻探和发掘。

为确定墓地位置和发掘范围，考古队首先组织钻探队，对薛垓墓地进行了全面的钻探。钻探采用1米梅花探孔的形式进行密探作业，因薛垓墓地地处黄土淤积区，淤土层厚达3～4米，为探明墓葬，考古队特制了长达5米的铁杆探铲，钻探时先使用普通的探铲钻探至3米左右的深度，然后使用长杆探铲继续钻探，最终初步确定了墓地的范围、土层堆积及包含物的情况，完成了13150平方米的钻探任务，初步探明薛垓墓地分布面积在20000平方米以上。薛垓墓地墓葬集中，以砖椁墓和石椁墓为主，其中以琉璃河与京杭大运河交汇处南北两侧最为集中，南北方向延伸分布，向西逐渐稀少。

根据薛垓墓地范围、墓葬分布和发掘工作需要等，将发掘区分为琉璃河南岸、运河西岸的A区，琉璃河北岸三角地的B区，B区北侧相距10米的C区，C区北侧相距30米的D区。从后来的发掘结果看，在这四个区的范围内共发掘墓葬167座，虽然分布密集，打破关系很少，可能是经过认真规划的家族墓地。

发掘工作从2006年4月21日开始，首先发掘A、B两个发掘区。A区位于京杭大运河与琉璃河交汇处的南岸，面积约800平方米，共发掘墓葬38座，多为石椁墓和砖椁墓。A区工作结束后，在琉璃河北岸发掘了B区的一部分，B区因为早期运河取土的缘故，埋藏较浅，而且在距地表深度1.5～2米的地方还有晚期墓葬分布，共发掘墓葬55座，春季发掘至6月20日结束。秋季发掘从2006年10月开始，发掘了薛垓墓地B区的剩余部分（49座墓），还有C区和D区。C区位于B区北侧10米处，发掘14座墓葬。D区位于C区北部约30米处，发掘11座墓葬，秋季共发掘墓葬74座。

2006年秋季，济宁市文物局考古研究室在薛垓墓地A发掘区南部约25米处的E区和运河东岸的F区进行了考古发掘，其中E区发现墓葬32座，F区发现11座，共发掘墓葬43座。

已发掘的210座墓葬中，出土各类文化遗物748余件（组）。主要是陶器，种类有陶罐、壶、碗、钵、奁、楼、灶、猪圈、釜、甑、勺等。另外还有瓷器，如罐、碗。铜器有铜洗、铜钗及铜钱，铜钱包括半两、五铢、货泉、大泉五十及宋代年号铜钱等。铁器有铁刀、铁削、铁剑。玉器有玉璧。铅器有车马明器等。

参加考古发掘的有山东博物馆考古部、济宁市文物局考古研究室及梁山县文物管理所的同志。山东博物馆考古队执行领队杨波，副领队于秋伟、肖贵田，队员有惠夕平、卫松涛、梁国庆、杨爱国、杨三军、杨三晨、魏传刚、魏慎军、魏鑫等。济宁市文物局考古研究室王政玉、张骥、李德渠主持发掘了墓地的E、F两区。此外，梁山县文物管理所刘绍旺、李洪岭、田忠武、张爱民等参加了考古发掘工作。考古绘图由刘善沂、李德渠负责，杨三军、杨三晨、魏传刚、魏慎军等参与了绘图工作，摄影由于秋伟、张爱民完成。

梁山薛垓墓地考古报告编写工作从2007年3月开始，到2010年10月结束，期间因为其他野外考古发掘工作，整理工作断续进行。报告编写过程中，首先需要确定编写体例。山东博物馆专门召开了专家论证会，对报告编写的体例、内容编排等进行了论证，参加者包括山东省文化厅、山东省文物局、山东大学、山东省文物考古研究所、济南市文物局等单位的专家和学者12人，大家对报告的编写提出了许多建设性的意见。

第二章 墓葬综述

第一节 地层堆积

薛垓墓地所处地势平坦，属于典型的黄河淤积区，从地表上看不到任何的遗迹和遗物。植被除河岸坡地分布树林外，多为农作物。土壤为黄褐色土，含沙量不大，土质纯净。从发掘情况看，薛垓墓地发掘区范围内各发掘区地层一致，可分7层。

第①层：耕土层，厚0.2～0.3米。

第②层：红褐色垫土层，厚0.5～0.6米。包含一定的泥沙和较多的碎石、陶片等，系挖掘运河时翻土所致。

第③层：回填垫土层，黄色淤土，厚0.4～1.2米。系挖掘运河时翻土所致。

第④层：红褐色黏土层，厚0.3～0.6米。质地紧密。

第⑤层：黄色淤土层，黄色沙土，厚0.7～1.3米。土质纯净，系黄河泛滥淤积而成。

第⑥层：灰褐色文化层，厚0.1～0.2米。夹杂红烧土块、陶片等。

第⑦层：深灰褐色生土层，土质纯净。

第二节 概述

薛垓墓地共发现汉代、宋代墓葬210座（图二），其中汉墓126座，宋墓61座，因破坏形制不明者23座。在实际发掘过程中，证实梁山境内的黄土淤积层非常厚，最深处超过4米。4米以下才能到达汉代的原始地表，汉代墓葬均开口在第⑤层下，汉代原始地表上。宋代墓葬开口于第④层下，与汉代墓葬不存在打破关系。

汉代墓葬共126座（图三）。虽然发掘区不同，实际上是相连的一座墓地。墓葬形制比较统一，多为砖、石椁墓。墓葬填土多为黄褐色五花土，有些可见经过夯打的圆形夯窝，质地比较紧密。墓葬多为一次葬、单人葬，薛垓墓地发现双室墓11座，三室墓2座，应为夫妻（妾）异穴合葬墓。

砖、石椁墓的发展形式为砖、石室墓。薛垓墓地发现砖室券顶墓9座，石室墓1座，数量较少。墓室不再使用平面的石板盖顶，而是演变为券顶形式。薛垓墓地出现的砖、石室墓结构较简单，只是砖、石室墓出现时的原始形态，未发现多室墓和大型墓。

（一）砖椁墓

51 座。砖椁墓是指在竖穴土坑墓的基础上，使用长条形青砖垒砌椁室，以青砖叠涩内收封顶或者直接使用石板封顶形成椁室。椁室面积狭小，无法放置随葬品，于是在椁室外端作青砖垒砌器物箱，为节省建筑材料多不封闭。砖这种建筑材料在汉代比较珍贵，可见汉代对丧葬的重视程度。砖椁墓发掘时除少数保存完好外，封顶多已不存，椁室内的随葬品被扰动，器物箱内的随葬品保存完好。单砖椁墓在 A 区有 16 座、B 区 13 座、C 区 4 座、D 区 1 座、E 区 13 座、F 区 2 座，双砖椁墓 2 座，位于 E 区。砖椁墓的分布集中在墓地中心的 A、B、E 三区，边缘处分布较少，反映出这些砖椁墓出现在墓地中心位置，是薛垓墓地使用年代的上限。

（二）石椁墓

49 座。石椁与砖椁相对应，就是以加工平整的石板为材料，由底板、四块边板、盖板构成完整的椁室，有的椁室还有雕刻的画像。这种墓葬形式是汉代人首创的，经过逐渐的发展和演化，石椁加工日渐细致，在接缝位置还雕刻扣榫，在泥土的挤压下变得坚固异常。另外，在一些石椁边板上还发现了汉代工匠书写的编号，是为了防止石椁加工完成后混淆，预先进行编号以方便拼接。相对于边板来说，底板和盖板比较粗糙，这些与定做石椁的墓主家财力相关。薛垓墓地发现的石椁墓盖板多为 3 块石板拼接而成，有的宽度和厚度还不一致。单石椁墓在 A 区有 18 座、B 区 9 座、C 区 5 座、E 区 7 座、F 区 5 座，双石椁墓 4 座，位于 E 区，三石椁墓 1 座，位于 E 区，分布规律与砖椁墓基本相同，两者并存表明了它们是薛垓墓地早中期墓葬的主要形式。在 4 座墓的石椁上发现画像，分别是 M7、M25、M191、M200，其中 M7 石椁画像在石椁外侧，端板上是门阙画像，边板有墓主人、人物和穿璧纹画像，画面简单，手法朴拙，显示出石椁画像的原始性。M25、M191、M200 在石椁外侧雕刻穿璧纹。另外，还有一类砖椁、石椁混合的墓葬葬 6 座，其中砖、石椁双室墓 5 座，B 区 1 座、E 区 2 座、F 区 2 座，砖石椁三室墓 1 座，位于 B 区。

（三）土坑竖穴墓

8 座。其中 A 区 4 座，B 区 3 座，E 区 1 座。土坑竖穴墓长度在 2.50 米左右，内有木棺，积水后腐朽，形制不明，其中 2 座墓有生土二层台。竖穴土坑墓作为秦汉以前最为流行的墓葬形制，在薛垓墓地发现数量很少，说明这种墓葬形制在墓地埋藏的时代已不太被认同，使用土坑竖穴墓埋葬的墓主人可能有着较为特殊的生活背景。

（四）砖室墓

13 座。B 区 1 座，C 区 1 座，D 区 8 座，E 区 2 座、F 区 1 座。砖室墓墓顶不再使用石板或者砖砌叠涩内收封顶，而是采用了起券的方法。起券采取横砖起券法，券顶高度不高。在薛垓墓地发现的券顶墓中，券顶普遍保存不好，多数只残留墓壁起券的部分，顶部被破坏，未见券顶形制完整的。墓室长度增加，不再使用器物箱，随葬器物直接放置在墓室内墓主人的脚端。

（五）石室墓

1座。位于D区。石椁墓的一种发展形态，建筑方法是在土坑里使用预先加工平整的石材垒砌成两个相邻的墓室，墓葬发掘时顶部已经不存，形制不明，但是墓室结构保存尚可，石材加工平整，两室共用中间的石壁，壁上未雕刻花纹。

除上述墓葬外，还发现形制不明的墓葬23座。

薛垓墓地墓葬主要是砖、石椁墓和砖、石室墓，随葬品埋藏特点，一般将贵重物品放置在椁室内，陶器等普通随葬品放置于椁室外的器物箱中。薛垓墓地被盗情况比较严重，椁室内的贵重物品绝大多数遭到劫掠，遗留下的随葬品只有少量五铢铜钱以及铁剑、铁刀、铁削等，罕见金银玉器等贵重随葬品，器物箱内的陶器未曾扰动。

随葬品组合上，椁室内由于扰动后组合不清，但是从出土铁剑、铁刀情况看，以铁剑、铁刀随葬是比较流行的风俗。仅M15椁室内发现有玉璧，证实了椁室内贵重随葬品的存在，其他常见的随葬品，如铜镜等在薛垓墓地未有发现。

器物箱内主要是陶器，常见陶罐的组合，多为3个或3个以上的单数组合。陶罐内放置有肉制品，腐烂后只残留骨骼。其他还有陶壶、陶盆、陶钵、陶奁等。除陶器外，个别墓葬器物箱中还发现铅车马明器、铜洗等。

砖室券顶墓墓室的长度增加，不再设器物箱。随葬器物放置在墓室内墓主人的脚端，随葬品有铜钱和陶罐。

石室墓和土坑墓中未发现随葬品。

墓地还发现宋代墓葬61座，主要集中在B区（59座），墓葬形制可分为两种：一是成人墓葬，31座，长、宽在2.50×1.00米左右，砖砌墓室，头宽脚窄，构建时首先垒砌墓室下部，待木棺放置完成后，再以平砖叠涩内收，以立砖或平砖封顶。墓室的高度略高于木棺，在头端砖壁上常砌有壁龛，用于放置长明灯。二是儿童墓，30座，长、宽在0.80×0.30米左右，墓室结构简陋，仅以立砖相接形成封闭的空间，将尸身包裹放置，不使用葬具，顶部用平砖或者石板封顶。根据骨架长度及粗壮程度判断，年龄多为3～6岁，应为夭折的儿童。

第三章　汉　墓

第一节　概述

薛垓墓地发现汉墓 126 座，其中砖椁墓 51 座、石椁墓 49 座、砖室墓 13 座、石室墓 1 座、土坑竖穴墓 8 座（见图三）。

砖、石椁墓墓葬的填土多为黄褐色五花土，可见到经过夯打的圆形夯窝，质地比较紧密。椁室长宽多在 3.5×1.5 米，构筑方法相同：砖椁使用青砖平砌，墓底有铺地砖，墓顶采用三块石板覆盖。石椁用六块石板扣合而成。有的铺底和盖顶使用石板拼合。椁室深度约 1 米，一端设砖砌器物箱，用来放普通随葬品。砖、石椁墓为一次葬，合葬墓采取异穴合葬的形式，即在椁室一侧重新构建椁室，发掘中可见墓圹被打破、椁室被破坏的现象。

砖室墓的构建形式与砖椁墓的区别在于砖砌券顶的运用和墓室面积的增加，墓室面积增加后，随葬品不再放置在椁室外的器物箱中，直接摆放在墓室里。砖室墓是砖、石椁墓的发展形式。

石室墓仅发现 1 座，虽然建构比较复杂，这座石室墓可看作双石椁墓的组合，区别在于券顶的出现和墓室面积的变化。

砖室墓和石室墓是砖、石椁墓向大型砖石室墓转变的过渡形态，是东汉晚期大型砖、石室墓的雏形。

薛垓墓地中发现竖穴土坑墓 8 座，所占比重很小，与墓主人生前的生活背景有关。

汉代墓葬被盗严重，石椁盖板的中间一块多被破坏，椁室内随葬品被盗严重，仅可见五铢铜钱及铁剑、铁刀等。贵重物品仅在 M15 中出土玉璧 1 件。与椁室盗扰的现象相比，器物箱中的陶器多未扰动，证明这些盗掘活动发生的时代与墓地使用时代相距不远。

墓葬规格不高，多属小型汉墓，绝大多数为平民墓。随葬品不丰富，椁室内扰乱严重，仅见铜钱、铁刀、铁剑等，器物箱内除两套铅质车马明器外，全部为陶器。陶器绝大部分为灰陶，少见红陶和釉陶，从陶器的器形和一致性上分析，这些陶器多出于专门的随葬品制作作坊，常见陶罐的单数组合，另有陶壶、陶盆、陶钵、陶奁及少量陶模型明器等。

第二节　墓葬分述

一　M1

（一）墓葬形制

该墓位于运河与琉璃河交汇处南侧河岸坡地。开口于第⑤层下，长方形竖穴土坑砖椁墓。方向270°（图四；彩版二，1）。墓口距地表深约3.26米。墓圹长2.64、宽0.9、深0.6米。墓葬填土为红褐色五花土。椁室顶部被破坏，盖板不存。砖砌椁室内长1.76、宽0.58米，椁室深度残存0.3～0.46米。砖砌椁室在近顶处有叠涩内收的现象，可能与顶部盖板的宽度有关。椁室内积水，仅见零星人骨。椁室东端有砖砌器物箱，长0.64、宽0.58米，深度残存0.3～0.38米，器物箱的西壁借助椁室东壁，东壁未砌砖。脚端砖砌器物箱内发现陶罐3件。

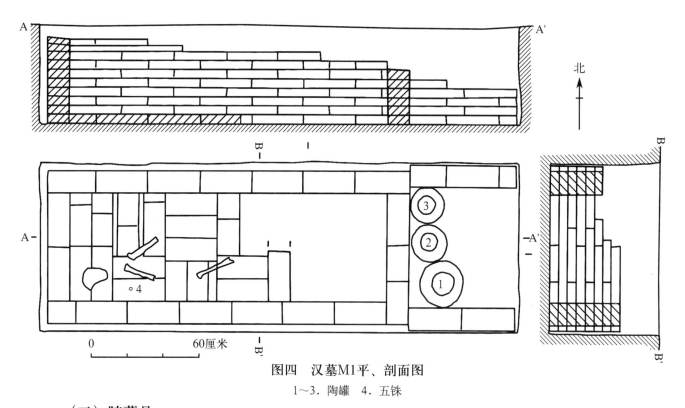

图四　汉墓M1平、剖面图

1～3. 陶罐　4. 五铢

（二）随葬品

随葬品出土陶罐3件、五铢铜钱1枚。

陶罐　3件。泥质灰陶。标本M1：1，侈口，卷沿，矮颈，斜肩，鼓腹，大平底。腹下中部饰凹弦纹。口径16、腹径29.7、底径23.7、高25厘米（图五，1；彩版二，2）。标本M1：2，侈口，卷沿，矮颈，斜肩，鼓腹，大平底。腹部饰戳刺纹。口径14.8、腹径25、底径21.2、高21.6厘米（图五，2；彩版二，3）。标本M1：3，侈口，卷沿，矮束颈，溜肩，鼓腹，大平底。腹部饰两圈戳刺纹。口

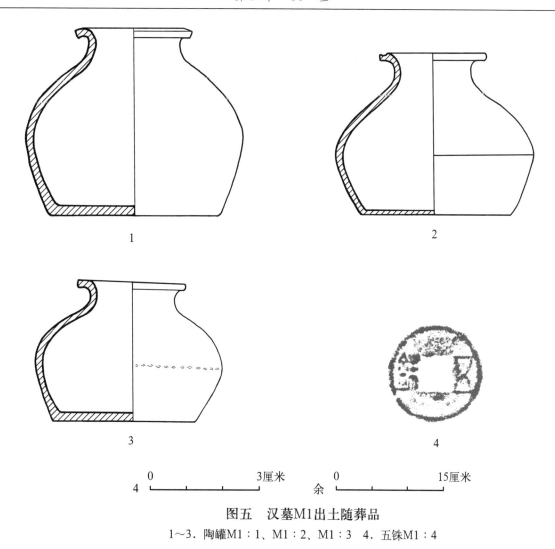

1

2

3

4

0   3厘米   0   15厘米
4 ├──┼──┼──┼──┤   余 ├──┼──┼──┤

图五 汉墓M1出土随葬品

1～3. 陶罐M1：1、M1：2、M1：3 4. 五铢M1：4

径 14.5、腹径 25.3、底径 19.6、高 18.5 厘米（图五，3；彩版二，4）。

五铢 1 枚。标本 M1：4，直径 2.6、厚 0.15 厘米（图五，4）。

二 M2

（一）墓葬形制

该墓位于运河与琉璃河交汇处南侧河岸坡地，与 M1 平行。开口于第⑤层下，长方形竖穴土坑墓。方向 265°（图六）。墓口距地表深约 2.9 米。墓葬填土为红褐色五花土。墓葬呈不规则长方形，东部较西部宽 0.11 米。墓圹长 2.73、宽 0.65～0.77、深 0.4 米。人骨保存较差，头骨在西端。随葬品放置在脚端，与人骨未分隔。发现陶罐 3 件。

（二）随葬品

随葬品出土陶罐 3 件。

陶罐 3 件。泥质灰陶。标本 M2：1，侈口，圆唇，斜沿，矮颈，溜肩，鼓腹，最大径近肩部，

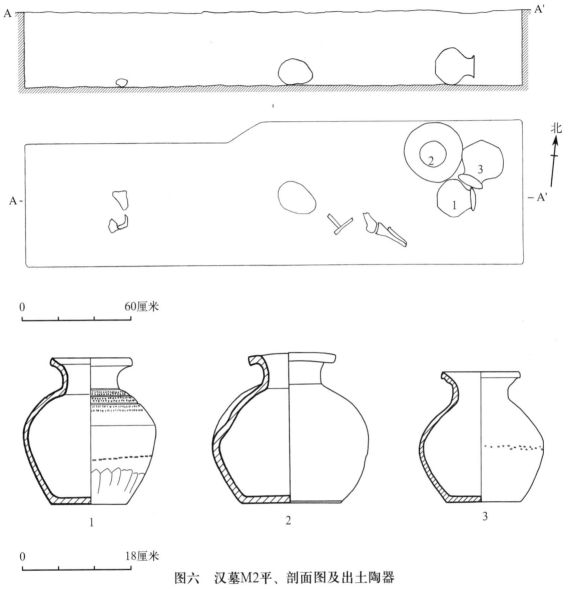

图六　汉墓M2平、剖面图及出土陶器

1～3. 陶罐M2：1、M2：2、M2：3

平底。腹部饰一圈凸弦纹。口径13.1、腹径21.7、底径12.3、高23厘米（图六，1）。标本 M2：2，直口，方唇，折沿，直颈，溜肩，鼓腹，大平底。器表饰弦纹。口径14～14.8、腹径25.6、底径16.8、高23.6～24.4厘米（图六，2）。标本 M2：3，侈口，方唇，斜沿，沿上有凹槽，束颈，溜肩，鼓腹，平底。腹部饰戳刺纹。口径12.8、腹径20.2、底径12、高20.6厘米（图六，3）。

三　M3

（一）墓葬形制

该墓位于运河与琉璃河交汇处南侧河岸坡地，与 M2 平行。开口于第⑤层下，长方形竖穴土坑砖椁墓。方向265°（图七）。墓口距地表深约3.86米。墓葬填土为红褐色五花土。椁室盖板为5块加工不规整的石板组成，其中西端石盖板破碎。墓圹长 3.2、宽 1.36、深 1.38 米。砖椁采用青砖垒砌，内长 2.06、宽 0.64 米，椁内存深 0.4 米。椁室内积水，人骨保存不好，头骨在西端。器物箱位于椁室东端，西壁使用椁室东壁，用砖垒砌南北壁，东壁未见砖砌。箱内南北长 0.70、东西宽 0.60 米。器物箱中出土陶罐 3 件。

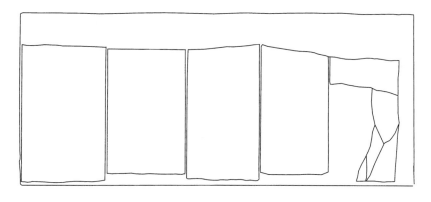

墓室盖板情形

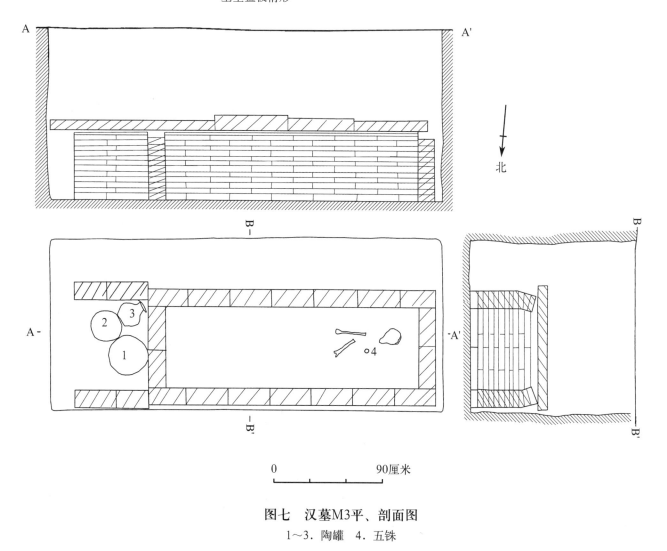

0   90厘米

图七　汉墓M3平、剖面图

1～3. 陶罐　4. 五铢

（二）随葬品

随葬品出土陶罐3件、五铢铜钱1枚。

陶罐 3件。泥质灰陶。标本M3∶1，侈口，圆唇，卷沿，矮束颈，斜肩，鼓腹，小平底。腹下部饰绳纹。口径16.2、腹径39.2、底径12.1、高39.6厘米（图八，1）。标本M3∶2，盘口，束颈，斜肩，鼓腹，底残破，腹中部饰戳刺纹，下部饰绳纹。标本M3∶3，盘口，束颈，斜肩，鼓腹，小平底。腹中部饰戳刺纹、下部饰绳纹。口径16.1、腹径30、底径5.6、高31.5厘米（图八，2）。

五铢 1枚。标本M3∶4，直径2.4、厚0.1厘米（图八，3）。

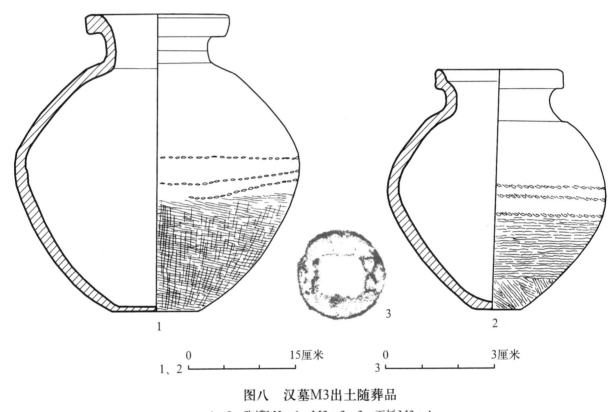

图八 汉墓M3出土随葬品

1、2. 陶罐M3∶1、M3∶3 3. 五铢M3∶4

四 M4

（一）墓葬形制

该墓位于M7东侧，打破M12。开口于第⑤层下，长方形竖穴土坑砖椁墓。方向355°（图九；彩版三，1）。墓口距地表深约2.1米。椁室盖板不存。墓圹长3.06、宽1.02～1.12、深0.96～1.4米，砖椁仅存北、东、西三面，砖椁长2.86、宽0.68、椁室内存深0.54米。椁室内积水，人骨保存差，头骨在北端。椁室内出土半两铜钱1枚，铁剑1件、铁削1件。器物箱位于椁室南端，与椁室无隔墙，南壁亦未见砖砌封闭。器物箱中出土陶罐2件。

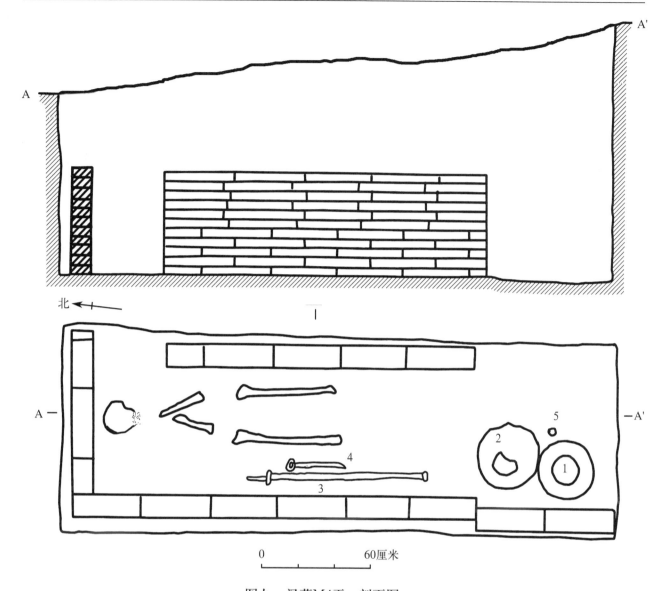

图九　汉墓M4平、剖面图
1、2. 陶罐　3. 铁剑　4. 铁削　5. 半两

（二）随葬品

随葬品出土陶罐2件，出土器物箱中。半两铜钱1枚、铁剑1件、铁削1件，椁室内出土。

陶罐　2件。泥质灰陶，标本M4:1，直口，微侈，平折沿，矮颈，圆肩，鼓腹，平底。最大径在近肩处，上腹部饰弦纹，下腹部饰绳纹。口径15.6、腹径28.8、底径10.5、高28.9厘米（图一〇，1；彩版三，2）。标本M4:2，侈口，卷沿，鼓腹，平底。上腹部饰弦纹、戳刺纹，下腹部饰绳纹。口径16.3、腹径37.7、底径17、高36厘米（图一〇，2；彩版三，3）。

半两　1枚。标本M4:5，直径2.4、厚0.05厘米（图一〇，3；彩版三，4）。

铁剑　1件。标本M4:3。

铁削　1件。标本M4:4，断为四截，环首，锈蚀重。残长27.5、宽2.3、脊厚0.6、环首外径4.5厘米（彩版三，5）。

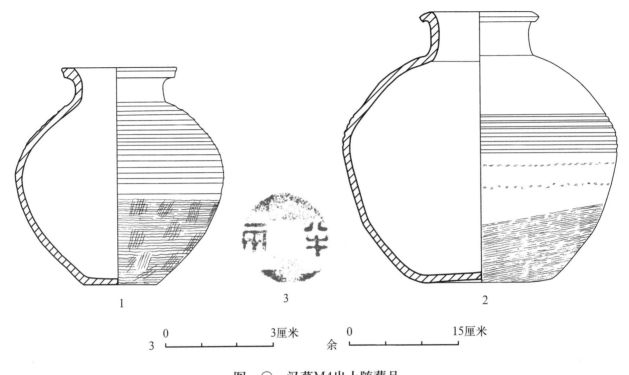

图一〇　汉墓M4出土随葬品

1、2. 陶罐M4：1、M4：2　3. 半两M4：5

五　M5

（一）墓葬形制

该墓位于 A 区西端。开口于第⑤层下，长方形竖穴土坑砖椁墓。方向 0°（图一一）。墓口距现存地表深约 2.1 米。墓圹长 3.1、宽 1.24～1.31、深 1.26 米。椁室盖板不存。砖椁使用青砖错缝垒砌，椁室内长 2.8、宽 0.68 米，残存深度约 0.5 米，墓底有铺地砖。残存零星人骨，头向北。椁室内头骨一侧发现五铢铜钱。椁室南端设砖砌器物箱，椁室与器物箱之间未发现隔墙，器物箱南壁未见砖砌。器物箱中出土陶壶 3 件。

（二）随葬品

随葬品出土陶壶 3 件、五铢铜钱 9 枚。

陶壶　3 件。泥质灰陶。标本 M5：1，方唇，盘口，直颈，球腹，最大径在上腹部，平底。腹中部饰一圈凹弦纹。口径 13.5、腹径 25.4、底径 8.5、高 27 厘米（图一一，1）。标本 M5：2，形制同标本 M5：1。口径 13.6、腹径 26、底径 10、高 27.1 厘米（图一一，2）。标本 M5：3，形制与标本 M5：1 相同。口径 12、腹径 25、底径 10.6、高 27.2 厘米（图一一，3）。

五铢　9 枚。标本 M5：4，直径 2.6、厚 0.1 厘米（图一一，4）。

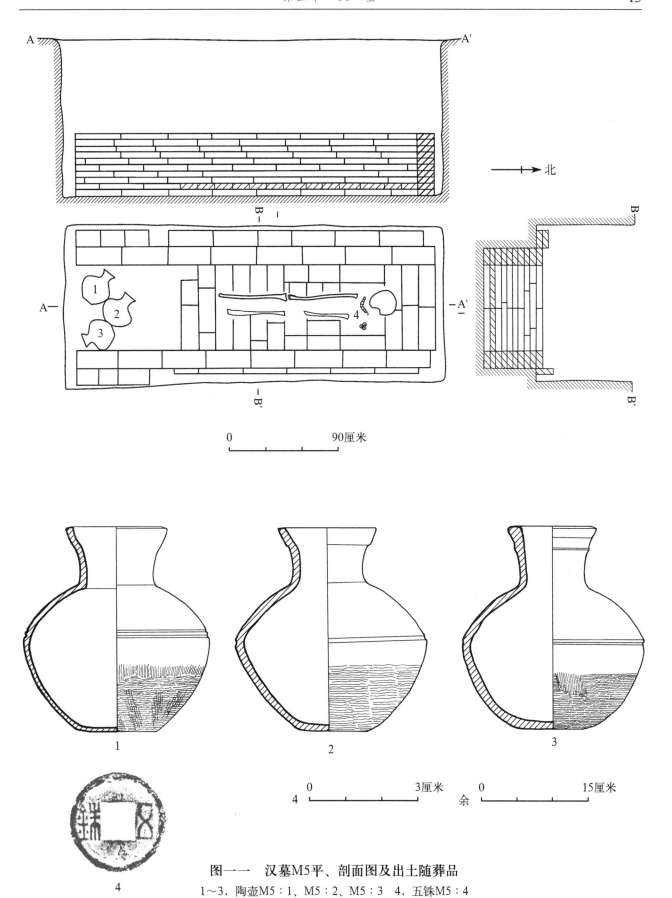

图一一　汉墓M5平、剖面图及出土随葬品

1~3. 陶壶M5：1、M5：2、M5：3　4. 五铢M5：4

六　M6

（一）墓葬形制

该墓位于 M5 东侧。开口于第⑤层下，长方形竖穴土坑砖椁墓。方向 356°（图一二；彩版四，1）。墓口距现存地表深约 2.1 米。墓葬填土为红褐色五花土。墓圹长 2.81、宽 1.02、深 0.96 米。椁室盖板不存。砖椁使用青砖错缝平砌，椁室内长 1.68、宽 0.42～0.50 米，残存深度约 0.32 米。椁室内积水，人骨保存差，头向北。椁室南端设砖砌器物箱。借助椁室南壁垒砌，残存西壁。器物箱中出土陶罐 5 件。

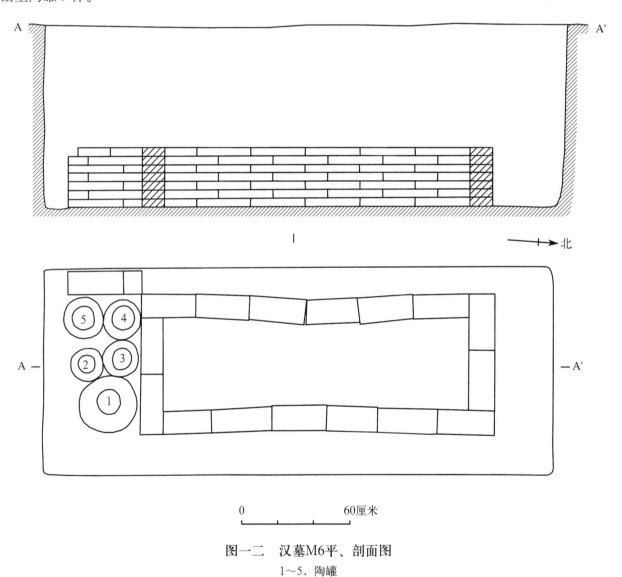

图一二　汉墓M6平、剖面图
1～5. 陶罐

（二）随葬品

随葬品出土陶罐 5 件。

陶罐　5 件。泥质灰陶。标本 M6∶1，平折沿，束颈，鼓腹，小平底。腹上部饰凹弦纹，下部饰绳纹。

口径 14.5、腹径 36、底径 10.5、高 37 厘米（图一三，1；彩版四，2）。标本 M6：2，圆唇，卷沿，鼓腹，平底。腹中部饰戳刺纹。口径 14.8、腹径 19.8、底径 7.5、高 14.9 厘米（图一三，2；彩版四，3）。标本 M6：3，盘口，卷沿，束颈，鼓腹，小平底。腹部饰弦纹。口径 17、腹径 30.5、底径 9.5、高 32.1 厘米（图一三，3；彩版四，4）。标本 M6：4，盘口，卷沿，束颈，鼓腹，小平底。腹部饰弦纹，近底部饰绳纹（图一三，4，）。标本 M6：5，盘口，卷沿，束颈，鼓腹，小平底。腹部近底饰绳纹。口径 17.4、腹径 32.0、底径 8.2、高 30.8 厘米（图一三，5；彩版四，5）。

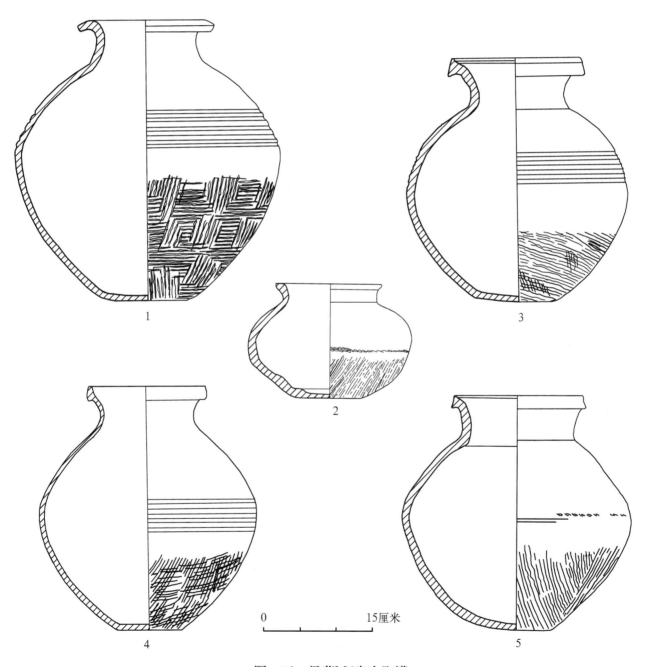

0　　　　　　　　15厘米

图一三　汉墓M6出土陶罐

1～5. 陶罐M6：1、M6：2、M6：3、M6：4、M6：5

七　M7

（一）墓葬形制

该墓位于 M4 西侧，打破 M8。开口于第⑤层下，长方形竖穴土坑石椁墓。方向 185°（图一四；彩版五，1、2）。墓口距地表深约 2.8 米。墓圹长 4.9、宽 2.3、深 2.0 米。墓葬填土为红褐色五花土，填土经过夯打，夯窝直径 5 ～ 10 厘米。椁室盖板由不规整的四块石板组成，两端石板较宽大，中间一块石板破碎。石椁为底板和四块边板扣合而成，椁室内长 2.18、宽 0.72、深 0.76 米。石椁四面

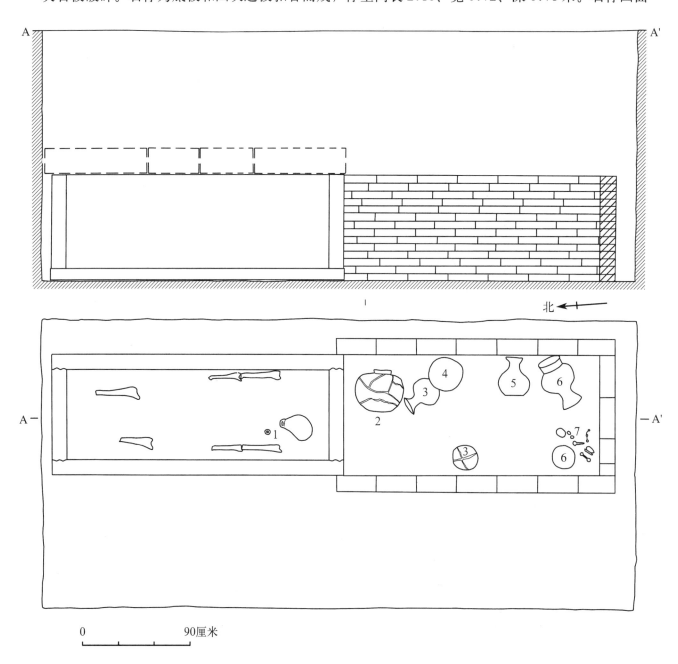

图一四　汉墓M7平、剖面图

1. 五铢　2、4、5. 陶罐　3、6. 陶壶　7. 铅车马器

M7西椁板

0　　　　　　　　　　18厘米

M7东椁板

图一五　汉墓M7石椁画像石拓片

0　　　　　　　　　　21厘米

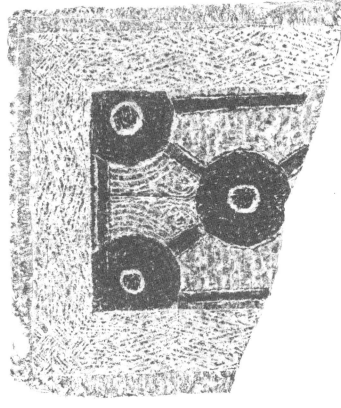

M7石椁边板（西）残段与西边板相接

M7石椁北端板

M7盖板画像

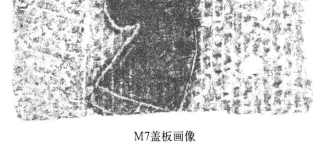

0　　　　21厘米

图一六　汉墓M7石椁画像石拓片

M7石椁南端板

外侧均有画像，采用减地阴线刻法，画像上施以彩绘（图一五、一六）。挡板上画像主要是阙门，中间为门吏站立迎宾；东侧边板画像内容较丰富，中间为墓主人端坐于两层楼阁之上，墓主人右侧为三人拱手站立，左侧为规则的穿壁纹。西侧边板断为两截，内容与东侧边板基本相同。椁室内发现人骨1具，腐朽较严重，头向南。椁室内人骨头侧发现五铢铜钱1枚。石椁南端有砖砌器物箱，器物箱借助墓室南石壁，用砖垒砌南、东、西三壁而成。箱内长2.1、宽0.96米。砖长33、宽13、厚6厘米。器物箱中出土陶罐3件、陶壶2件、铅车马明器1组。

（二）随葬品

随葬品出土陶罐3件、陶壶2件、五铢铜钱1枚、铅车马明器1组。

陶罐　3件。泥质灰陶。标本M7：2，直口微侈，方唇，平折沿，矮束颈，圆肩，鼓腹，平底。腹上部饰弦纹，下部饰绳纹。口径13.8、腹径25.2、底径12、高26.2厘米（彩版六，1）。标本M7：4，方唇，卷沿，直口微侈，矮束颈，斜肩，鼓腹微折，平底。腹部饰凸棱弦纹和绳纹。口径14.8、腹径32、底径14、高30厘米（彩版六，2）。标本M7：5，方唇，卷沿，矮束颈，溜肩，鼓腹，平底。腹部饰凸棱弦纹和绳纹。口径12.8、腹径24.5、底径10.3、高26.4厘米（图一七，2）。

陶壶　2件。泥质灰陶。标本M7：3，覆钵形盖，盖顶有柱状纽。盘口较浅，方唇，球腹，高圈足。口径19.4、腹径32.9、底径21.3、高42厘米（图一七，1；彩版六，3）。标本M7：6，形制相同。口径20、腹径32.5、底径21.3、高41.5厘米（图一七，3；彩版六，4）。

五铢　1枚。标本M7：1，破碎缺损。直径2.5、厚0.1厘米（彩版六，5）。

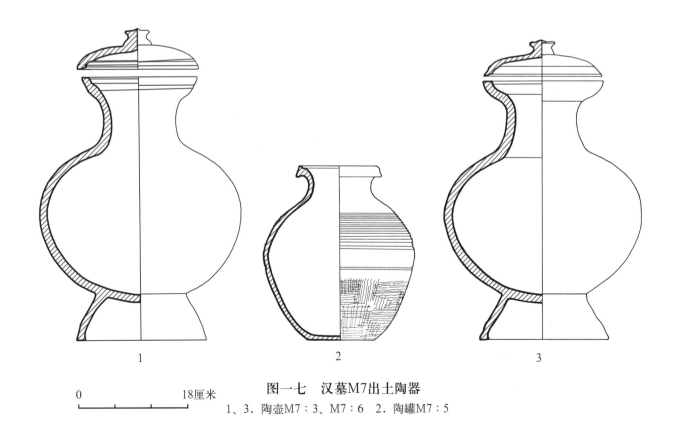

1　　　　　　2　　　　　　3

0 　　　　　　 18厘米

图一七　汉墓M7出土陶器

1、3. 陶壶M7：3、M7：6　2. 陶罐M7：5

铅车马明器　1组26件。标本M7：7，马车模型上构件，主要是盖弓帽，帽内壁可见"尚氏"铭记。长约3厘米。其他构件可见马镳、马衔、当卢、衡末、伞盖等，锈蚀较重，保存不佳（彩版六，6）。

八　M8

（一）墓葬形制

该墓位于A区西端，被M7打破土圹。开口于第⑤层下，长方形竖穴土坑石椁墓。方向176°（图一八；彩版七，1）。墓口距地表深约2.75米。墓葬填土为黄褐色花土。椁室盖板石质，共三块，方

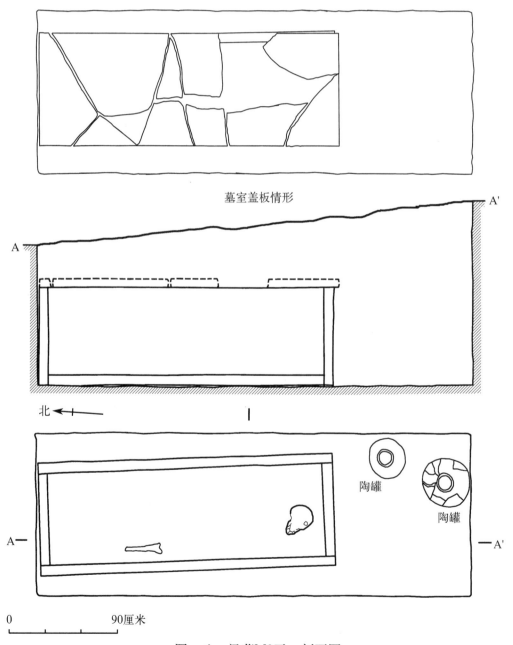

墓室盖板情形

图一八　汉墓M8平、剖面图

形，片麻岩质地，均破碎。墓圹长3.6、宽1.3、深1.48米。石椁内长2.3、宽0.74、深0.7米。椁室内发现人骨1具，头向南，保存较差。未发现器物箱，在石椁南侧紧邻椁壁处放置随葬品，椁室外贴壁处出土陶罐2件。

（二）随葬品

随葬品出土陶罐2件。

陶罐 2件。泥质灰陶。标本M8：1，侈口，方唇，高颈，宽肩，收腹，小平底。腹下部饰绳纹。口径14.7、腹径34、底径17、高33.2厘米（图一九，1；彩版七，2）。标本M8：2，圆唇，卷沿，矮束颈，小平底。腹中部饰戳刺纹，下部饰绳纹。口径14.7、腹径30.4、底径14、高29厘米（图一九，2；彩版七，3）。

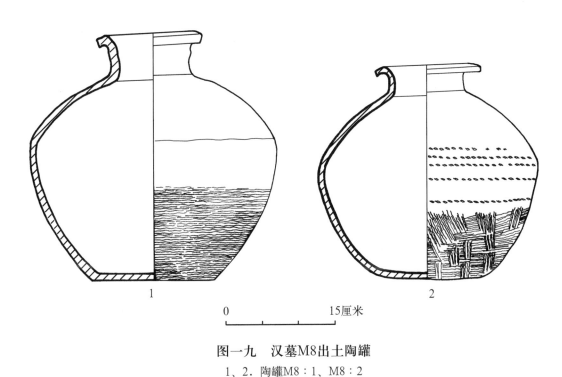

0   15厘米

图一九 汉墓M8出土陶罐
1、2. 陶罐M8：1、M8：2

九 M9

（一）墓葬形制

该墓位于M6南侧。开口于第⑤层下，长方形竖穴土坑石椁墓。方向4°（图二〇；彩版八，2）。墓口距地表深约2.6米。墓葬填土为灰褐色五花土。墓圹长3.3、宽1.42、深1.06米。椁室盖板为3块长方形石盖板，中间一块已被破坏（彩版八，1）。石椁由四块边板和底板组成，加工平整，内长2.14、宽0.73、深0.69米。椁室内发现人骨1具，腐朽较严重，头向北。椁室内发现铁剑1件。椁室南端设砖砌器物箱，借助石椁南壁，砖砌东、西两壁，器物箱东西长0.97、南北宽0.75、深0.77米。砖长34、宽14、厚6厘米。器物箱中出土陶罐3件。

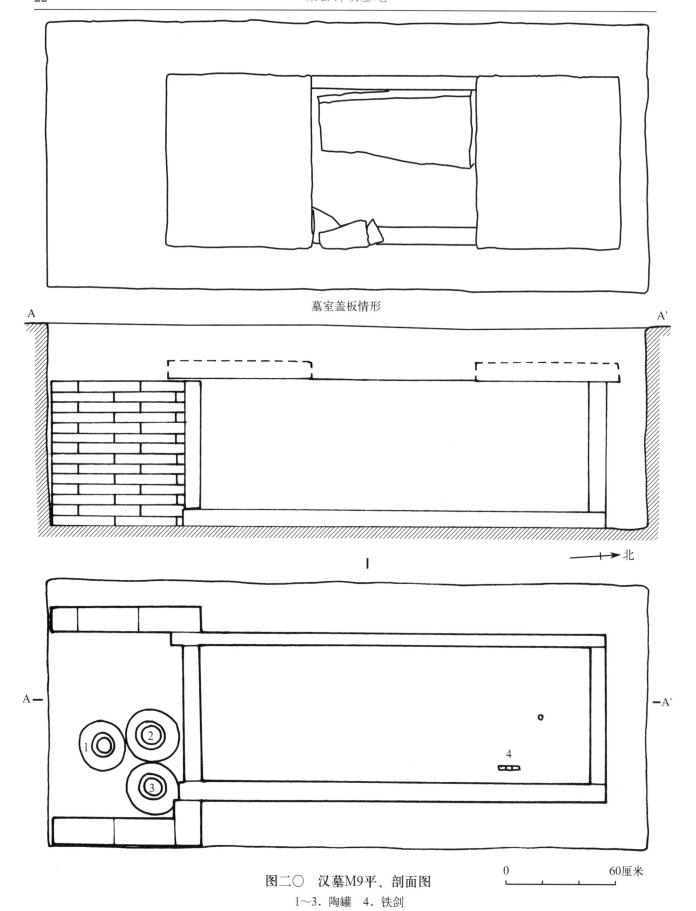

墓室盖板情形

北

图二〇　汉墓M9平、剖面图

1～3. 陶罐　4. 铁剑

0　　　　　　　　　　　60厘米

（二）随葬品

随葬品出土陶罐 3 件、铁剑 1 件。

陶罐 3 件。泥质灰陶。标本 M9：1，侈口，方唇，卷沿，矮束颈，溜肩，鼓腹，平底。腹上部饰弦纹，中部饰戳刺纹，下部饰绳纹。口径 12.4、腹径 24.3、底径 8、高 23.5 厘米（图二一，1；彩版九，1）。标本 M9：2，形制同标本 M9：1。口径 12.8、腹径 24.5、底径 10、高 22 厘米（图二一，2；彩版九，2）。标本 M9：3，形制同标本 M9：1。口径 12.6、腹径 24.7、底径 7.5、高 23.5 厘米（图二一，3；彩版九，3）。

铁剑 1 件。标本 M9：4，锈蚀后残断，未修复，尺寸不明（彩版九，4）。

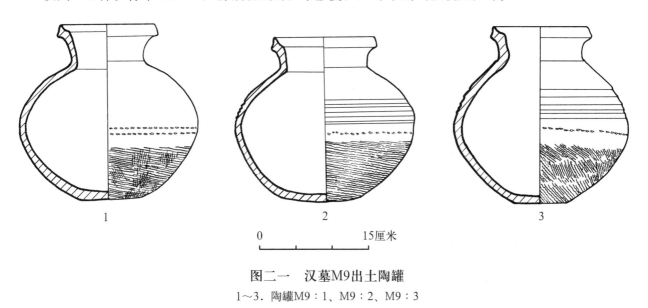

0   15厘米

图二一 汉墓M9出土陶罐

1～3. 陶罐M9：1、M9：2、M9：3

一〇 M10

（一）墓葬形制

该墓位于 M9 东侧，M4 南侧。开口于第⑤层下，长方形竖穴土坑石椁墓。方向 356°（图二二）。墓口距地表深约 2.7 米。墓葬填土为黄褐色五花土。墓圹长 3.7、宽 1.4、深 0.8 米。椁室盖板由 3 块方形石盖板组成，形状不规整，中间一块已破碎。石椁内长 2.2、宽 0.77、深 0.7 米。石椁内发现人骨 1 具，头向北，腐朽较严重。椁室内发现五铢铜钱 7 枚。椁室南端设砖砌器物箱，借用椁室南壁，东、西壁采用砖砌，南端无砖。无铺地砖。南北长 1.2、东西宽 0.94、存深 0.15～0.25 米。器物箱中出土陶罐 5 件。

（二）随葬品

随葬品出土陶罐 5 件、五铢铜钱 7 枚。

陶罐 5 件。泥质灰陶。标本 M10：2，方唇，矮束颈，斜肩，鼓腹，小平底。腹上部饰弦纹，中部饰戳刺纹，下部饰绳纹。口径 15.3、腹径 29.2、底径 10、高 28.7～29.7 厘米（图二三，2）。

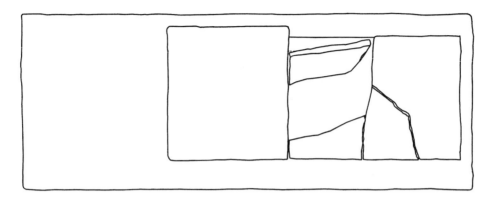

墓室盖板情形

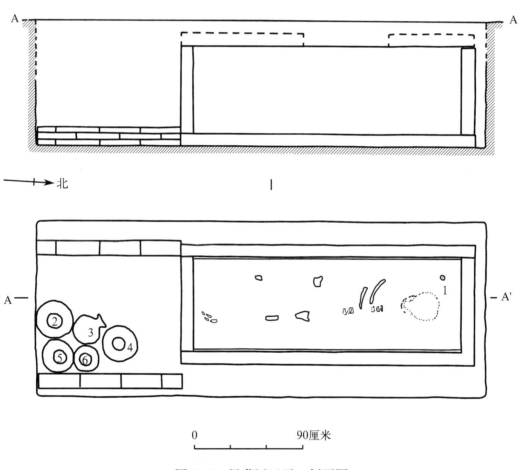

图二二　汉墓M10平、剖面图

1. 五铢　2~6. 陶罐

标本 M10：3，形制略同标本 M10：2。口径 14.5、腹径 29.4、底径 11、高 26.4 厘米（图二三，3）。

标本 M10：4，形制略同标本 M10：2。口径 15、腹径 29.2、底径 12.5、高 27.4 厘米（图二三，4）。

标本 M10：5，形制略同标本 M10：2。口径 15、腹径 28.5、底径 10、高 25.8 厘米（图二三，5）。

标本 M10：6，形制略同标本 M10：2。口径 13.3、腹径 22.9、底径 12.4、高 21.3 厘米（图二三，1）。

　　五铢　7 枚。标本 M10：1，直径 2.55、厚 0.12 厘米（图二三，6）。

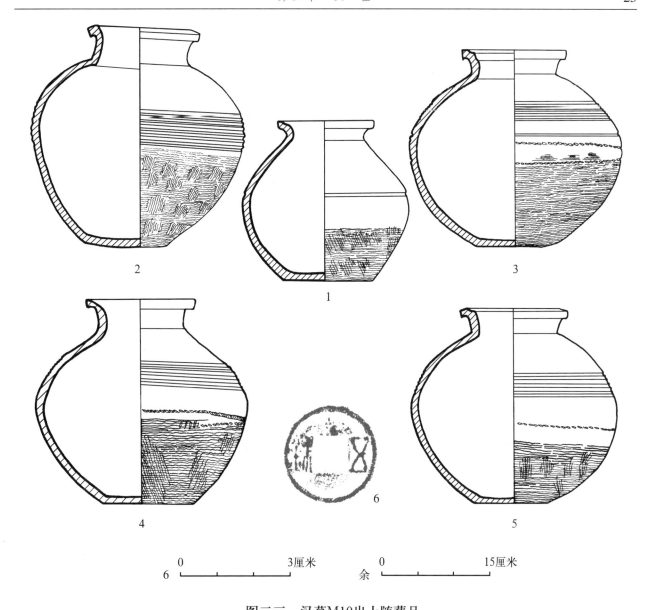

图二三　汉墓M10出土随葬品

1～5. 陶罐M10∶6、M10∶2、M10∶3、M10∶4、M10∶5　6. 五铢M10∶1

一一　M11

（一）墓葬形制

该墓开口于第⑤层下，长方形竖穴土坑石椁墓。方向5°（图二四；彩版一〇，1）。墓口距地表深约2.7米。墓圹长3.58、宽1.42、深1.1米。墓葬填土为黄褐色五花土。椁室盖板由2块长方形石盖板组成，一块已破碎。盖板长2.4、宽0.92米。石椁内长2.14、宽0.72、深0.7米。椁室内发现人骨1具，头向北。椁室内发现铁剑1件。器物箱位于椁室南端，略宽于石椁。砖砌东、西砖壁，南端未见砖壁。箱内南北长1.18、东西宽0.93、存深0.35～0.45米。器物箱中出土陶罐4件、陶壶1件。

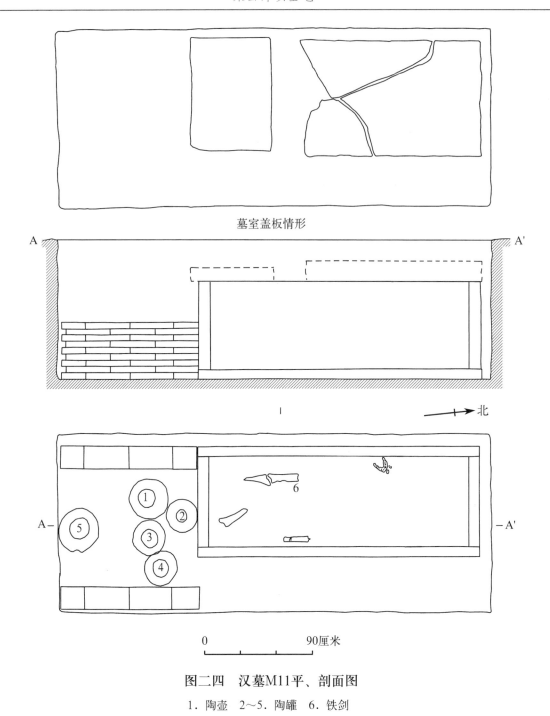

墓室盖板情形

北

图二四　汉墓M11平、剖面图

1. 陶壶　2～5. 陶罐　6. 铁剑

（二）随葬品

随葬品出土陶罐4件、陶壶1件、铁剑1件。

陶罐　4件。泥质灰陶。标本 M11：2，方唇，内沿高于外沿，长颈，斜肩，收腹，平底。腹上部饰弦纹，下部饰绳纹。口径14、腹径28.7、底径12.6、高28厘米（图二五，2）。标本 M11：3，形制略同标本 M11：2，形体略大。口径14.4、腹径30、底径11、高30.8厘米（图二五，3，彩版一〇，2）。标本 M11：4，形制略同标本 M11：2，腹部最大径略上移。口径14.6、腹径30.1、底径12、高31.8厘米（图二五，4；彩版一〇，3）。标本 M11：5，形制略同标本 M11：2，方唇，平沿。

口径 16.5、腹径 37.2、底径 14、高 35.2 厘米（图二五，5；彩版一〇，4）。

陶壶 1 件。泥质灰陶。标本 M11:1，直口，短颈，广肩，收腹，平底。颈饰弦纹，肩上有双系，腹部饰两圈凹弦纹。口径 10.1、腹径 25.2、底径 15.1、高 23.8 厘米（图二五，1；彩版一〇，5）。

铁剑 1 件。标本 M11:6，锈蚀严重，残断。残长 10.8、宽 2.1～2.8、脊厚 0.7 厘米。

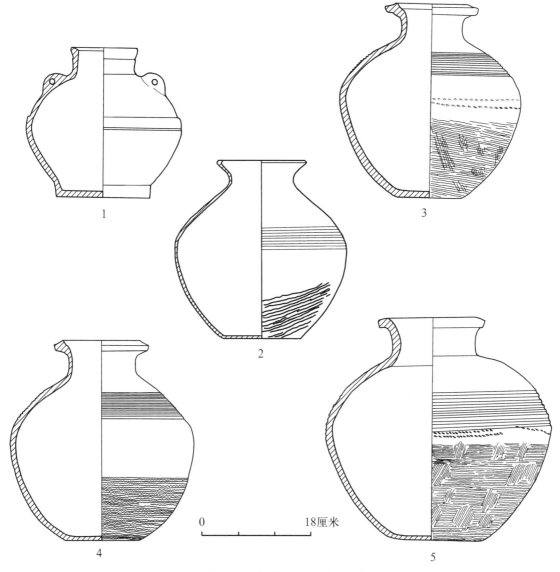

图二五 汉墓M11出土陶器

1. 陶壶M11:1 2~5. 陶罐M11:2、M11:3、M11:4、M11:5

一二 M12

（一）墓葬形制

该墓被 M4 打破土圹。开口于第⑤层下，长方形竖穴土坑石椁墓。方向 0°或者 180°（图二六；彩版一一，1）。墓口距地表深约 2.7 米。墓圹长 4.5、宽 1.9、深 1.8 米，墓葬填土为黄褐色五花土，

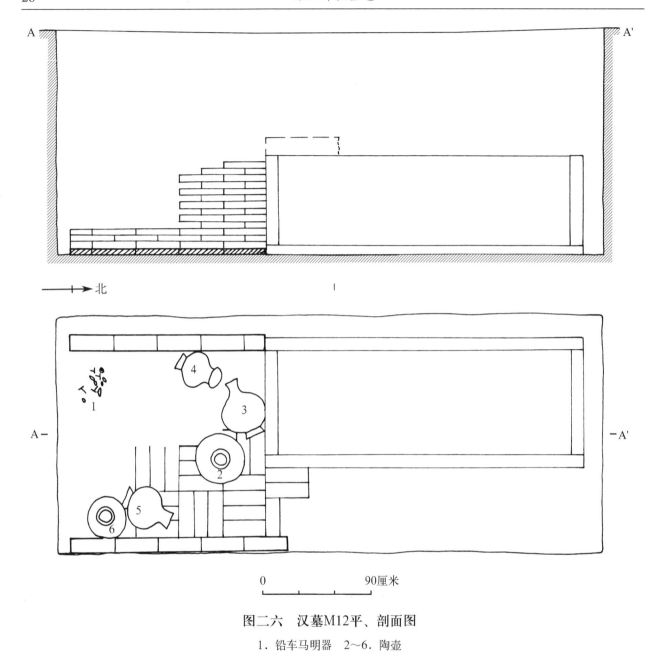

图二六　汉墓M12平、剖面图

1. 铅车马明器　2～6. 陶壶

填土经过夯打，夯窝直径6～8厘米，夯层不明显。椁室盖板为石质，仅存一块。石椁内长2.4、宽0.84、深0.72米。椁室内积水，未发现人骨。椁室南端有砖砌器物箱，借助石椁南壁，砖砌东、北、西三壁，箱内南北长1.59、东西宽1.48、存深0.8米。砖长36、宽12、厚5厘米。南端砖砌器物箱内出土陶壶5件、铅车马明器1件。

（二）随葬品

随葬品出土陶壶5件、铅车马明器1件。

陶壶　5件。泥质灰陶。标本M12：2，盘口，方唇，束颈，球腹，圈足。腹部两侧有两系，为兽首衔环，中部饰凹弦纹。口径17、腹径34.5、底径17.4、高43.6厘米（图二七，2；彩版一一，2）。标本M12：3，形制同标本M12：2。口径15.6、腹径33.7、底径17、高40厘米（图二七，3；彩版一一，3）。标本M12：4，形制同标本M12：2。口径16.4、腹径34.4、底径17、高40.6厘米（图二七，4；彩版一一，4）。标本M12：5，盘口，方唇，束颈，斜肩，鼓腹，圈足，腹部饰四圈凹弦纹。口径14、腹径24.2、底径13.5、高30.8厘米（图二七，5；彩版一一，5）。标本M12：6，形制同标本M12：5。口径14.8、腹径26.5、底径12.5、高30.6厘米（图二七，1）。

铅车马明器　1件。标本M12：1，车伞上的盖弓帽，锈蚀，黑色。形制较小，应为模型明器，内有"尚氏"铭记。长2.8厘米。

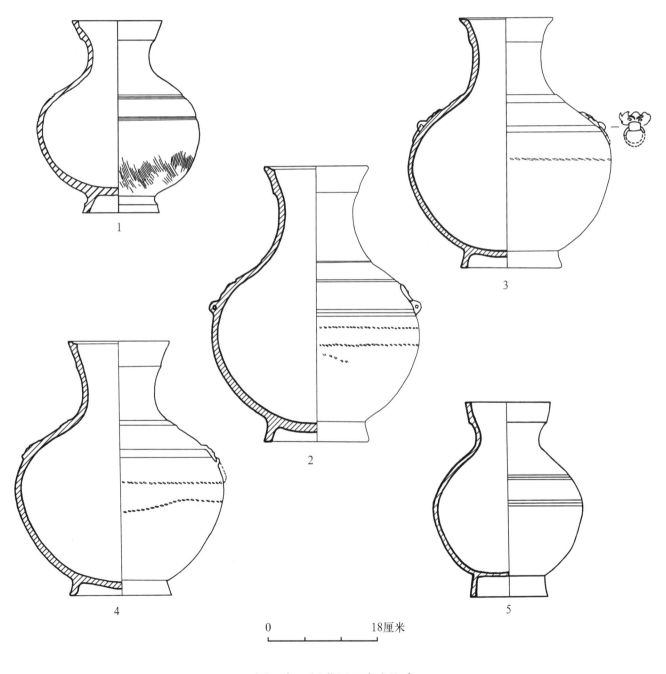

0　　　　　　　　　18厘米

图二七　汉墓M12出土陶壶

1～5. 陶壶M12：6、M12：2、M12：3、M12：4、M12：5

一三　M13

（一）墓葬形制

该墓开口于第⑤层下，长方形竖穴土坑石椁墓。方向175°或者355°（图二八；彩版一二，1）。墓口距地表深约2.6米。墓圹长3.9、宽1.42、深1.6米。墓葬填土为黄褐色五花土，比较疏松。椁室盖板不存。石椁已被破坏，仅存底板。椁室内未见人骨。椁室南端有砖砌器物箱，借助石椁南壁，砖砌东、西两壁，南北长1.2、东西内宽0.9、存深0.64米。砖长34、宽14、厚5厘米。器物箱内发现陶罐3件。

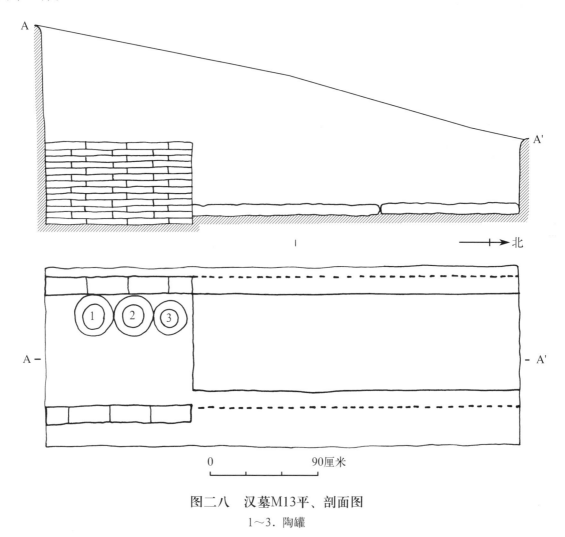

图二八　汉墓M13平、剖面图

1～3. 陶罐

（二）随葬品

随葬品出土陶罐3件。

陶罐　3件。泥质灰陶。标本M13:1，小口，矮束颈，溜肩，鼓腹，平底。腹上部饰凹弦纹，中部饰戳刺纹，下部饰绳纹。口径14.6、腹径33.2、底径13.5、高35.8厘米（图二九，1；彩版一二，2）。标本M13:2，形制同标本M13:1。口径13、腹径33.2、底径14.5、高35.2厘米（图二九，2；彩版一二，3）。标本 M13：3，侈口，方唇，卷沿，宽肩，鼓腹，平底。腹部有一道凹弦纹。口径 13.8、腹径 27.8、底径 19.2、高 20.4 厘米（图二九，3；彩版一二，4）。

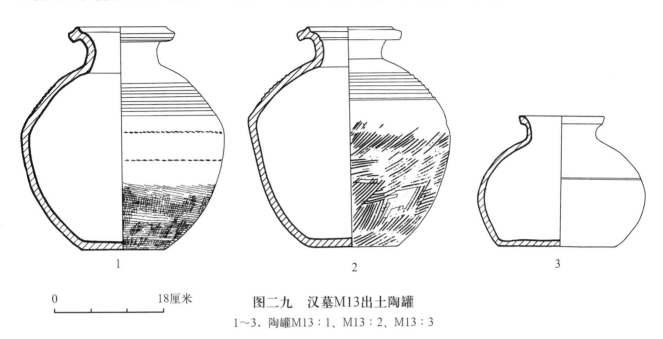

0　　　　　　　　18厘米

图二九　汉墓M13出土陶罐
1～3. 陶罐M13：1、M13：2、M13：3

一四　M14

（一）墓葬形制

该墓位于 M13 西侧，打破 M15。墓葬开口于第⑤层下，长方形竖穴土坑石椁墓。方向 175° 或者 355°（图三〇）。墓口距地表深约 2.86 米。墓圹长 4.2、宽 1.8、深 1.4 米。墓葬填土为黄褐色五花土，比较疏松。椁室盖板不存。墓葬被琉璃河开挖河道时所破坏，石椁仅残留底板，边板、盖板不存。底板长 2.62、宽 1.1、厚 0.7 米。椁室内未发现人骨。椁室南端砖砌器物箱，东西长 1.47、南北宽 1.44 米。有铺地砖，砖长 37、宽 14、厚 5 厘米。砖砌器物箱内发现陶壶 5 件（其中 2 件残）、陶钵 4 件。

（二）随葬品

随葬品出土陶壶 5 件（其中 2 件残）、陶钵 4 件。

陶钵　4 件。泥质灰陶。标本 M14：1，口微敛，斜壁，平底。口径 11.8、底径 3.5、高 3.9 厘米（图三一，1）。标本 M14：5，敞口，直壁，大平底。沿下饰一圈凹弦纹。口径 12、底径 4.5、高 3.9 厘米（图三一，2）。标本 M14：8，敞口，斜壁，小平底。口径 10、底径 7.5、高 4.5 厘米（图三一，3）。标本 M14：9，敞口，壁略折，平底。口径 11、底径 3.4、高 4.2 厘米（图三一，4）。

陶壶　5 件。泥质灰陶。标本 M14：2，盘口，束颈，溜肩，鼓腹，高圈足，肩部饰凹弦纹，腹部饰戳刺纹，下腹部饰绳纹。口径 15.3、腹径 28.6、底径 16.8、高 33.3 厘米（图三一，5）。标本 M14：4，盘口较浅，敞口，束颈，溜肩，鼓腹，高圈足，肩及腹中部各饰两周凹弦纹（图三一，6）。标本 M14：6，形制略同标本 M14：2，肩部饰两周凹弦纹（图三一，7）。

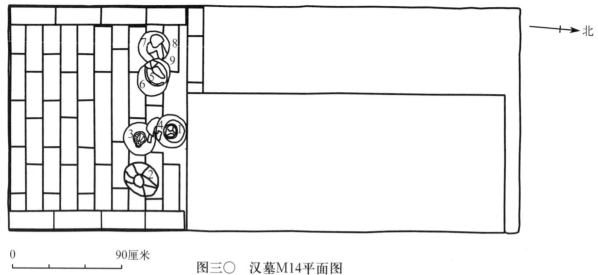

0　　　　　　　　90厘米

图三〇　汉墓M14平面图

1、5、8、9. 陶钵　2～4、6、7. 陶壶

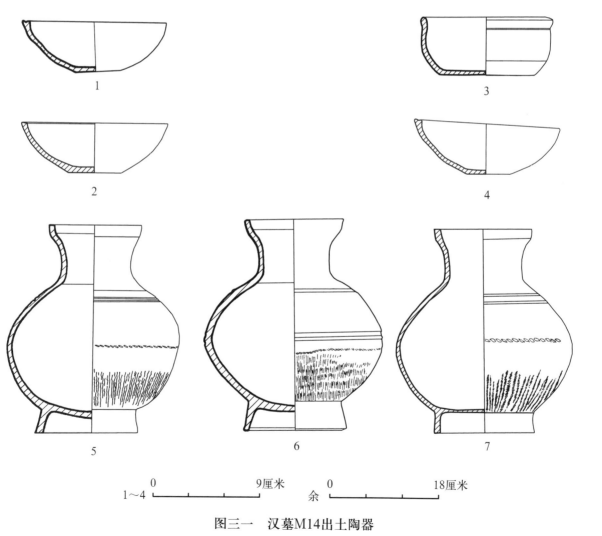

0　　　　　　9厘米　　0　　　　　　18厘米

1～4　　　　　　　　　余

图三一　汉墓M14出土陶器

1～4. 陶钵M14：1、M14：5、M14：8、M14：9　5～7. 陶壶M14：2、M14：4、M14：6

一五　M15

（一）墓葬形制

该墓土圹被东侧的 M14 打破。开口于第⑤层下，长方形竖穴土坑砖椁墓。方向 10°（图三二；彩版一三，1）。墓口距地表深约 1.3 米。墓圹长 3.5、宽 1.48、深 2.54 米。椁室盖板不存。椁室采用青砖错缝平砌，有铺地砖。椁室内长 2.43、宽 0.84、残存深度 0.65 米。椁室内未发现木棺痕迹，只有零星人骨。椁室内在人骨西侧手臂处发现玉璧 1 件，东侧手臂处发现铁剑 1 件。椁室南端有砖砌器物箱，借助椁室南壁，青砖平砌东、西两壁，未见南壁，未见铺地砖。器物箱宽 1.48、长 0.9、残高 0.58 米。器物箱内发现铜洗 1 件、陶罐 2 件、五铢铜钱 11 枚。

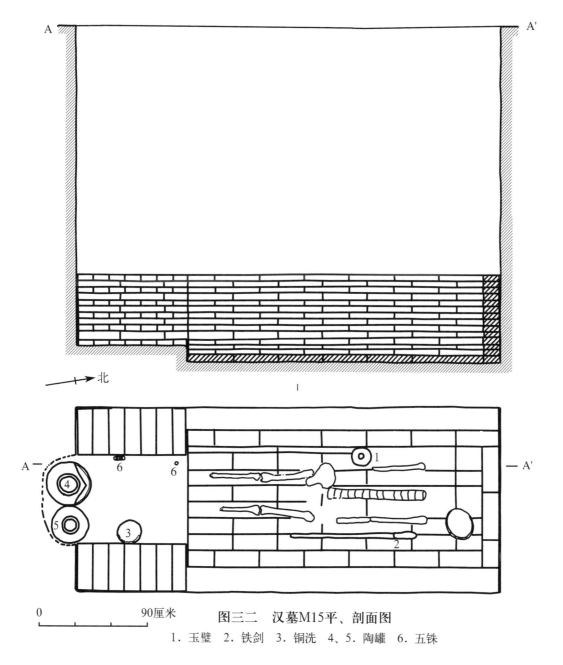

图三二　汉墓M15平、剖面图

1. 玉璧　2. 铁剑　3. 铜洗　4、5. 陶罐　6. 五铢

（二）随葬品

随葬品出土陶罐 2 件、铜洗 1 件、五铢铜钱 11 枚、铁剑 1 件、玉璧 1 件。

陶罐　2 件。泥质灰陶。标本 M15：4，方唇，折沿，折腹，平底。腹中部饰戳刺纹，下部饰绳纹。口径 14.4、腹径 38.6、底径 11、高 32.8 厘米（图三三，2；彩版一三，2）。标本 M15：5，直口微侈，方唇，卷沿，圆腹，平底。腹中部饰一周弦纹，下部饰绳纹。口径 12.6、腹径 36.4、底径 8.5、高 34.4 厘米（图三三，3；彩版一三，3）。

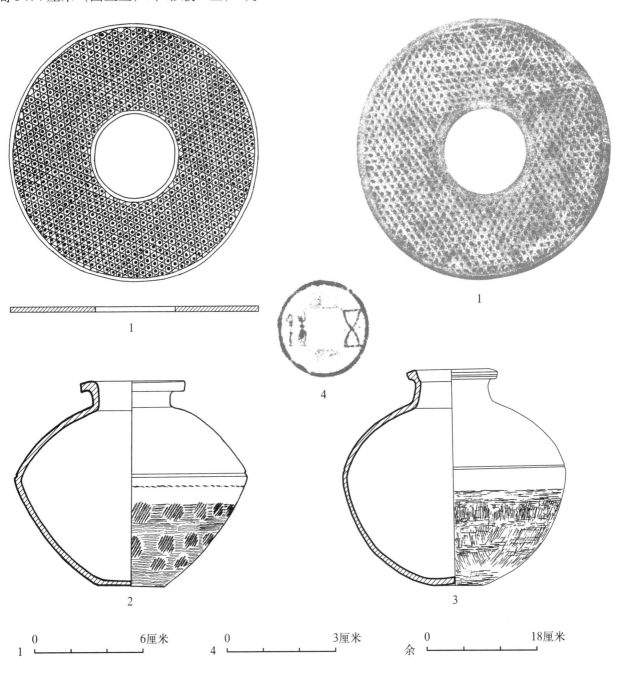

图三三　汉墓 M15 出土随葬品

1. 玉璧 M15：1　2、3. 陶罐 M15：4、M15：5　4. 五铢 M15：6

铜洗　1件。标本M15：3，器壁较薄，锈蚀严重，未修复，尺寸不详（彩版一三，4）。

五铢　11枚。标本M15：6，直径2.5、厚0.15厘米（图三三，4；彩版一三，5）。

铁剑　1件。标本M15：2，锈蚀严重，断为数截。残长70、宽2.1～3、脊厚0.3～0.5厘米。

玉璧　1件。标本M15：1，圆形，黄褐色，其上有沁斑和绺裂，饰有规律的谷纹。经山东国土资源厅宝玉石鉴定中心鉴定为和田玉。直径13.8、径4.5、厚0.38厘米（图三三，1；彩版一三，6）。

一六　M16

（一）墓葬形制

该墓开口于第⑤层下，长方形竖穴土坑石椁墓。方向265°（图三四；彩版一四，2）。墓口距地表深约2.5米。墓口长3.9、宽1.7、深1.2米。墓葬填土为灰褐色五花土，发现夯打痕迹，夯窝直径5～8厘米。椁室盖板由两块加工过的石板构成，中间被破坏。盖板厚约0.14米（彩版一四，1）。石椁内长2.20、宽0.75、深0.76、椁板厚0.1米。椁室内发现人骨，保存较差，仰身直肢，头向

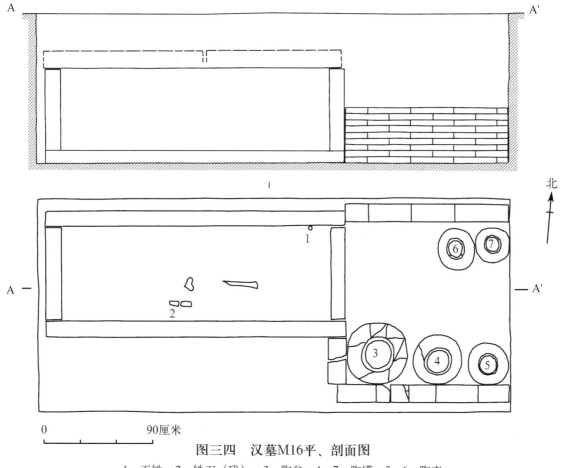

图三四　汉墓M16平、剖面图
1. 五铢　2. 铁刀（残）　3. 陶瓮　4、7. 陶罐　5、6. 陶壶

西。椁室内出土五铢铜钱 1 枚、铁刀 1 件。器物箱位于椁室东侧，借助椁室东壁砖砌南、北砖壁而成。箱内南北 1.3、东西 1.35、深 0.76 米，未发现铺地砖。器物箱内发现陶罐 2 件、陶壶 2 件、陶瓮 1 件。

（二）随葬品

随葬品出土陶罐 2 件、陶壶 2 件、陶瓮 1 件、五铢铜钱 1 枚、铁刀 1 件。

陶罐　2 件。泥质灰陶。标本 M16：4，小口，束颈，宽肩，收腹，小平底。腹下部饰绳纹，肩上线刻三条鱼和人物画像。口径 14.6、腹径 42.2、底径 13、高 36 厘米（图三五，2；彩版一四，3）。标本 M16：7，小口，束颈，圆腹，小平底。腹上部饰凹弦纹，下部饰绳纹。口径 12.4、腹径 31.2、底径 13.2、高 29.2 厘米（图三五，1；彩版一四，4）。

陶壶　2 件。泥质灰陶。标本 M16：5，覆钵形盖，盘口，长颈，圆腹，圈足。腹部饰戳刺纹（图三五，3；彩版一五，1）。标本 M16：6，高盘口，束颈，鼓腹，高圈足，肩部饰有凹弦纹和戳刺纹。口径 17.8、腹径 36、底径 17.5、高 48 厘米（图三五，4；彩版一五，2）。

陶瓮　1 件。泥质灰陶。标本 M16：3，直领，广肩，鼓腹，圜底。腹部饰一周凹弦纹。口径 27、腹径 50.4、底径 19、高 40.5 厘米（图三五，5；彩版一五，3）。

五铢　1 枚。标本 M16：1，直径 2.5、厚 0.12 厘米（图三五，6；彩版一五，4）。

铁刀　1 件。标本 M16：2，锈蚀严重，存两段。残长 20.3、宽 3.1、脊厚 0.6 厘米（彩版一五，5）。

一七　M17

（一）墓葬形制

该墓开口于第⑤层下，长方形竖穴土坑石椁墓。方向 356°（图三六）。墓口距地表深约 2.8 米。墓圹长 4.1、宽 1.56、深 1.2 米。墓葬填土为黄褐色五花土，土质疏松。椁室盖板为 2 块石质顶板，分别厚 0.12、0.18 米。石椁内长 2.15、宽 0.72、深 0.8 米。椁室内人骨腐朽严重，仅存部分下肢骨，仰身直肢，头向北。椁室内发现五铢铜钱 1 枚，铁剑 1 件。椁室南端有砖砌器物箱，借助石椁南壁，单砖平砌东、西壁，无南壁。内长 1.14、宽 1.08、存深 0.72 米。砖长 34、宽 14、厚 6 厘米。器物箱内出土陶罐 3 件。

（二）随葬品

随葬品出土陶罐 3 件、五铢铜钱 1 枚、铁剑 1 件。

陶罐　3 件。泥质灰陶。标本 M17：1，侈口，束颈，溜肩，鼓腹，小平底。腹上部饰弦纹，下部饰绳纹。口径 15.5、腹径 28.5、底径 7.5、高 29.8 厘米（图三七，1）。标本 M17：2，子母口，矮直颈，溜肩，鼓腹，小平底。腹下饰绳纹。口径 13.7、腹径 30.8、底径 9.5、高 32.2 厘米（图三七，2）。标本 M17：3，形制同标本 M17：1。口径 15、腹径 27.2、底径 6.2、高 27.7～28.7 厘米（图三七，3）。

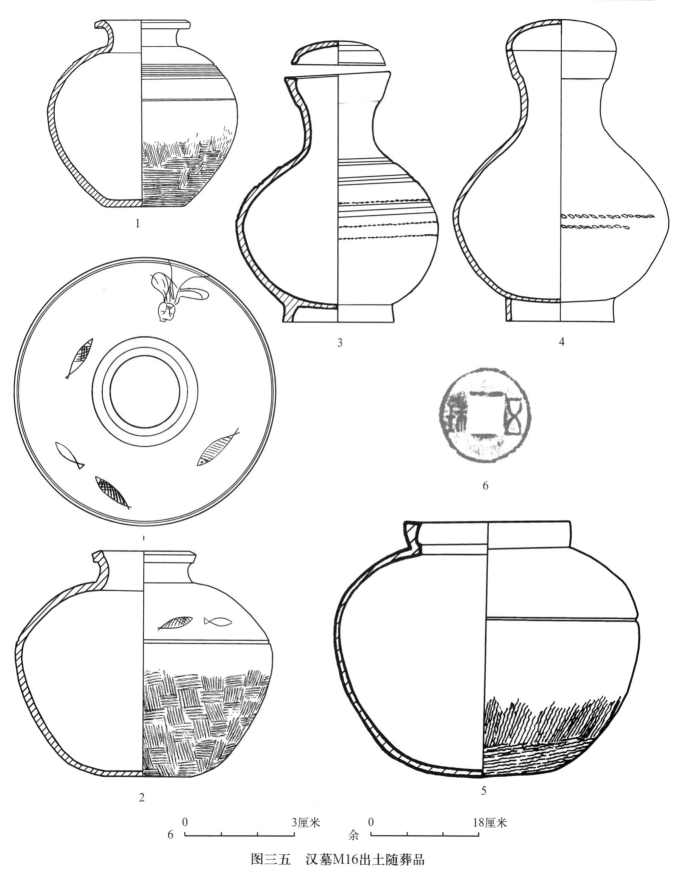

图三五 汉墓M16出土随葬品

1、2. 陶罐M16：7、M16：4 3、4. 陶壶M16：5、M16：6 5. 陶瓮M16：3 6. 五铢M16：1

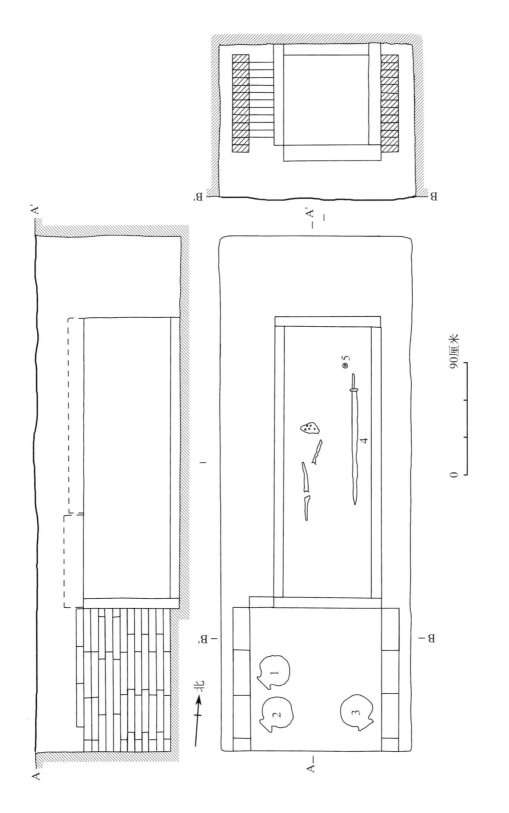

图三六　汉墓M17平、剖面图
1~3. 陶罐　4. 铁剑　5. 五铢

五铢　1枚。标本 M17：5，直径 2.5、厚 0.12 厘米（图三七，4）。

铁剑　1件。标本 M17：4，锈蚀严重，残断。

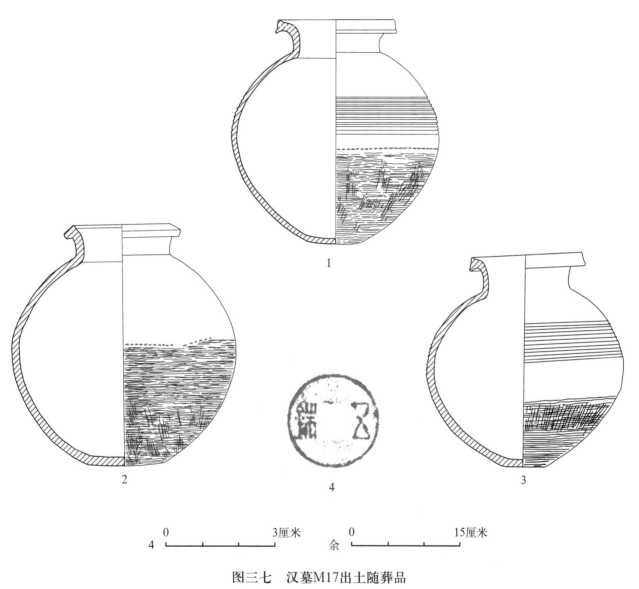

4 ├──0────────3厘米──┤ 余 ├──0────────15厘米──┤

图三七　汉墓M17出土随葬品

1～3.陶罐M17：1、M17：2、M17：3　4.五铢M17：5

一八　M18

（一）墓葬形制

该墓位于 M17 西侧，开口于第⑤层下，长方形竖穴土坑石椁墓。方向 4°（图三八）。墓口距地表深约 2.8 米。墓圹长 3.7、宽 1.6、深 2.98 米。墓葬填土为灰褐色五花土，未发现夯打痕迹。椁室盖板为石质盖板 3 块，加工不规整，在南端长度略短于椁室。椁室内长 2.1、宽 0.76、深 0.76 米。

椁室石板厚 0.1 米。椁室内人骨保存较差，头向北。椁室东北角发现五铢铜钱 3 枚。椁室南端设砖
砌器物箱，只有东、西两面砖壁，东西内长 1.28、南北宽 1、深度约 0.8 米，未发现铺地砖。砖砌
器物箱内发现陶罐 2 件、陶瓮 1 件。

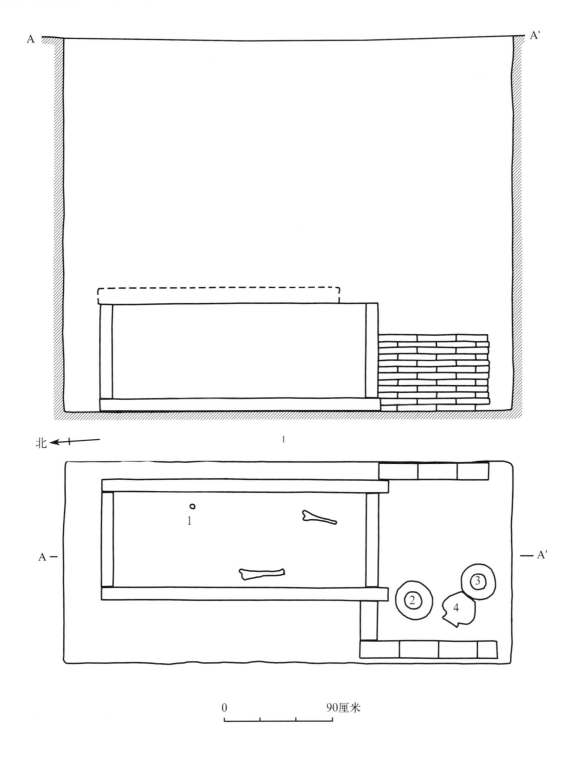

0　　　　　　　90厘米

图三八　汉墓M18平、剖面图
1. 五铢　2、3. 陶罐　4. 陶瓮

（二）随葬品

随葬品出土陶罐2件、陶瓮1件、五铢铜钱3枚。

陶罐 2件。泥质灰陶。标本M18：2，小口，束颈，圆腹，小平底。腹上部饰凹弦纹，下部饰绳纹。口径15.3、腹径29、底径8、高29厘米（图二九，2；彩版一六，1）。标本M18：3，侈口，束颈，溜肩，鼓腹，小平底。腹上部饰弦纹，下部饰绳纹。口径13.7、腹径31、底径9.5、高30.6厘米（图三九，3；彩版一六，2）。

陶瓮 1件。泥质灰陶。标本M18：4，直领，广肩，鼓腹，圜底。腹饰一周凹弦纹。口径14.1、腹径24.4、底径12.5、高20厘米（图三九，1；彩版一六，3）。

五铢 3枚。标本M18：1，锈蚀黏结。直径2.5、厚0.12厘米（图三九，4；彩版一六，4）。

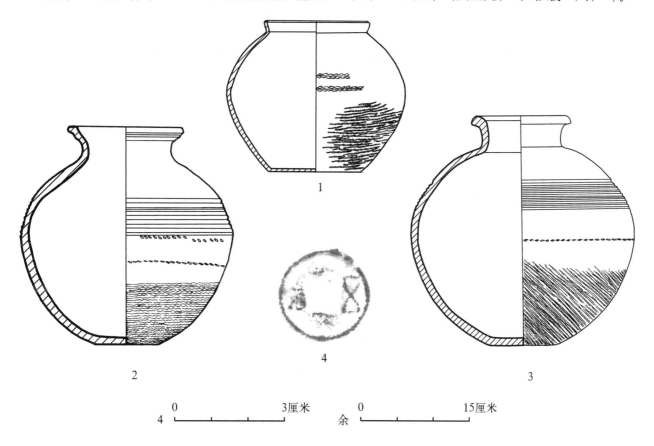

图三九 汉墓M18出土随葬品

1. 陶瓮M18：4 2、3. 陶罐M18：2、M18：3 4. 五铢M18：1

一九 M19

（一）墓葬形制

该墓开口于第⑤层下，长方形竖穴土坑石椁墓。方向5°或者185°（图四〇）。墓口距地表深约2.8米。墓圹长3.9、宽2.2、深1.24米。墓葬填土为褐色五花土，较致密。椁室盖板由5块石板构成，

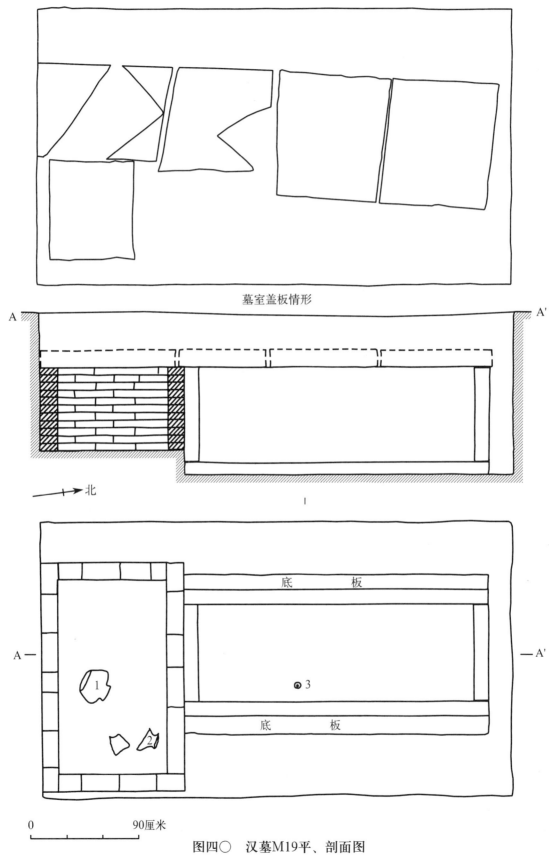

墓室盖板情形

→ 北

底　　板

● 3

底　　板

0　　　　　　　90厘米

图四〇　汉墓M19平、剖面图

1、2.陶罐　3.五铢

其中石椁上 4 块，器物箱上 1 块，南端的 2 块碎裂，盖板厚 0.14 米。石椁内长 2.28、宽 0.78、深 0.76米。石椁板厚 0.1 米。椁室内未发现人骨。石椁内中部偏东位置发现五铢铜钱 1 枚。器物箱略宽于石椁，南端有砖砌器物箱，东西内长 1.55、南北宽 0.9 米，垒砌完好，南壁亦垒砌砖壁，未发现铺地砖。器物箱内发现陶罐 2 件。其中 1 件残破严重，未修复。

（二）随葬品

随葬品出土陶罐 2 件、五铢铜钱 1 枚。

陶罐 2 件。泥质灰陶。标本 M19：1，宽平沿，束颈，溜肩，收腹，大平底。腹部饰弦纹和戳刺纹。口径 12.6、腹径 26、底径 21、高 19.6 厘米（图四一，1；彩版一六，5）。标本 M19：2，残破严重，未修复。

五铢 1 枚。标本 M19：3，直径 2.6、厚 0.12 厘米（图四一，2）。

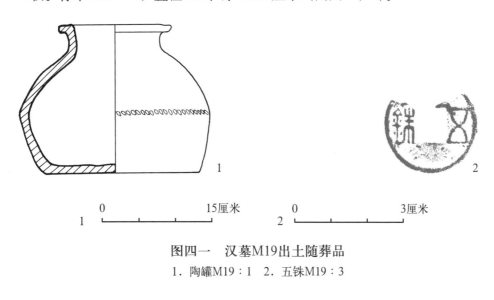

0 　　　　　　　15厘米
1

0 　　　　3厘米
2

图四一　汉墓M19出土随葬品
1. 陶罐M19：1　2. 五铢M19：3

二〇　M20

（一）墓葬形制

该墓位于 M11 与 M18 之间。开口于第⑤层下，长方形竖穴土坑砖椁墓。方向 5°或者 185°（图四二；彩版一七，1）。墓口距地表深约 2.8 米。墓圹长 3.22、宽 1.28、深 1.1 米。墓葬椁室内长 2.06、宽 0.54、存深 0.36 米。椁室积水，未发现人骨。椁室南端有砖砌器物箱，仅存东西两壁，东西内长 0.84、南北宽 0.74、存深 0.5 米。箱内放置随葬品，出土陶罐 3 件。

（二）随葬品

随葬品出土陶罐 3 件。

陶罐 3 件。泥质灰陶。标本 M20：1，方唇，卷沿，束颈，溜肩，收腹，平底。腹上部饰弦纹，中部饰戳刺纹，下部饰绳纹。口径 14.4、腹径 24.7、底径 8.8、高 23.9 厘米（图四三，1；彩版一七，2）。标本 M20：2，圆唇，直颈，球腹，大平底。腹上部饰弦纹，下部饰绳纹。口径 13、腹径 26.8、底

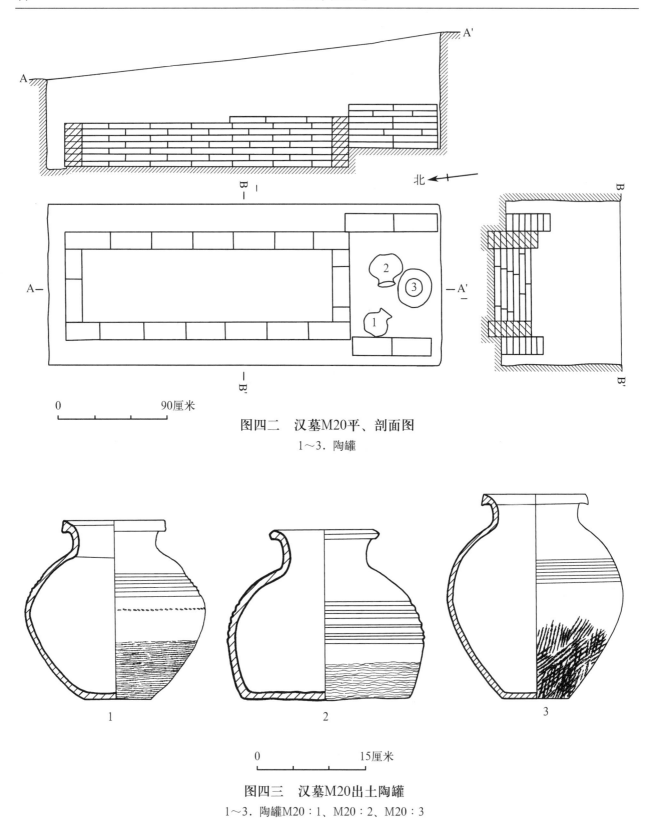

图四二　汉墓M20平、剖面图
1～3. 陶罐

0　　　　　　　　　90厘米

0　　　　　　　　　15厘米

图四三　汉墓M20出土陶罐
1～3. 陶罐M20:1、M20:2、M20:3

径23、高22.8厘米（图四三，2；彩版一七，3）。标本M20:3，方唇，卷沿，宽肩，收腹，平底。腹上部饰弦纹，下部饰绳纹。口径13.4、腹径24、底径9、高26.7厘米（图四三，3；彩版一七，4）。

二一 M21

（一）墓葬形制

该墓开口于第⑤层下，长方形竖穴土坑石椁墓。方向 5° 或者 185°（图四四）。墓口距地表深约 3.2
米。墓圹长 5、宽 2.3、深 1.6 米。椁室盖板由 2 块石盖板组成，分别厚 0.12、0.18 米。椁室内长 3.3、
宽 0.8、深 0.8 米。椁室内发现铁剑 1 件。椁室内人骨腐朽无存。椁室北端有砖砌器物箱，借助椁室南壁，
单砖平砌东、北及西南角三壁，无南壁。器物箱长 4.53、宽 0.8 ～ 1.36、存深 0.6 米。砖长 36、宽
18、厚 5 厘米。器物箱内出土陶罐 5 件。

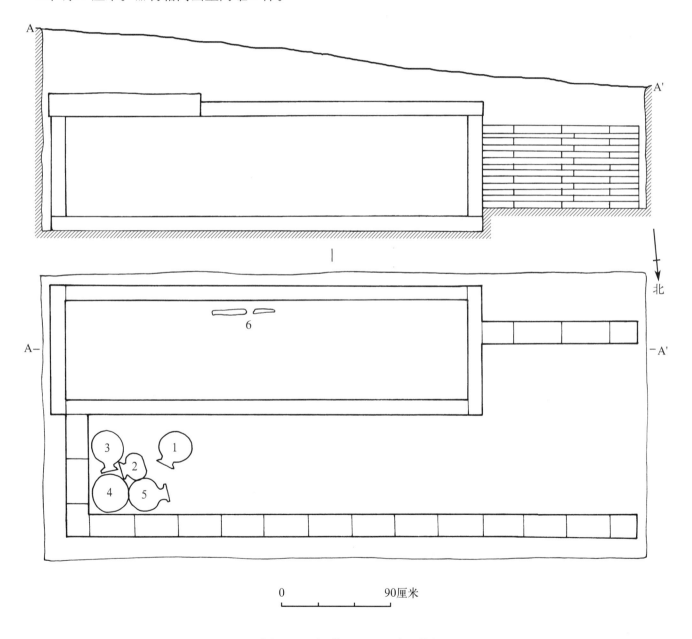

0   90厘米

图四四 汉墓M21平、剖面图
1～5. 陶罐 6. 铁剑

（二）随葬品

随葬品出土陶罐5件、铁剑1件。

陶罐　5件。泥质灰陶。标本M21：1，平沿，内沿高于外沿，矮束颈，溜肩，收腹，平底。腹上部饰弦纹，下部饰绳纹。口径12.2、腹径30.3、底径12、高32厘米（图四五，1）。标本M21：2，盘口，矮颈，溜肩，收腹，小平底。腹上部饰凹弦纹，中部饰戳刺纹，下部饰绳纹。口径14.9、腹径24.5、底径7、高25.9厘米（图四五，2）。标本M21：3，形制同标本M21：1。口径12.2、腹径30.5、底径10.4、高32厘米（图四五，3）。标本M21：4，侈口，卷沿，鼓腹，小平底。腹上部

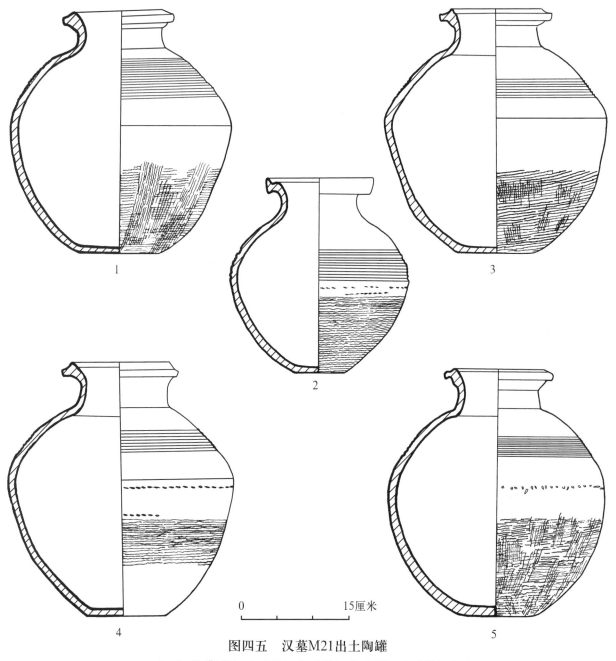

图四五　汉墓M21出土陶罐

1～5. 陶罐M21：1、M21：2、M21：3、M21：4、M21：5

饰弦纹，下部饰绳纹。口径 13.2、腹径 31.3、底径 11、高 33.8 厘米（图四五，4）。标本 M21：5，形制同标本 M21：4。口径 12.3、腹径 30、底径 11、高 33 厘米（图四五，5）。

铁剑　1 件。标本 M21：6，锈蚀残断。残长约 40 厘米。

二二　M22

（一）墓葬形制

该墓位于 M21 西侧，打破 M23。开口于第⑤层下，长方形竖穴土坑砖椁墓。方向 2°（图四六）。墓口距地表深约 2.8 米。墓圹长 3.3、宽 1.3、深 1.8 米。椁室盖板不存。椁室为砖砌，椁室内长 2.1、宽 0.6、存深 0.3～0.4 米。椁室内发现人骨 1 具，保存较差，仅存少量肢骨，头向北。未发现器物箱。在椁室南端和墓圹之间放置随葬品，出土陶罐 2 件、陶奁 1 件。

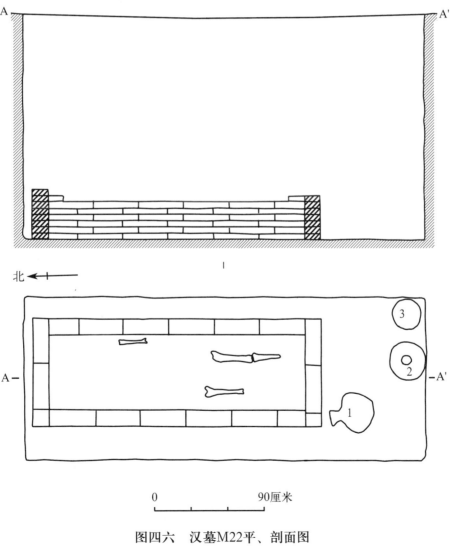

北 ←

0 ⟼ 90厘米

图四六　汉墓M22平、剖面图

1、2. 陶罐　3. 陶奁

（二）随葬品

随葬品出土陶罐 2 件、陶奁 1 件。

陶罐　2 件。泥质灰陶。标本 M22：1，小口，束颈，圆腹，小平底。腹上部饰凹弦纹，下饰绳纹。口径 13.1、腹径 28.3、底径 8.1、高 28.4～29.3 厘米（图四七，1）。标本 M22：2，侈口，平折沿，矮束颈，球腹，平底。腹上部饰弦纹，下部饰绳纹。口径 14、腹径 30.3、底径 11、高 31.3 厘米（图四七，2）。

陶奁　1 件。泥质灰陶。标本 M22：3，直口，平底。素面，腹壁较直略内凹。口径 24.1～25.8、底径 24.5、高 16.2 厘米（图四七，3）。

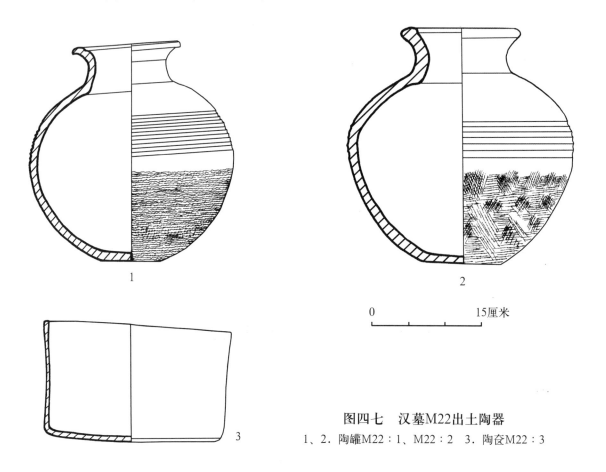

图四七　汉墓M22出土陶器
1、2. 陶罐M22：1、M22：2　3. 陶奁M22：3

二三　M23

（一）墓葬形制

该墓被 M22 打破土圹。开口于第⑤层下，长方形竖穴土坑砖椁墓。方向 2°（图四八）。墓口距地表深约 2.8 米。墓圹长 3.26、宽 1.5、深 1.3 米。椁室盖板不存。椁内长 2.1、宽 0.62、存深 0.4 米。椁室内发现人骨 1 具，保存较差，头向北。椁室南端有砖砌器物箱，借助椁室南壁，垒砌东西两壁，南壁无垒砌迹象。器物箱东西长 0.9、南北宽 0.85、存深 0.5 米。器物箱内出土陶罐 3 件。

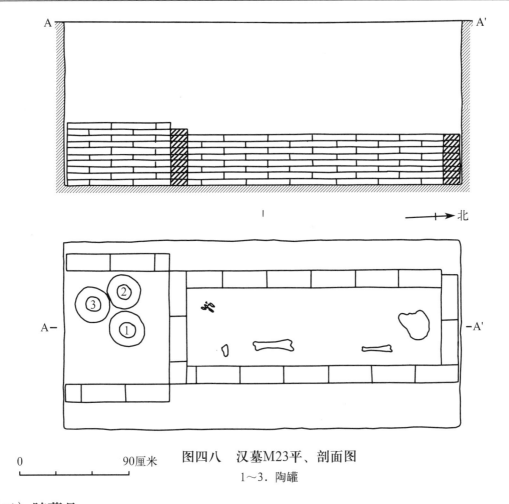

图四八 汉墓M23平、剖面图

1～3. 陶罐

（二）随葬品

随葬品出土陶罐3件。

陶罐 3件。泥质灰陶。标本M23：1，盘口，长颈，溜肩，收腹，小平底。腹上部饰凹弦纹，中部饰戳刺纹，下部饰绳纹。口径12.8、腹径23.2、底径9、高25.4厘米（图四九，1）。标本M23：2，

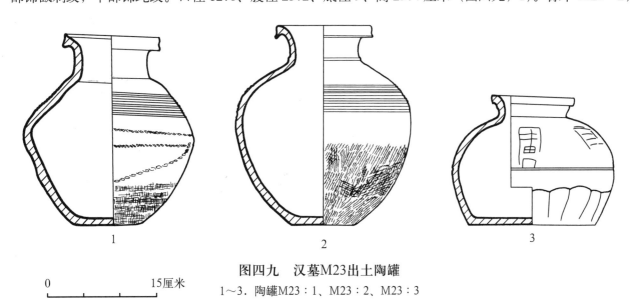

图四九 汉墓M23出土陶罐

1～3. 陶罐M23：1、M23：2、M23：3

形制同标本 M23：1。口径 13、腹径 24、底径 8.5、高 26.4 厘米（图四九，2）。标本 M23：3，圆唇，卷沿，矮束径，广肩，大平底。腹中部饰一周凹弦纹。口径 11.6、腹径 22、底径 17.1、高 16.8 厘米（图四九，3）。

二四　M24

（一）墓葬形制

该墓位于 M22 南侧，打破 M25。开口于第⑤层下，墓葬形制为长方形竖穴土坑双石椁墓，方向 178°或者 358°（图五〇、五一）。墓口距地表深约 2.8 米。墓圹长 4、宽 2.28、深 1.86 米。椁室盖板为石质，东室为 3 块，西室为 4 块。盖板北端被破坏，应为盗掘所致。西椁室较高，借助东椁室东壁建成，底板叠压东室底板，盖板叠压东室盖板。西椁室内长 2.42、宽 0.8、深 0.78 米。东椁室较低，从东、南两侧形成对西室的半包围结构，椁室内长 3.15、宽 0.78～1.76、深 0.8 米。椁室位于水位线以下，人骨不存。无器物箱，器物放置在椁室壁与土圹之间。两椁室北端各出土陶壶 1 件。

（二）随葬品

随葬品出土陶壶 2 件。

陶壶　2 件。泥质灰陶。标本 M24：1，盘口，束颈，溜肩，鼓腹，矮圈足，肩部有对称兽首衔环。口径 16.5、腹径 31.5、底径 20、高 37.3 厘米。标本 M24：2，形制、尺寸均与标本 M24：1 相同。

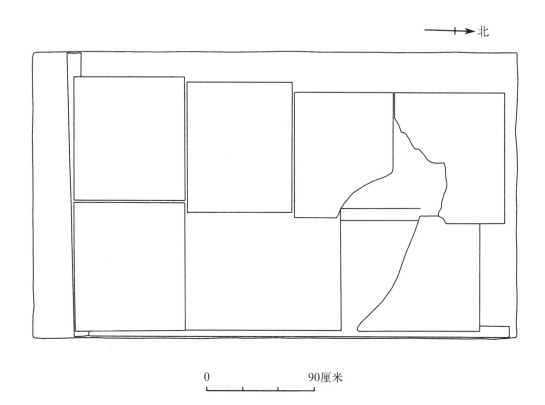

北→

0 ——— 90厘米

图五〇　汉墓M24墓室盖板平面图

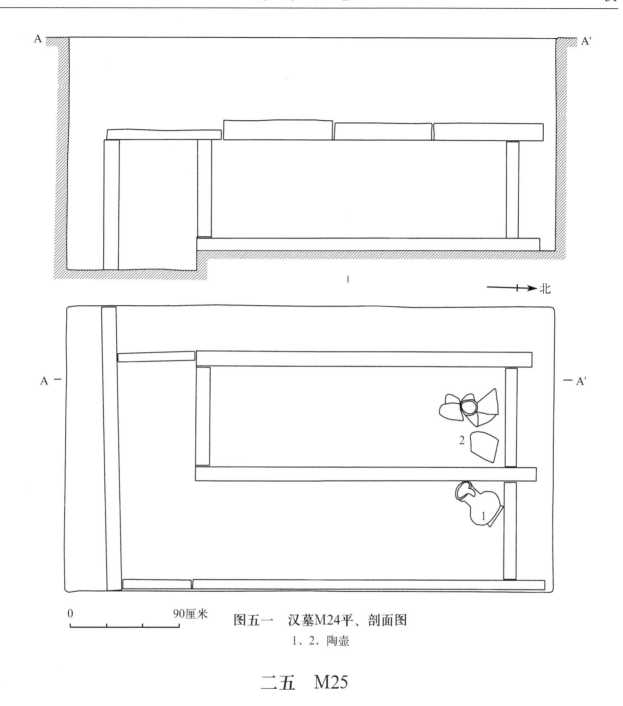

北

图五一 汉墓M24平、剖面图
1、2. 陶壶

0 90厘米

二五 M25

（一）墓葬形制

该墓位于 M23 南侧，被 M24 打破。开口于第⑤层下，墓葬形制为长方形竖穴土坑石椁墓。方向
6°（图五二）。墓口距地表深约 3.2 米。墓圹长 4.0、宽 1.4、深 2.2 米。椁室盖板由两块石板组成，
分别长 1.48、0.94 米，厚均为 0.12 米，保存完好。石椁内长 2.2、宽 0.78、深 0.72 米。石椁的前、
后挡板内侧发现穿璧纹画像（图五三，4）。椁室内发现人骨 1 具，头骨在北端，人骨保存差。石椁
南端发现了一批陶器碎片，放置器物的地方只有器物箱的土圹，未发现砖砌痕迹。碎片经修复为陶
罐 3 件。

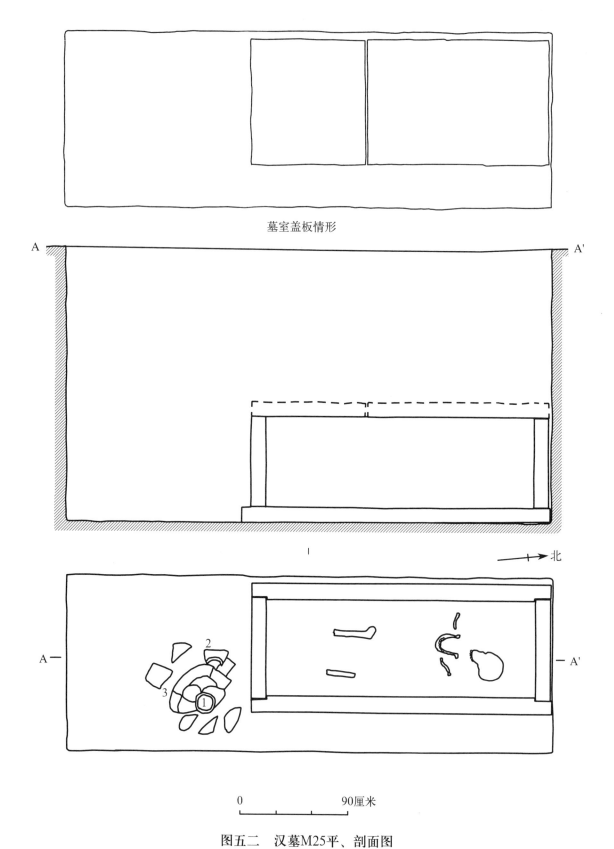

墓室盖板情形

北

0　　　　　　　　　90厘米

图五二　汉墓M25平、剖面图

1～3. 陶罐

（二）随葬品

随葬品出土陶罐 3 件。

陶罐　3 件。泥质灰陶。标本 M25：1，平折沿，收腹，小平底。腹饰绳纹。口径 15、腹径 25.8、底径 8、高 28 厘米（图五三，1）。标本 M25：2，平沿，内沿高于外沿，矮束颈，溜肩，收腹，平底。腹上部饰弦纹，下部饰绳纹。口径 12.6、腹径 33、残高 34.2 厘米（图五三，2；彩版一八，1）。标本 M25：3，斜平沿，内沿高于外沿，矮束颈，溜肩，收腹，平底。腹上部饰弦纹，下部饰绳纹。口径 12.3、腹径 32.7、底径 12.1、高 30.3 厘米（图五三，3）。

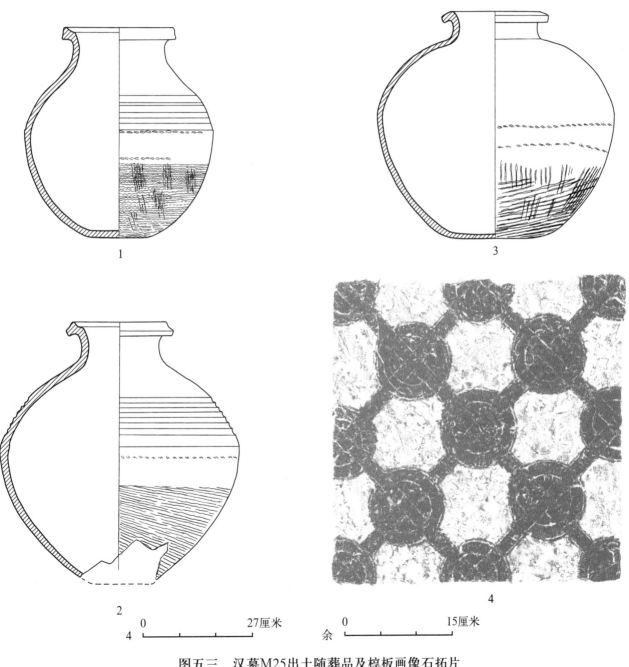

图五三　汉墓M25出土随葬品及椁板画像石拓片

1～3. 陶罐M25：1、M25：2、M25：3　4. 椁板画像石拓片

二六　M26

（一）墓葬形制

该墓开口于第⑤层下，长方形竖穴土坑石椁墓。方向 356°（图五四）。墓口距地表深约 2.7 米。墓圹长 3.9、宽 1.5、深 1.4 米。椁室盖板由 3 块石板构成，南端的 1 块被砸坏一角。盖板厚 0.16～0.18 米。石椁内长 2.2、宽 0.82、深 0.78 米，石椁板厚 0.08～0.12 米。椁室内发现人骨 1 具，保存很差，

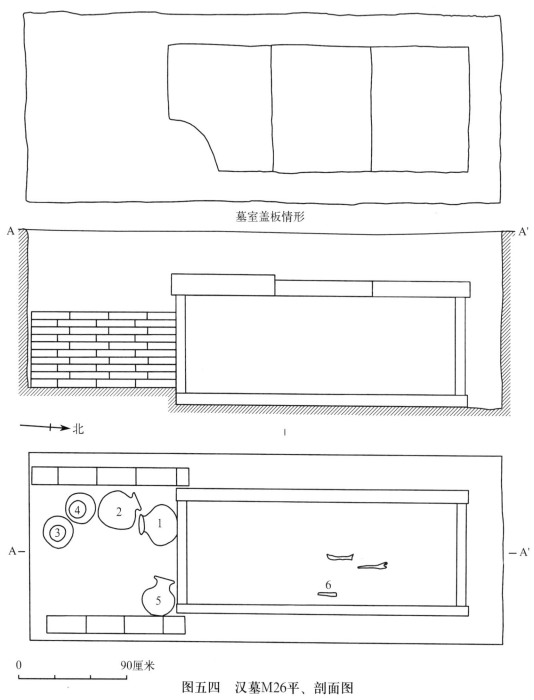

墓室盖板情形

北

0　　　　　　　　　90厘米

图五四　汉墓M26平、剖面图

1～3. 陶罐　4、5. 陶壶　6. 残铁剑

仅见部分肢骨。椁室内发现铁剑 1 件，未能起取。器物箱位于椁室南端，较石椁略宽，东、西垒砌
砖壁，南端未见砖壁。器物箱东西 1.05、南北 1.2、存深 0.6 米，未见铺地砖，器物箱内发现陶罐 3
件、陶壶 2 件。

（二）随葬品

随葬品出土陶罐 3 件、陶壶 2 件。

陶罐 3 件。泥质灰陶。标本 M26：1，平沿，内沿高于外沿，矮束颈，溜肩，收腹，平底。腹
上部饰弦纹，下部饰绳纹。口径 13.2、腹径 34、底径 13、高 36.2 厘米（图五五，1；彩版一八，
2）。标本 M26：2，平沿，内沿高于外沿，矮束颈，溜肩，收腹，平底。腹上部饰弦纹，下部饰绳纹
（图五五，2；彩版一八，3）。标本 M26：3，平沿，直颈，折腹，小平底。腹饰两道凹弦纹，凹弦纹
之间饰回纹，中上部饰戳刺纹，下部饰绳纹。口径 10.8、腹径 24.2、底径 11.7、高 22.4 厘米（图
五五，3；彩版一八，4）。

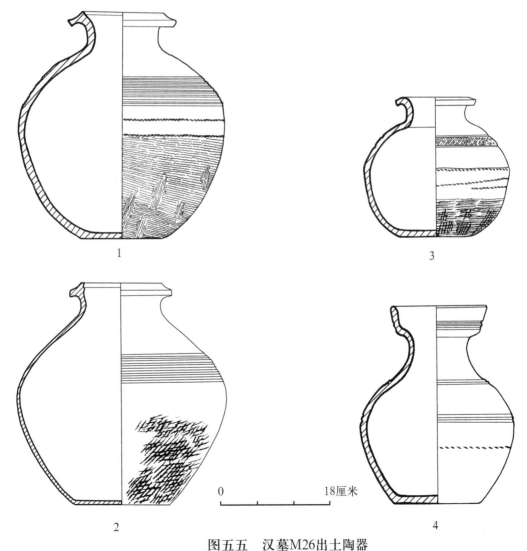

0   18厘米

图五五　汉墓M26出土陶器

1～3．陶罐M26：1、M26：2、M26：3、　4．陶壶M26：4

陶壶　2件。1件残。标本M26：4，盘口，长颈，圆腹，平底。口部肩部各饰两道凹弦纹。口径15.6、腹径25.8、底径14、高31.7厘米（图五五，4；彩版一八，5）。

二七　M27

（一）墓葬形制

该墓位于M11的西南侧。开口于第⑤层下，长方形竖穴土坑石椁墓。方向355°（图五六）。墓口距地表深约3.1米。墓圹长3.7、宽1.5、深2.56米。石椁盖板由两块石板构成，北端盖板长1.22、

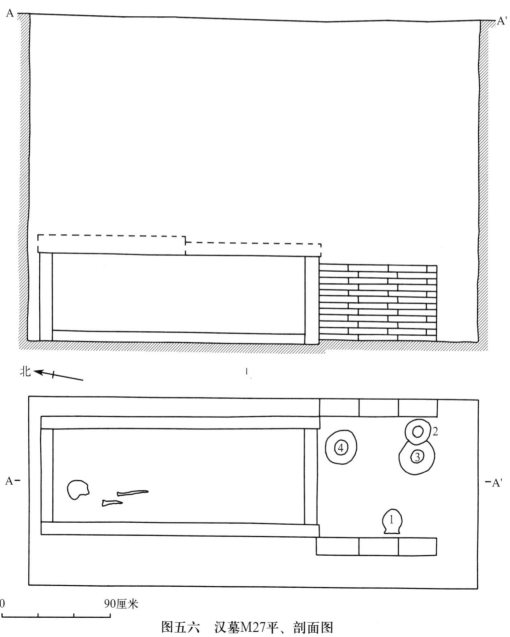

图五六　汉墓M27平、剖面图

1、3. 陶罐　2、4. 陶壶

宽 0.98、厚 0.14 米。南端盖板长 1.11、宽 0.97、厚 0.1 米。石椁内长 2.1、宽 0.75、深 0.64 米。椁室内发现人骨 1 具,保存差,头向北。器物箱位于椁室南端,砖砌,略宽于椁室,只有东、西两侧砖壁。东西 0.96、南北 0.98、存深 0.6 米,无铺地砖。器物箱内出土陶罐 2 件、陶壶 2 件。

（二）随葬品

随葬品出土陶罐 2 件、陶壶 2 件。

陶罐 2 件。泥质灰陶。标本 M27：1,侈口,卷沿,矮束径,溜肩,收腹,大平底。底残,尺寸不详。标本 M27：3,侈口,卷沿,矮颈,溜肩,收腹,小平底。腹上部饰弦纹,中部饰戳刺纹,下部饰绳纹。口径 13.2、腹径 26.8、底径 12、高 30 厘米（图五七,1；彩版一九,1）。

陶壶 2 件。泥质灰陶。标本 M27：2,直口,溜肩,大平底。口径 8.6、底径 14、高 16.6 厘米（图五七,2；彩版一九,2）。标本 M27：4,大口,束颈,斜壁,大平底。口径 9.5、腹径 14.2、底径 10.8、高 16 厘米（图五七,3；彩版一九,3）。

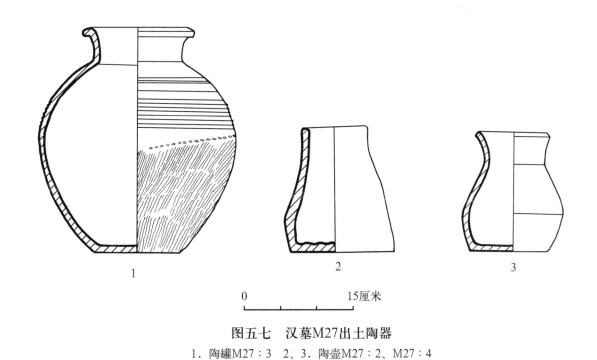

图五七 汉墓M27出土陶器
1. 陶罐M27：3 2、3. 陶壶M27：2、M27：4

二八 M28

（一）墓葬形制

该墓开口于第⑤层下,长方形竖穴土坑墓。方向 5°（图五八）。墓口距地表深约 2.8 米。墓圹长 2.5、宽 1.1、深 2 米。墓口以下 1.64 米处有东西二层台,西侧二层台宽 0.28、东侧宽 0.22、深 0.36 米。墓底北部放置尸骨,保存较差,仅残存部分头骨和肢骨,头向北。墓室南部随葬陶罐 2 件、陶瓮 1 件。

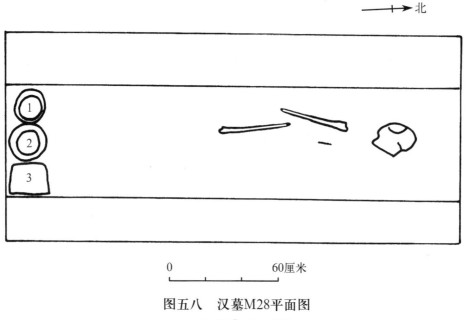

0   60厘米

图五八　汉墓M28平面图
1、2. 陶罐　3. 陶瓮

（二）随葬品

随葬品出土陶罐2件、陶瓮1件。

陶罐　2件。泥质灰陶。标本M28：1，方唇有凹槽，斜沿，束颈，圆肩，鼓腹，小平底。腹上部饰弦纹，下部饰绳纹。口径14、腹径23.4、底径7、高24.2厘米（图五九，1）。标本M28：2，侈口，方唇，卷沿，矮束颈，斜肩，圆鼓腹，平底。腹下部饰绳纹。口径12.7、腹径23.1、底径8.4、高24.2厘米（图五九，2）。

陶瓮　1件。标本M28：3，直口，方唇，腹壁较直，平底。素面。口径25.1～26.1、底径25、高15.2～16厘米（图五九，3）。

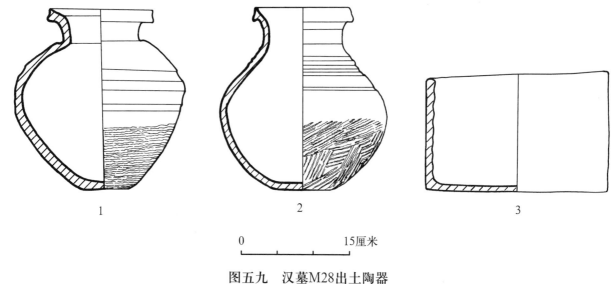

1   2   3

0   15厘米

图五九　汉墓M28出土陶器
1、2. 陶罐M28：1、M28：2　3. 陶瓮M28：3

二九　M29

（一）墓葬形制

该墓位于 M26 南侧。开口于第⑤层下，长方形竖穴土坑砖椁墓。方向 94°（图六○）。墓口距地表深约 2.8 米。墓圹长 2.6、宽 1.12、深 2.8 米。椁室盖板不存。砖椁内长 2.04、宽 0.52、存深 0.45 米。椁室内发现零星人骨，保存差，头向东。椁室内发现铁剑 1 件，紧贴北壁。

（二）随葬品

随葬品出土铁剑 1 件。

铁剑　1 件。标本 M29：1，锈蚀较重，保存不好，断为数截，有铜质剑格，截面呈菱形。残长 21.5、宽 1.2～3.8、脊厚 0.4～0.8、格长 5.1、格宽 0.7、格厚 2.5 厘米。

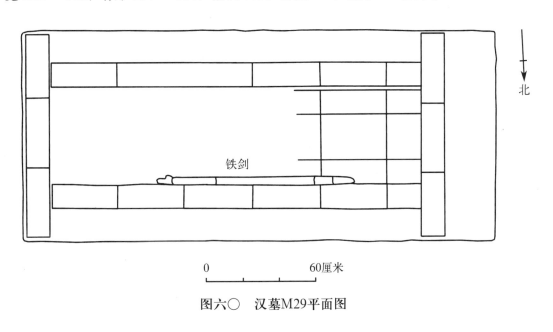

铁剑

0 _____ 60厘米

图六○　汉墓M29平面图

三○　M30

（一）墓葬形制

该墓开口于第⑤层下，长方形竖穴土坑砖椁墓。方向 355°（图六一）。墓口距地表深约 2.8 米。墓圹长 2.8、宽 1、深 1.56 米。椁室盖板不存。椁室内长 2、宽 0.6、存深 0.46 米。出土人骨 1 具，仰身直肢，腐朽较严重，头向北。器物箱位于椁室南端，砖砌，器物箱内出土陶罐 3 件。

（二）随葬品

随葬品出土陶罐 3 件。

陶罐　3 件。泥质灰陶。标本 M30：1，侈口，卷沿，矮束颈，斜肩，收腹，小平底。腹下部饰绳纹。口径 13.5、腹径 25.5、底径 8.5、高 25 厘米（图六二，1）。标本 M30：2，侈口，方唇，卷沿，矮

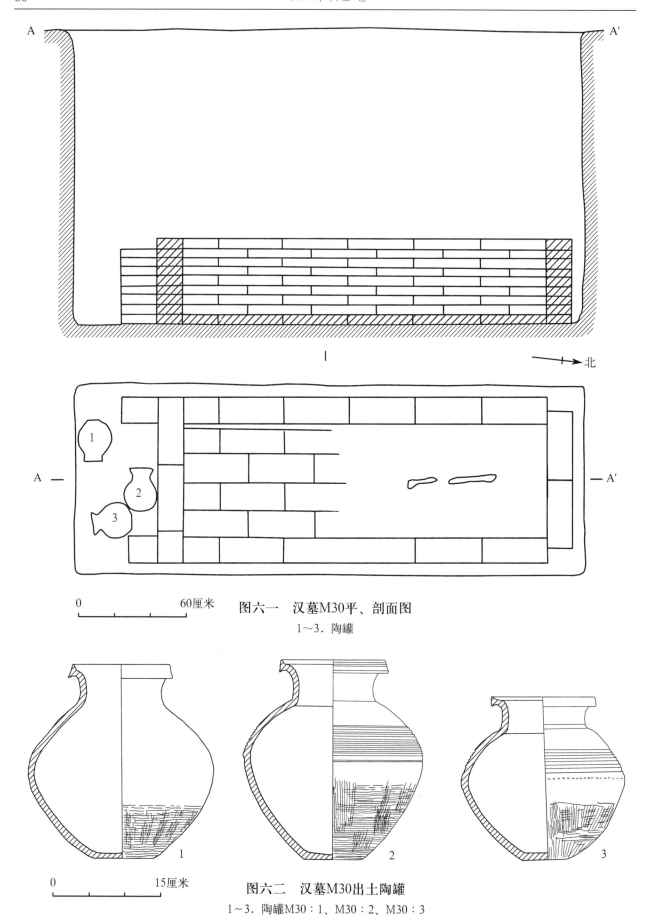

北

0　　　　　　60厘米

图六一　汉墓M30平、剖面图

1～3. 陶罐

0　　　　　　15厘米

图六二　汉墓M30出土陶罐

1～3. 陶罐M30：1、M30：2、M30：3

束颈，溜肩，收腹，平底。腹上部饰凹弦纹，下部饰绳纹。口径 14.2、腹径 24.8、底径 8、高 26.6 厘米（图六二，2）。标本 M30：3，侈口，卷沿，矮束颈，鼓腹微折，平底。腹上部饰凹弦纹，下部饰绳纹。口径 14.2、腹径 22.5、底径 6.5、高 22 厘米（图六二，3）。

三一 M31

（一）墓葬形制

该墓位于 M24 南侧，M29 西侧。开口于第⑤层下，长方形竖穴土坑砖椁墓。方向 357°（图六三）。墓口距地表深约 2.8 米。墓圹长 2.5、宽 1.1、深 1.7 米。椁室盖板不存。椁室结构为单砖平砌，

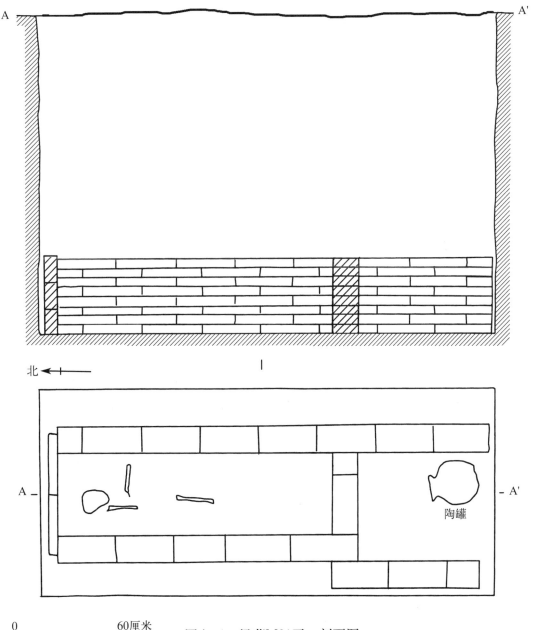

图六三 汉墓M31平、剖面图

墓砖长 32、宽 14、厚 5 厘米。椁室内长 1.5、宽 0.44、存深 0.42 米。椁室内发现人骨 1 具，腐朽较严重，头向北。椁室南端有砖砌器物箱，长 0.68、宽 0.58 米。器物箱借助墓室南壁，平砌东、西壁而成，南壁无砖砌痕迹。器物箱内出土陶罐 1 件。

（二）随葬品

随葬品出土陶罐 1 件。

陶罐　1 件。泥质灰陶。标本 M31：1，侈口，卷沿，矮束颈，溜肩，收腹，平底。腹上部饰凹弦纹，下部饰绳纹。口径 13.4、腹径 25、底径 11、高 25.4 厘米（图六四）。

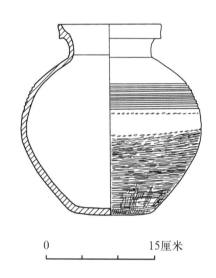

0　　　　　　　15厘米

图六四　汉墓M31出土陶罐M31：1

三二　M32

（一）墓葬形制

该墓位于 M31 西侧。开口于第⑤层下，长方形竖穴土坑石椁墓。方向 355°（图六五）。墓口距地表深约 2.8 米。墓圹长 3.1、宽 1.3、深 1.8 米。椁室盖板共三块，北端的一块长 0.72、宽 0.98、厚 0.2 米，中间的一块长 0.6、宽 0.94、厚 0.12 米，南端的长 1.04、宽 0.94、厚 0.1 米。石椁内长 2.1、宽 0.7、深 0.62 米。石椁内发现人骨 1 具，保存较差，仅见头骨和部分肢骨。头向北。椁室内发现五铢铜钱 1 枚，锈蚀。石椁南端有砖砌器物箱，宽度与石椁等同，平砌东、西两壁，长 0.69、宽 0.68、存深 0.56 米。未见铺地砖。器物箱内出土陶罐 3 件。

（二）随葬品

随葬品出土陶罐 3 件。

陶罐　3 件。泥质灰陶。标本 M32：1，平沿，内沿高于外沿，矮束颈，溜肩，鼓腹，大平底。腹饰两圈戳刺纹。口径 11.2、腹径 27.8、底径 18.2、高 23.2 厘米（图六六，1）。标本 M32：2，平

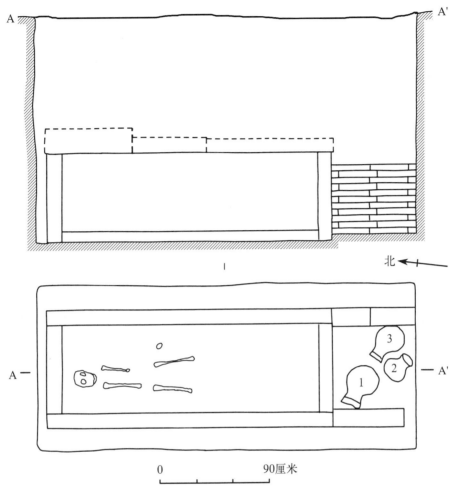

图六五 汉墓M32平、剖面图

1～3. 陶罐

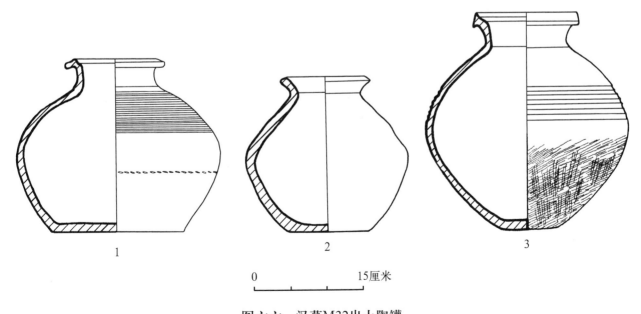

图六六 汉墓M32出土陶罐

1～3. 陶罐M32：1、M32：2、M32：3

折沿，斜腹微折，平底。腹下部饰绳纹。口径10.7、腹径23.5、底径11.5、高20.9厘米（图六六，2）。标本M32：3，盘口，矮束颈，鼓腹，平底。腹上部饰凹弦纹，下部饰绳纹。口径13.8、腹径28.1、底径7.5、高29厘米（图六六，3）。

三三　M33

（一）墓葬形制

该墓开口于第⑤层下，长方形竖穴土坑砖椁墓。方向1°（图六七）。墓口距地表深约2.8米。墓圹长3.18、宽1.16、深2.1米。椁室盖板不存。椁室为单砖平砌，墓砖长32、宽14、厚5厘米。椁室内长2.16、宽0.6、存深0.4米。墓室内发现人骨1具，腐朽严重。椁室南端有砖砌器物箱，长0.6、宽0.56米，器物箱借助墓室南壁，平砌东、西壁而成，未见砖砌南壁。器物箱内出土陶罐3件。

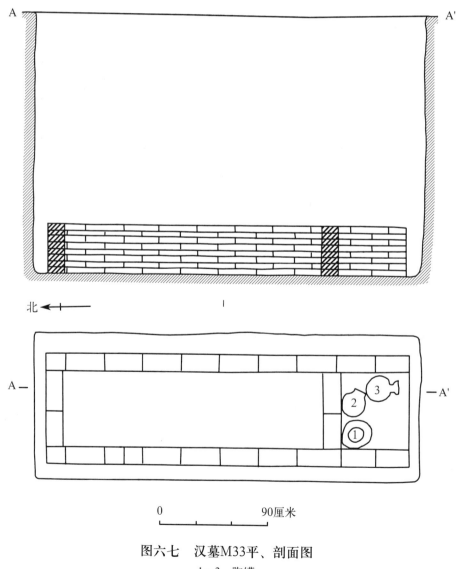

北 ←

0　　　　　　　　90厘米

图六七　汉墓M33平、剖面图
1～3.陶罐

（二）随葬品

随葬品出土陶罐3件。

陶罐 3件。泥质灰陶。标本M33:1，侈口，卷沿，矮束颈，圆腹，平底。腹上部饰凹弦纹，下部饰绳纹。口径13.6、腹径24.6、底径11、高26厘米（图六八，1）。标本M33:2，宽平沿，矮颈，溜肩，收腹大平底。腹上部饰凹弦纹、戳刺纹。口径11.2、腹径25.3、底径21、高19.4厘米（图六八，2）。标本M33:3，直口微侈，平折沿，口沿变形，矮束颈，溜肩，收腹，平底。腹下部饰绳纹。口径13.9～14.7、腹径29.3～27.6、底径13.5、高27.7厘米（图六八，3）。

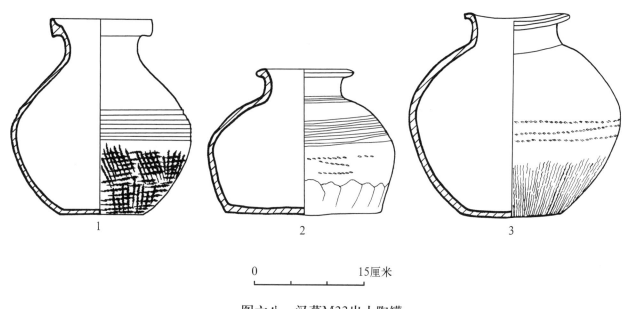

图六八 汉墓M33出土陶罐
1～3. 陶罐M33:1、M33:2、M33:3

三四 M34

（一）墓葬形制

该墓开口于第⑤层下，长方形竖穴土坑砖椁墓。方向18°（图六九）。墓口距地表深约2.8米。墓圹长2.85、宽1.1、深1.9米。椁室砖椁内长2.04、宽0.6、存深0.4米。椁室内只有零星人骨，包括两枚牙齿和零星下肢骨。椁室南端有砖砌器物箱，残留东侧砖壁，其余不存。东西长0.64、南北宽0.51、存深0.15米。器物箱内发现陶罐3件。

（二）随葬品

随葬品出土陶罐3件。

陶罐 3件。泥质灰陶。标本M34:1，方唇，唇有凹槽，矮束颈，溜肩，收腹，平底。腹饰弦纹、绳纹。口径14、腹径26.8、底径8.5、高29厘米（图七〇，1）。标本M34:2，形制略同标本M34:1，

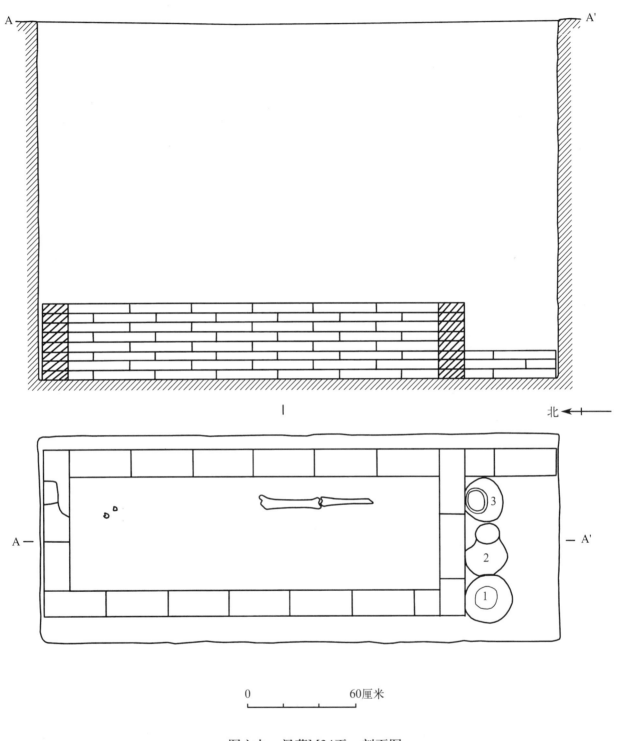

图六九　汉墓M34平、剖面图

1～3. 陶罐

腹饰凹弦纹，下饰绳纹。口径 15.3、腹径 28、底径 8.5、高 27.8 厘米（图七〇，2）。标本 M34：3，敛口，斜方唇，矮束颈，球腹，平底。腹下部饰细绳纹。口径 15、腹径 25、底径 8、高 26.2 厘米（图七〇，3）。

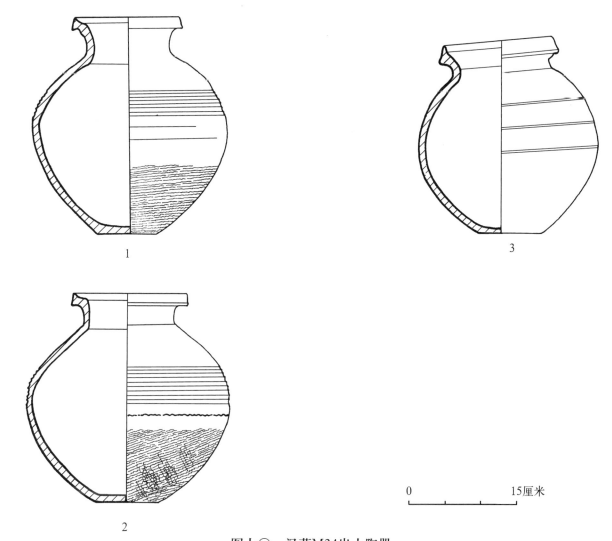

1

3

2

图七〇　汉墓M34出土陶器

1～3. 陶罐M34：1、M34：2、M34：3

三五　M35

（一）墓葬形制

该墓土圹被 M34 打破。开口于第⑤层下，长方形竖穴土坑砖椁墓。方向15°（图七一）。墓口距地表深约 2.8 米。墓圹长 2.6、残宽 0.88～1、存深 1.5 米。椁室被破坏，残存墓底。墓底发现凌乱的铺地砖。人骨保存很差，肢骨在南侧。未见器物箱。椁室南壁外发现陶罐 1 件。

（二）随葬品

随葬品出土陶罐 1 件。

陶罐　1件。标本 M35：1，侈口，方唇，卷沿，矮束颈，溜肩，收腹，平底。唇饰弦纹，腹下部饰绳纹。口径 13、腹径 24.2、底径 9.5、高 25.7 厘米（图七二）。

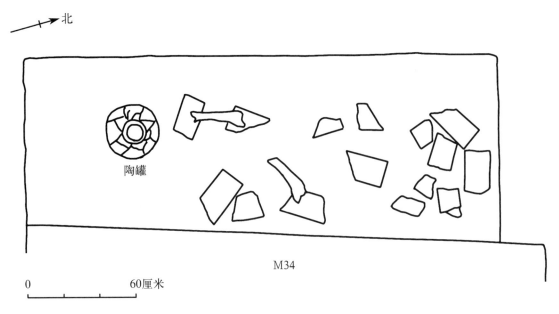

M34

图七一　汉墓M35平面图

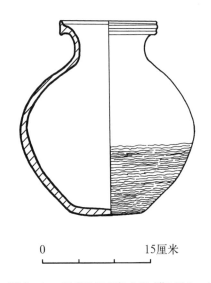

图七二　汉墓M35出土陶罐M35：1

三六　M36

（一）墓葬形制

该墓开口于第⑤层下，长方形竖穴土坑砖椁墓。方向85°或者265°（图七三）。墓口距地表深约2.8米。墓圹长3、宽0.98、深1.2米。墓内填土为黑褐色五花土，土质疏松。椁室保存情况较差，北侧砖壁缺失。椁室内长2.2、存深0.6米。椁室内未发现人骨。椁室东端有砖砌器物箱痕迹，破坏不存。

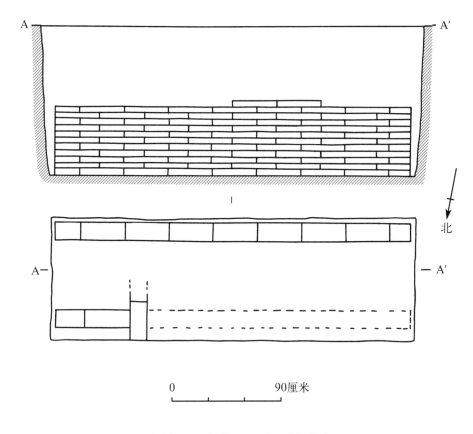

图七三 汉墓M36平、剖面图

（二）随葬品

未发现随葬品。

三七 M37

（一）墓葬形制

该墓开口于第⑤层下，长方形竖穴土坑墓。方向86°或者266°（图七四）。墓口距地表深约2.8米。墓圹长2.7、宽0.8、深1.2米。墓室内未发现人骨。无器物箱，在墓室东端发现陶罐3件。

（二）随葬品

随葬品出土陶罐3件。

陶罐 3件。泥质灰陶。标本M37：1，平沿，短颈，鼓腹，平底。腹部近底处饰绳纹。口径11.2、腹径17.2、底径8、高15.4厘米（图七五，1；彩版一九，4）。标本M37：2，方唇，宽平沿，矮颈，鼓腹，大平底。腹饰一周凹弦纹（图七五，2；彩版一九，5）。标本M37：3，尖唇，矮颈，圆腹，平底。腹下部较直，饰绳纹。口径12、腹径18.5、底径9.5、高16.9厘米（图七五，3；彩版一九，6）。

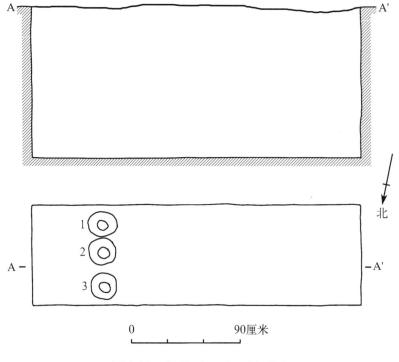

图七四　汉墓M37平、剖面图
1～3. 陶罐

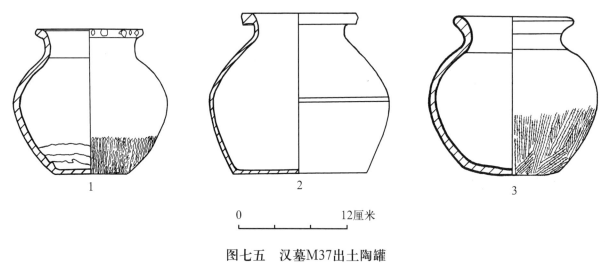

图七五　汉墓M37出土陶罐
1～3. 陶罐M37：1、M37：2、M37：3

三八　M38

（一）墓葬形制

该墓开口于第⑤层下，被 M33 打破，长方形竖穴土坑墓。方向 9°或者 189°（图七六）。墓口距地表深约 2.8 米。墓圹长 2.94、残宽 0.5～0.9、深 1.3 米。墓室内未发现人骨。墓室中部偏西发

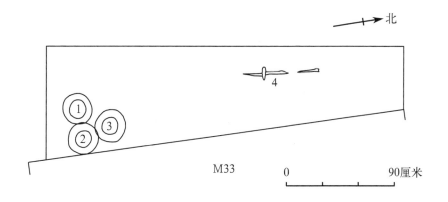

图七六 汉墓M38平面图
1~3. 陶罐 4. 铁剑

现铁剑残段，锈蚀严重，未起取。无器物箱，在墓室南端发现陶罐3件。

（二）随葬品

随葬品出土陶罐3件、铁剑1件。

陶罐 3件。泥质灰陶。标本M38：1，沿上有凹槽，矮束颈，圆腹，平底。腹部饰三圈戳刺纹，下饰弦纹。口径11.2、腹径21.3、底径15.6、高22.4厘米（图七七，1；彩版二〇，1）。标本M38：2，形制同标本M38：1，腹饰戳刺纹，下饰绳纹。口径10.4、腹径23.4、底径12.5、高23.5厘米（图七七，2；彩版二〇，2）。标本M38：3，平折沿，矮束颈，宽肩，收腹，整体矮粗，腹部饰戳刺纹。口径10.5、腹径22、底径12、高17.4厘米（图七七，3；彩版二〇，3）。

铁剑 1件。锈蚀严重，未起取。

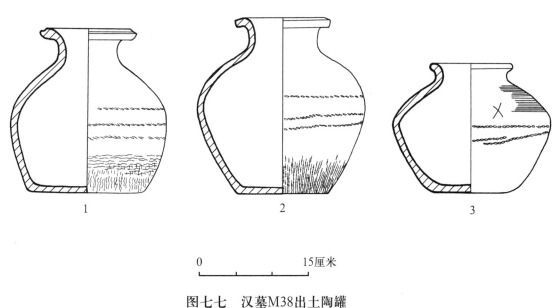

图七七 汉墓M38出土陶罐
1~3. 陶罐M38：1、M38：2、M38：3

三九　M42

（一）墓葬形制

该墓位于第⑤层下,长方形竖穴土坑砖椁墓。方向85°或者175°（图七八）。墓口距地表深约2.55米。墓圹长2.6、宽1.2、深1.36米。墓葬填土为黄褐色花土,结构略紧密。椁室内长2.1、宽0.7、深0.66米。底部有铺地砖。人骨腐朽无存。未发现器物箱。

（二）随葬品

未发现随葬品。

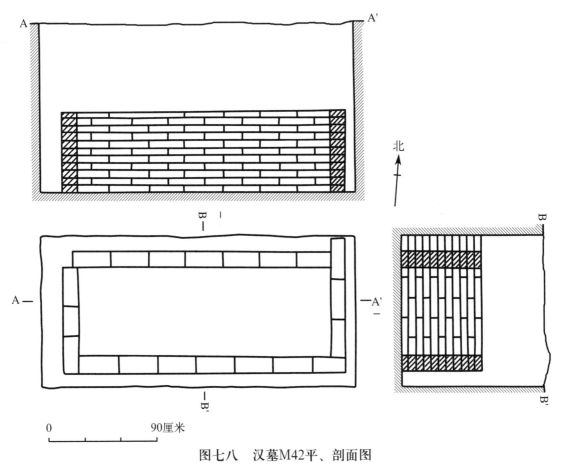

图七八　汉墓M42平、剖面图

四〇　M45

（一）墓葬形制

该墓开口于第⑤层下,长方形竖穴土坑双砖椁墓。方向13°（图七九）。墓口距地表深约1.8米,墓圹长3.4、宽2.04、深0.8米。双椁室,东侧椁室内长2.0、宽0.63、深0.6米;西侧椁室内长1.89、宽0.69、深0.6米。椁室内发现人骨2具,仰身直肢,头向北。应为夫妻异穴合葬。椁室南端有砖砌器物箱,东侧器物箱内发现陶罐3件。

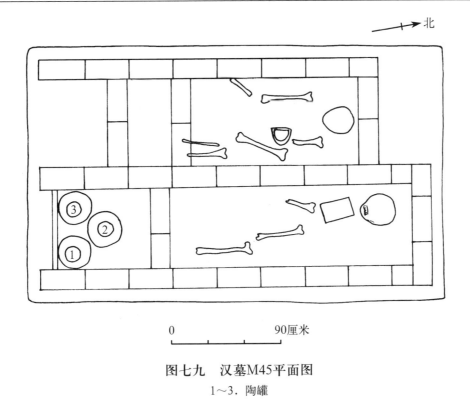

图七九　汉墓M45平面图

1~3. 陶罐

（二）随葬品

随葬品出土陶罐3件。

陶罐　3件。泥质灰陶。标本M45：1，侈口，圆唇，卷沿，矮束颈，溜肩，鼓腹，大平底。腹中部饰戳刺纹，下饰绳纹。口径12.5、腹径26.5、底径20、高21.3厘米（图八〇，1；彩版二〇，4）。标本M45：2，形制相同。口径12.2、腹径26.7、底径8.5、高20.8～21.5厘米（图八〇，2；彩版二〇，5）。标本M45：3，形制相同。口径13.2、腹径26.3、底径20、高20.8厘米（图八〇，3；彩版二〇，6）。

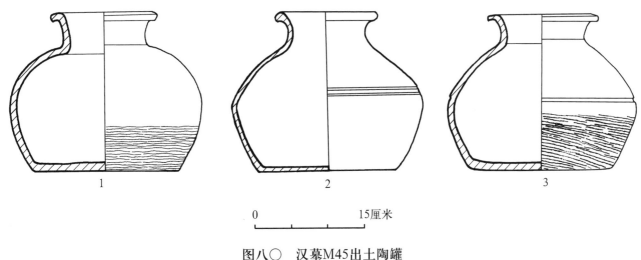

图八〇　汉墓M45出土陶罐

1~3. 陶罐M45：1、M45：2、M45：3

四一　M49

（一）墓葬形制

该墓开口于第⑤层下，长方形竖穴土坑砖椁墓。方向5°（图八一）。墓口距地表深约2.36米。墓圹长2.98、宽1.12、深0.56米。墓室内发现人骨1具，仅见零星肢骨。头向北。未见器物箱。墓室南端出土陶罐3件，在墓室中部东侧出土陶壶1件。

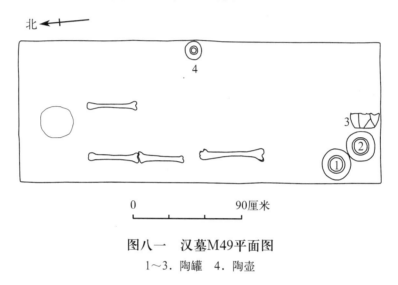

图八一　汉墓M49平面图

1～3. 陶罐　4. 陶壶

（二）随葬品

随葬品出土陶罐3件、陶壶1件。

陶罐　3件。泥质灰陶。标本M49：1，平沿，束颈，鼓腹，大平底。腹中部饰弦纹，下部饰绳纹。口径12、腹径25.6、底径17、高17.4厘米（图八二，1）。标本M49：2，形制同标本M49：1。口径12.5、腹径26.8、底径18.6、高20.6厘米（图八二，2）。标本M49：3，口残，形制与标本M49：1相同。

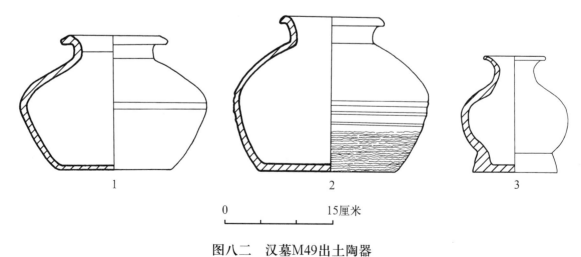

图八二　汉墓M49出土陶器

1、2. 陶罐M49：1、M49：2　3. 陶壶M49：4

陶壶 1件。泥质灰陶。标本M49：4，圆唇，卷沿，球腹，假圈足，体形略小。口径8.2、腹径14.5、底径11.5、高15.5厘米（图八二，3）。

四二 M55

（一）墓葬形制

该墓位于第⑤层下，长方形竖穴土坑砖椁墓。方向5°或者185°（图八三）。墓口距地表深约1.8米，墓圹长3.05、宽1.3、深0.55米。椁室内长2.06、宽0.66、深0.45米。椁室内发现人骨1具，仅见零星肢骨。椁室内出土铁刀1件、石黛板1件、五铢铜钱30枚。椁室南端有砖砌器物箱，东、西两壁砌砖。东西长0.8、南北宽0.64、深0.4米，略宽于墓室。器物箱内随葬陶罐3件。

（二）随葬品

随葬品出土陶罐3件、五铢铜钱30枚、铁刀1件、石黛板1件。

陶罐 3件。泥质灰陶。标本M55：1，子母口，方唇，矮领，溜肩，鼓腹，平底。腹上部饰弦纹，

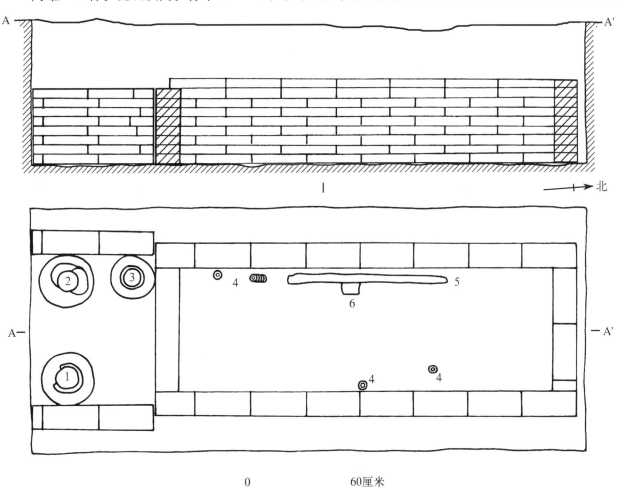

图八三 汉墓M55平、剖面图

1～3. 陶罐 4. 五铢 5. 铁刀 6. 石黛板

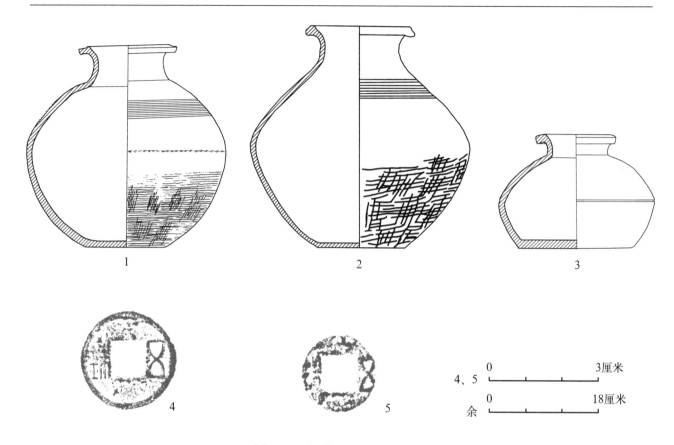

图八四　汉墓M55出土随葬品

1～3. 陶罐M55：1、M55：2、M55：3　4. 五铢M55：4a　5. 剪轮五铢M55：4b

下腹饰绳纹。口径 12、腹径 33、底径 13.2、高 33 厘米（图八四，1）。标本 M55：2，子母口，方唇，矮领，溜肩，鼓腹，平底。腹上部饰弦纹，下腹饰绳纹。口残，腹径 36、底径 14、高 35.4 厘米（图八四，2）。标本 M55：3，侈口，方圆唇，卷沿，束颈，鼓腹，大平底。腹部饰凹弦纹。口径 10.2、腹径 25.8、底径 18.6、高 18 厘米（图八四，3）。

五铢　30 枚。分五铢和剪轮五铢两种。标本 M55：4a，五铢，直径 2.5、厚 0.15 厘米（图八四，4）。标本 M55：4b，剪轮五铢，直径 2.1、厚 0.08 厘米（图八四，5）。

铁刀　1 件。标本 M55：5，锈蚀严重，断为数截。残段长 13.8、宽 3.5、脊厚 0.7 厘米。

石黛板　1 件。石质。标本 M55：6，化妆用具。长 13.9、宽 3.3、厚 0.4 厘米。

四三　M56

（一）墓葬形制

该墓位于第⑤层下，长方形竖穴土坑砖椁墓。方向 2°或者 182°。墓口距地表深约 1.8 米。墓圹长 2.98、残宽 0.6～0.76、深 0.5 米。椁室内长 2.08、残宽 0.42、深 0.3 米。仅残留西、南两堵砖墙。人骨腐朽不存。未见器物箱。

（二）随葬品

砖椁南壁外侧发现陶罐 1 件，口残，未修复。

四四 M59

（一）墓葬形制

该墓位于第⑤层下，长方形竖穴土坑砖椁墓。方向98°（图八五）。墓口距地表深约1.7米。墓圹长2.8、宽1.2、深0.78米。墓葬填土为红褐色五花土。椁室结构比较特殊，在土坑的上部垒砌青砖一层，南北壁用平砖，东西壁则用立砖。椁室内长2.09、宽0.56～0.72、深0.36米。人骨保存较差，头向东。椁室内东部发现随葬品五铢铜钱1枚（已碎）、残铁刀1件。西端有土坑器物箱，长0.56、宽0.8、存深0.36米。器物箱内发现陶罐3件。

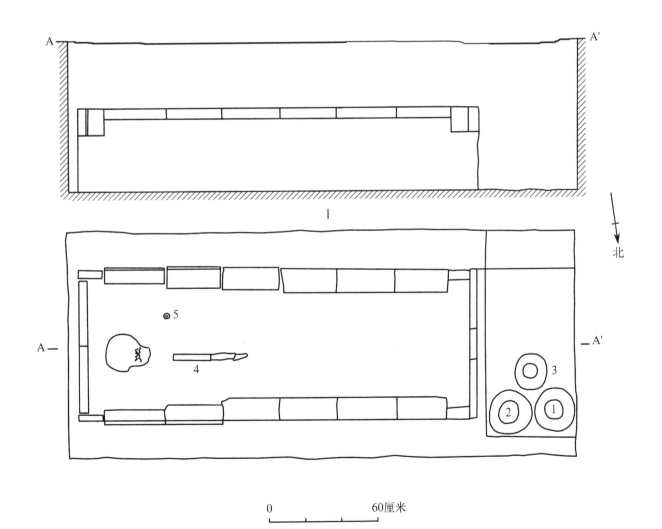

0   60厘米

图八五 汉墓M59平、剖面图

1～3. 陶罐 4. 铁刀 5. 五铢

（二）随葬品

随葬品出土陶罐 3 件、五铢铜钱 1 枚（已碎）、残铁刀 1 件。

陶罐　3 件。泥质灰陶。标本 M59：1，圆唇，卷沿，宽肩，折腹，平底。腹中部有两周戳刺纹，下部饰绳纹。口径 12、腹径 23、底径 9.5、高 19 厘米（图八六，1）。标本 M59：2，方唇，平折沿，矮束颈，鼓腹，大平底。腹中部饰一周凹弦纹（图八六，2）。标本 M59：3，形制同标本 M59：1，略微有些烧制变形。口径 12.4 ～ 13.5、腹径 22.1、底径 10、高 17.5 ～ 18.1 厘米（图八六，3）。

铁刀　1 件。标本 M59：4，锈蚀严重，断为数截。残长 22、宽 1.5 ～ 3、脊厚 0.7 厘米。

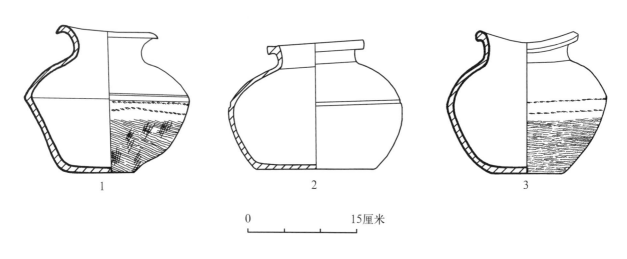

0　　　　　　　　15厘米

图八六　汉墓M59出土陶罐

1～3. 陶罐M59：1、M59：2、M59：3

四五　M66、M69、M70

（一）墓葬形制

该墓位于第⑤层下，长方形竖穴土坑砖、石椁三室墓。方向 6°或者 186°（图八七；彩版二一、二二）。墓口距地表深约 1.8 米。墓圹长 3.6、宽 3.24、深 1.2 米。三椁室并列（彩版二二，1），中间 M66 是石椁墓，椁室盖顶保存较好，中部有破损。椁室内长 2.24、宽 0.72、存深 0.75 米。椁室内发现五铢铜钱 5 枚。东侧是 M69，砖椁墓，墓室使用平砖垒砌，石盖顶保存尚可，中部亦有破损，有铺地砖。砖室内长 2.14、宽 0.66、存深 0.48 米。M70 位于西侧，砖椁墓，墓室使用平砖垒砌，石盖顶，中部亦破损，有铺地砖。砖室内长 2.14、宽 0.8、存深 0.76 米。椁室内发现五铢铜钱 1 枚。三椁室中未发现人骨。椁室南端均有砖砌器物箱。每座椁室南端的器物箱内均发现陶器 3 件。

（二）随葬品

随葬品出土陶罐 7 件、陶瓮 1 件、陶壶 1 件、五铢铜钱 6 枚。

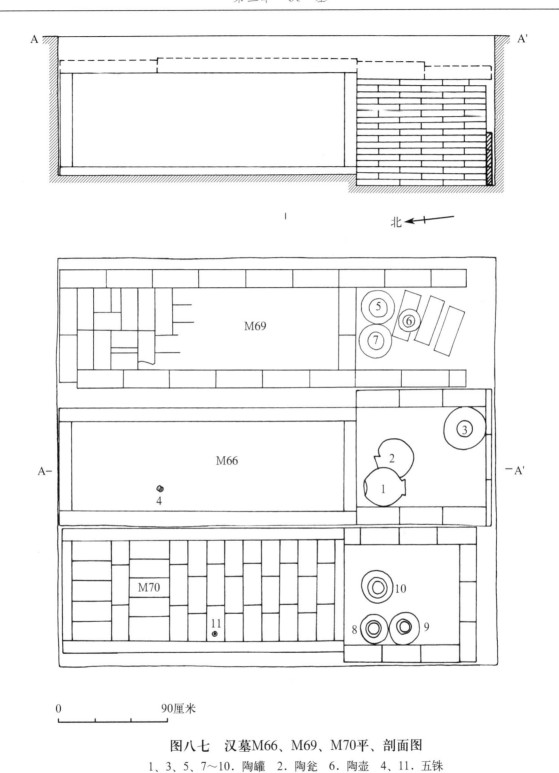

北 ←

0   90厘米

图八七 汉墓M66、M69、M70平、剖面图

1、3、5、7~10. 陶罐 2. 陶瓮 6. 陶壶 4、11. 五铢

    陶罐   7件。泥质灰陶。标本 M66：1，小口，平沿，内沿高于外沿，圆腹，小平底。肩饰平行凹弦纹。口径 12.6、腹径 32.4、底径 9、高 34.6 厘米（图八八，1）。标本 M66：3，与标本 M66：1 相同，肩腹间弯折明显。口径 13.2、腹径 36、底径 16.2、高 33.9 厘米（图八八，3；彩版二三，1）。标本 M69：5，形制同于 M66：1，腹上部饰弦纹，腹中部、下部及底饰绳纹。口径 12、腹径 28.8、底径

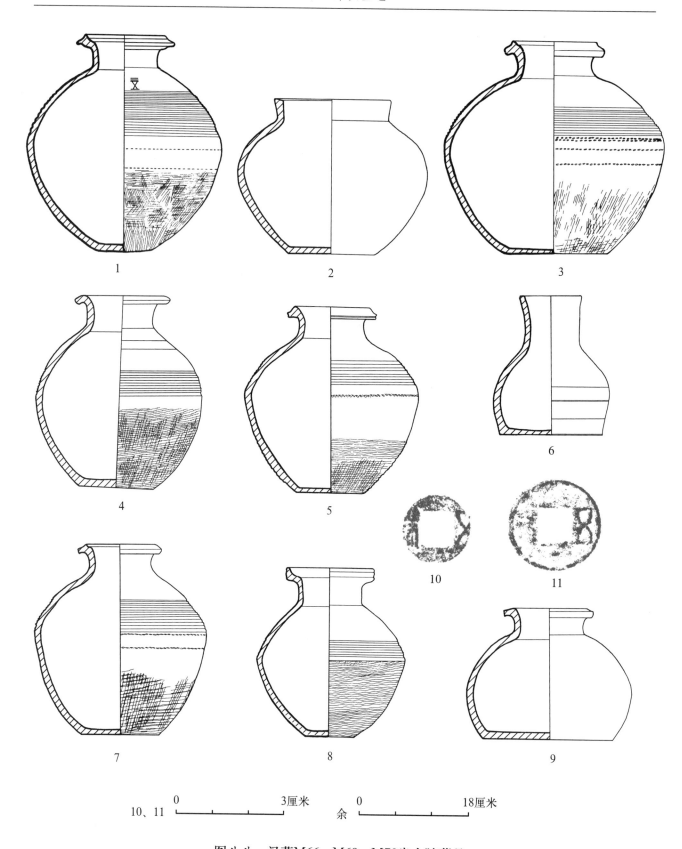

10、11 ├── 0 ──── 3厘米 ┤   0 ──── 18厘米
余

图八八 汉墓M66、M69、M70出土随葬品

1、3～5、7～9.陶罐M66：1、M66：3、M69：7、M69：5、M70：10、M70：8、M70：9 2.陶瓮M66：2 6.陶壶M69：
6 10、11.五铢M70：11、M66：4

11、高 29.8 厘米（图八八，5）。标本 M69：7，形制同标本 M66：1，腹上部饰弦纹，腹部及底饰绳纹。口径 13.2、腹径 28、底径 12.6、高 30.4 厘米（图八八，4；彩版二三，2）。标本 M70：8，盘口，束颈，圆腹，平底。腹上部饰弦纹，下部及底饰细绳纹。口径 14.4、腹径 24.3、底径 8.3、高 27 厘米（图八八，8；彩版二三，3）。标本 M70：9，侈口，卷沿，矮束颈，鼓腹，大平底。口径 11.8、腹径 23、底径 21.3、高 21 厘米（图八八，9；彩版二三，4）。标本 M70：10，卷沿，长颈，溜肩，收腹，腹上部饰弦纹，下部及底饰细绳纹。口径 10.8、腹径 28.2、底径 12.5、高 30.2～30.8 厘米（图八八，7）。

陶壶　1 件。泥质灰陶。标本 M69：6，直口，长颈，圆腹，大平底。口径 10、腹径 19、底径 16.8、高 22.3 厘米（图八八，6；彩版二三，5）。

陶瓮　1 件。标本 M66：2，直领，平沿，鼓腹，圆底。下腹饰平行凹弦纹。口径 19.3、腹径 31.6、底径 14、高 24.8 厘米（图八八，2；彩版二三，6）。

五铢　7 枚。标本 M66：4，锈蚀黏连，孔中发现穿钱的编织物残段。直径 2.5、厚 0.15 厘米（图八八，11）。剪轮五铢 1 枚，标本 M70：11，直径 1.8、厚 0.8 厘米（图八八，10）。

四六　M67

（一）墓葬形制

该墓位于第⑤层下，长方形竖穴土坑砖椁墓。方向 356°（图八九；彩版二四，1）。墓口距地表深约 1.96 米。墓圹长 3.0、宽 1.3、深 0.78 米。墓葬填土为黄褐色五花土，经过夯打，夯窝直径 5～

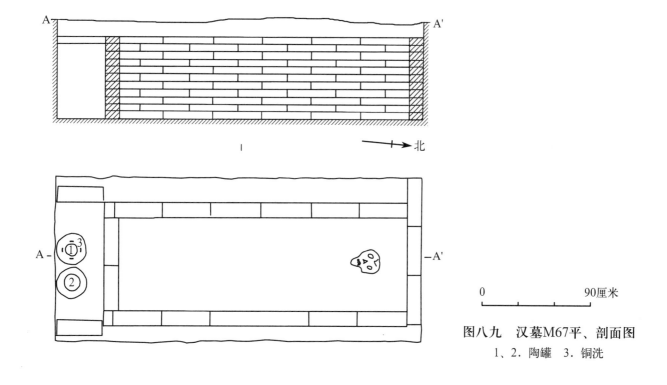

图八九　汉墓M67平、剖面图
1、2. 陶罐　3. 铜洗

10 厘米。椁室盖板不存。砖椁采用单砖平砌，椁室内长 2.36、宽 0.76、存深 0.62 米。墓室内积水，发现人骨 1 具，人骨保存情况较差，仰身直肢，头向北。椁室南端设砖砌器物箱，东、西两壁砖砌。器物箱内出土陶罐 2 件，铜洗 1 件。

（二）随葬品

随葬品出土陶罐 2 件，铜洗 1 件，标本 M67：3，残损严重，未修复。

陶罐　2 件。泥质灰陶。标本 M67：1，侈口，斜折沿，方唇，矮束颈，圆鼓腹，小平底。上腹部饰几圈弦纹，肩部刻有一鱼形图案，上有一铜洗（锈蚀，未修复）。口径 13.2、腹径 34、底径 12、高 34 厘米（图九〇，1；彩版二四，2）。标本 M67：2，侈口，折沿，尖圆唇，束颈，鼓腹，下腹内收，小平底。上腹饰弦纹，下腹及底饰细绳纹。口径 14.2、腹径 23.8、底径 6.5、高 26.7～27.6 厘米（图九〇，2；彩版二四，3）。

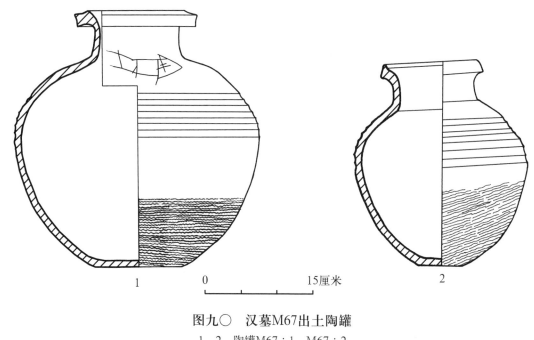

图九〇　汉墓M67出土陶罐
1、2. 陶罐M67：1、M67：2

四七　M68

（一）墓葬形制

该墓位于第⑤层下，长方形竖穴土坑砖、石椁双室墓。方向 3°（图九一）。墓口距地表深约 1.82 米。墓圹长 4.2、宽 2.7、深 1.3 米。西侧为石椁墓，椁室内长 2.18、宽 0.9、深 0.8 米；东侧为砖椁墓，椁室内长 2.18、宽 0.7、深 0.72 米，东壁为双砖结构，底部有铺地砖。墓室内积水，人骨保存差，头向北。石椁南端有砖砌器物箱，长 1.26、宽 0.9、深 0.46 米。器物箱内发现陶罐 4 件、陶壶 1 件。

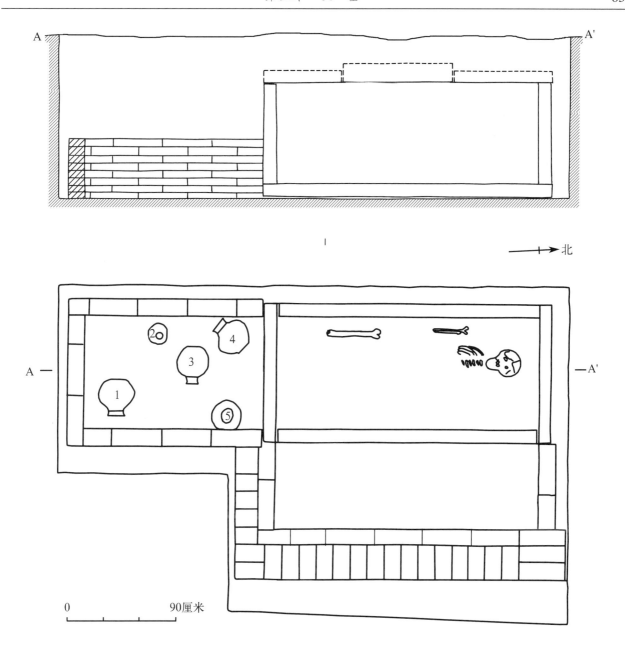

图九一　汉墓M68平、剖面图

1、3~5. 陶罐　2. 陶壶

（二）随葬品

随葬品出土陶罐4件、陶壶1件。

陶罐　4件。泥质灰陶。标本M68：1，小口，平沿，内沿高于外沿，短颈，鼓腹，小平底。腹部饰弦纹，底部饰绳纹。口径12、腹径27.2、底径11.5、高30.7厘米（图九二，1）。标本M68：3，方唇，唇上有凹槽，短粗颈，圆腹，平底。上腹饰弦纹，下腹饰细绳纹。口径16、腹径23.1、底径9.3、高24.7厘米（图九二，3）。标本M68：4，形制同标本M68：1。口径13.2、腹径27.5、底径11.3、高29.3~30.2厘米（图九二，4）。标本M68：5，形制同标本M68：1。口径11.2、腹径29.4、底径11、高30.4厘米（图九二，5）。

陶壶　1件。标本M68：2，侈口，卷沿，矮束颈，圆腹，大平底。口径9.6、腹径14、底径11.4、高13.7厘米（图九二，2）。

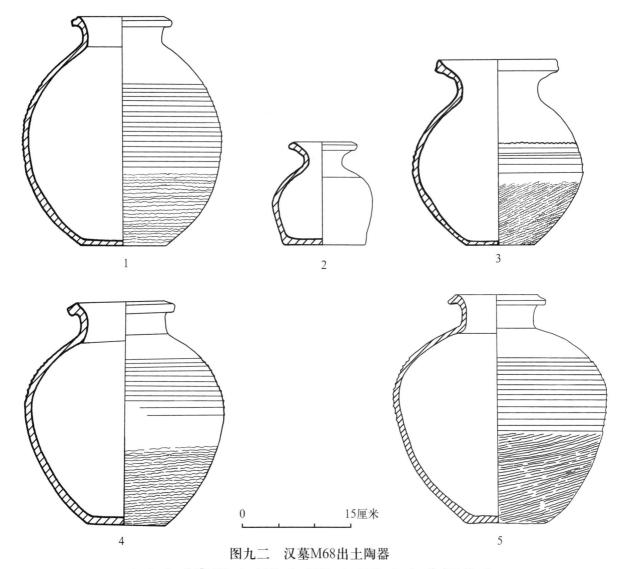

0　　　　　　　　　　15厘米

图九二　汉墓M68出土陶器

1、3～5.陶罐M68：1、M68：3、M68：4、M68：5　2.陶壶M68：2

四八　M72

（一）墓葬形制

该墓打破M76，位于第⑤层下，长方形竖穴土坑砖椁墓。方向2°（图九三）。墓口距地表深1.8米。墓圹长2.9、宽1.1、深0.6米。椁室内长2.13、宽0.63、存深0.45～0.5米。底部有铺地砖。椁室内发现人骨1具，残存部分肢骨，仰身直肢葬，头向北。椁室南端设砖砌器物箱，采用东、西

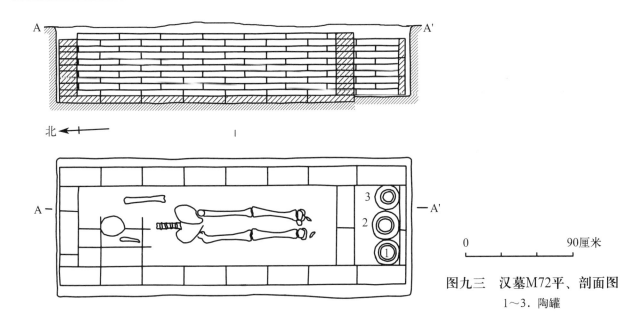

图九三　汉墓M72平、剖面图

1～3. 陶罐

两壁平砖垒砌，南壁使用单立砖封闭。东西长 0.63、南北宽 0.37 米。器物箱内发现陶罐 3 件。

（二）随葬品

随葬品出土陶罐 3 件。

陶罐　3 件。泥质灰陶。标本 M72：1，盘口，束颈，圆腹，平底。腹上部饰弦纹，下部及底饰细绳纹。口径 13.5、腹径 24.7、底径 7.5、高 27.7 厘米（图九四，1）。标本 M72：2，形制同标本 M72：1。口径 13.2、腹径 23、底径 7.8、高 27 厘米（图九四，2）。标本 M72：3，形制同标本 M72：1。口径 13.6、腹径 24.1、底径 8、高 27.3 厘米（图九四，3）。

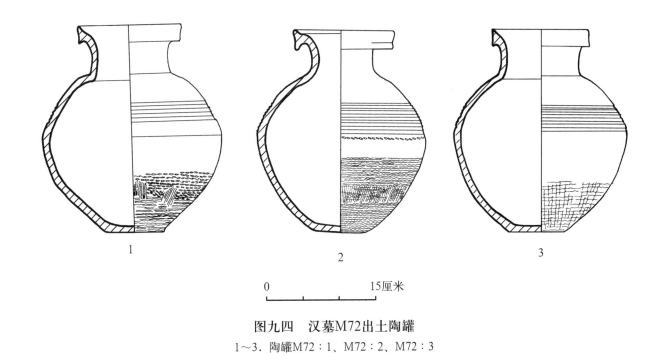

图九四　汉墓M72出土陶罐

1～3. 陶罐M72：1、M72：2、M72：3

四九　M76

（一）墓葬形制

该墓被 M72 打破。位于第⑤层下，长方形竖穴土坑墓。方向 0°（图九五）。墓口距地表深 2.9 米。墓圹长 2.8、宽 1.16、深 1.1 米。墓室内人骨保存差，头向北。墓室中部发现铅泡 1 件，南部发现陶罐 2 件。

（二）随葬品

随葬品出土陶罐 2 件、铅泡 1 件。

陶罐　2 件。标本 M76:1，侈口，卷沿，内沿略高，鼓腹，小平底。腹上部饰弦纹，下部及底饰细绳纹。口径 12.2、腹径 30.5、底径 13.5、高 29.6 厘米（图九六，1）。标本 M76:3，盘口，束颈，圆腹，小平底。肩部饰刻划纹，腹上部饰粗凹弦纹，下部及底饰细绳纹。口径 12.4、腹径 22、底径 6.8、高 25.4 厘米（图九六，2）。

铅泡　1 件。标本 M76:2，圆形，腐蚀较重。直径 6、厚 0.2～0.7 厘米。

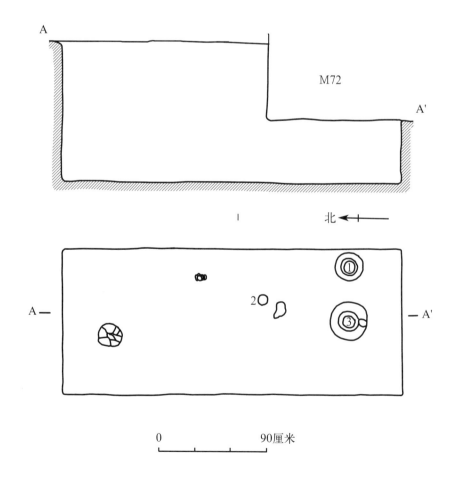

图九五　汉墓M76平、剖面图
1、3. 陶罐　2. 铅泡

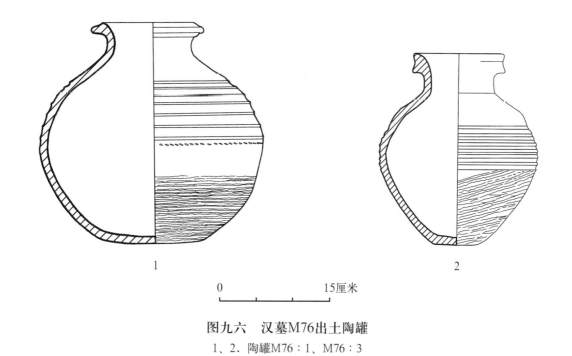

图九六　汉墓M76出土陶罐

1、2. 陶罐M76：1、M76：3

五〇　M82

（一）墓葬形制

该墓位于第⑤层下，长方形竖穴土坑砖椁墓。方向0°（图九七）。墓口距地表深2.98米。墓葬填土为黄褐色五花土。墓圹长2.89、宽0.9、深1.12米。砖室内长2.1、宽0.58、深0.41米。椁室有铺地砖。椁室内发现人骨1具，残存部分肢骨。椁室南端有砖砌器物箱，残留东侧砖壁，东西长0.86、南北宽0.66、存深0.35米。器物箱内发现陶罐3件，骨状物1件。

北 ←

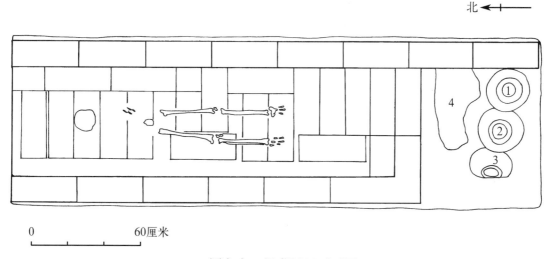

图九七　汉墓M82平面图

1～3. 陶罐　4. 骨状物

（二）随葬品

随葬品出土陶罐3件，骨状物1件。

陶罐　3件。泥质灰陶。标本M82：1，盘口，束颈，圆腹，平底。腹上部饰弦纹，下部及底饰细绳纹。口径14、腹径23.8、底径9.6、高26.7厘米（图九八，1；彩版二五，1）。标本M82：2，形制同于M82：1，口径13、腹径22.1、底径10.2、高24.2厘米（图九八，2；彩版二五，2）。标本M82：3，侈口，卷沿，沿呈花瓣状，矮束颈，圆腹，平底。腹部饰两圈粗绳纹。口径14.8、腹径25.4、底径18、高22.6厘米（图九八，3；彩版二五，3）。

骨状物　1件。标本M82：4，成不规则片状分布，细碎。

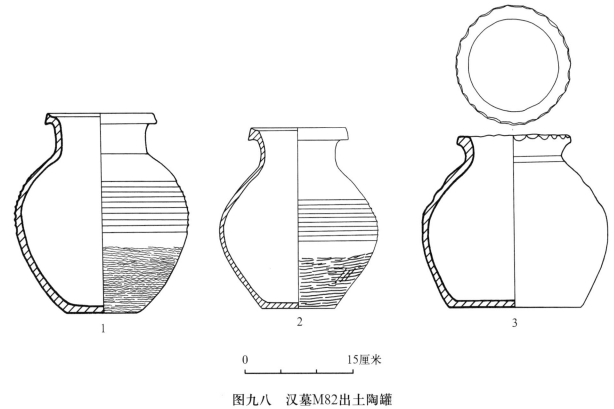

0　　　　　　　　　　　15厘米

图九八　汉墓M82出土陶罐

1～3. 陶罐M82：1、M82：2、M82：3

五一　M84

（一）墓葬形制

该墓位于第⑤层下，长方形竖穴土坑石椁墓。方向180°（图九九）。墓口距地表深2.7米。墓圹长2.82、宽1.38、深1.72米。椁室内长2.1、宽0.8、深0.8米。椁室位于水位线下，未发现人骨。

（二）随葬品

未发现随葬品。

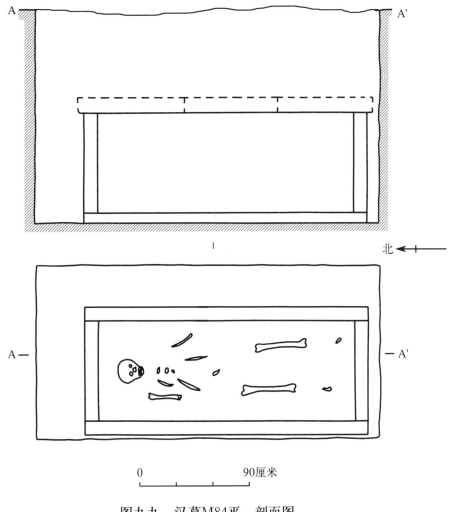

图九九　汉墓M84平、剖面图

五二　M85

（一）墓葬形制

该墓位于第⑤层下，长方形竖穴土坑石椁墓。方向276°（图一〇〇）。墓口距地表深2.7米。墓圹长2.18、宽0.91、深1.51米。椁室盖板残余两块，东端盖板缺失，西端盖板仅余北半部，盖板中部断裂。椁室内长2.08、宽0.75、深0.77米。人骨保存较好，单人仰身直肢葬，头向西。墓主人腰部发现陶罐1件。

（二）随葬品

随葬品出土陶罐1件。

陶罐　1件。泥质灰陶。标本M85：1，侈口，方唇，圆腹，平底。肩及腹上部饰凹弦纹。口径10.4、腹径18.8、底径9.6、高17.8厘米（图一〇一）。

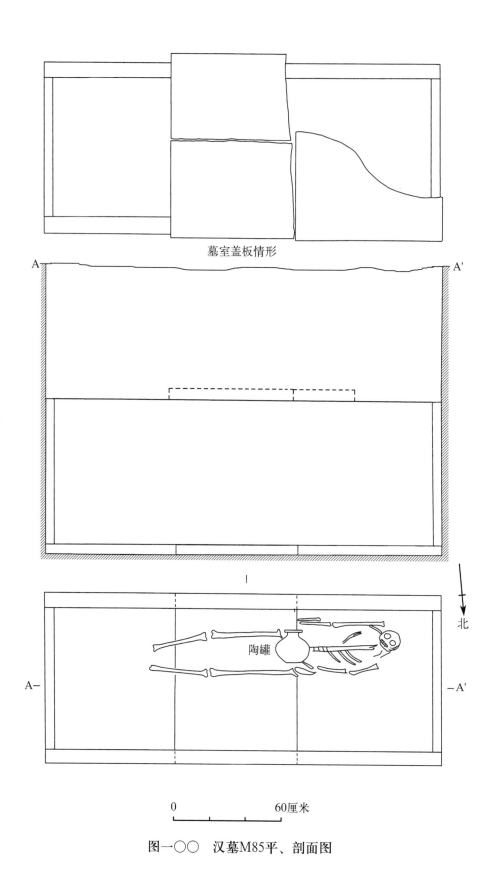

墓室盖板情形

陶罐

北

0　　　　　　　　　60厘米

图一〇〇　汉墓M85平、剖面图

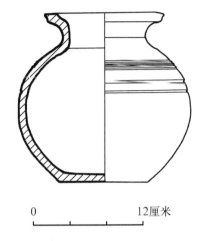

图一〇一 汉墓M85出土陶罐M85：1

五三 M92

（一）墓葬形制

该墓位于第⑤层下，长方形竖穴土坑石椁墓。方向276°（图一〇二、一〇三）。墓口距地表深1.8米。墓圹长3.0、宽1.6、深1.72米。墓葬填土为灰褐色五花土。石椁盖板由3块石板构成，保存完好。椁室内长2.22、宽0.9、深0.92米。人骨保存较差，单人仰身直肢葬，头向西。椁室淤土中发现陶壶1件。未见器物箱。

（二）随葬品

随葬品出土陶壶1件。

陶壶 1件。泥质灰陶。标本 M92：1，盘口，高颈，腹呈扁球形，圈足外撇呈喇叭状。覆盘形盖，子母口。口径7.9、腹径13.2、底径7.8、高17.6厘米（彩版二五，4）。

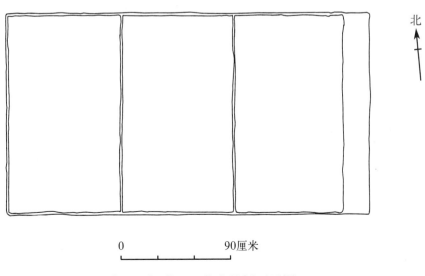

北

图一〇二 汉墓M92墓室盖板平面图

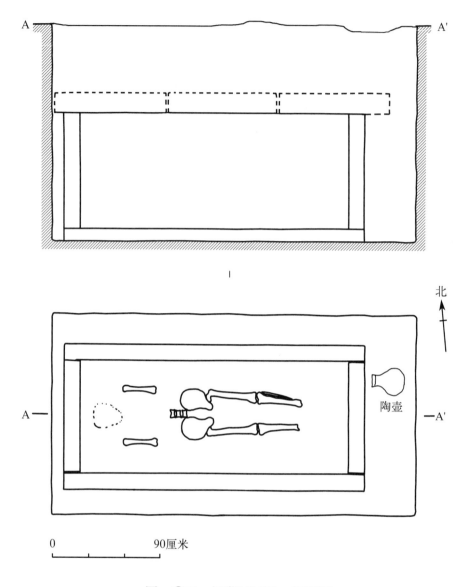

图一〇三　汉墓M92平、剖面图

五四　M93

（一）墓葬形制

该墓位于第⑤层下，长方形竖穴土坑石椁墓。方向95°或者275°。墓口距地表深1米。墓圹长2.7、宽1.6、深1.1米。石椁内长2.2、宽0.86、深0.88～0.89米。墓室内人骨保存程度较差，葬式不明。未发现随葬品。

（二）随葬品

未发现随葬品。

五五　M94

（一）墓葬形制

该墓位于第⑤层下，长方形竖穴土坑石椁墓。方向264°。墓口距现存地表3.1米。墓圹长4.2、宽2.6、深1.06米。石椁盖板三块，厚0.14米。石椁内长2.16、宽0.92、深0.8米。椁板厚0.12米，在发掘过程中发现东部盖板被掀掉，移至石椁室外部东侧。椁室内发现人骨1具，保存较差。头向西。未发现随葬品。

（二）随葬品

未发现随葬品。

五六　M97

（一）墓葬形制

该墓开口于第⑤层下，长方形竖穴土坑带墓道双石室墓。方向276°（图一〇四；彩版二六，1）。墓口距地表深约1.8米。墓圹长6.6、宽4.2、深1.14米。墓道为长方形斜坡墓道。墓室结构为双石室，南北并列，中为过梁，过梁孔长0.78～0.88、宽0.19、高0.33米。两室相通。石室内长2.6、宽2.15、高0.9米。石室前部有砖砌前室，呈长方形，长1.38、宽3.3，顶部破坏不存。砖室前部另外残存石板，其前方上部有圆形孔，结合发现的残门轴，应为石门结构。墓顶结构被破坏，情形不详。过梁、四壁、铺地砖完好。石室后壁发现石刻边框，边框凸起，但是未雕刻花纹。结构形制类双石椁，但是规模较大，有前室和石门结构，惜邻近河道，挖河时上部遭到破坏。墓室内积水，未发现人骨，葬式不明。未发现随葬品。

（二）随葬品

未发现随葬品。

五七　M108

（一）墓葬形制

该墓开口于第⑤层下，长方形竖穴土坑砖室券顶墓，方向95°或者275°（图一〇五）。墓口距地表深约1.2米。墓圹长3.54、宽1.26、深0.96米。墓葬填土为红褐色五花土。券顶部分，顶部券顶遭到破坏，仅残留部分，采用横砖起券法。砖砌墓室完整，内长2.85、宽0.78、深0.6米。墓室内有铺地砖。墓室内积水，未发现人骨。发现铁刀1件、五铢铜钱2枚、石黛板1件，墓室东端放置陶罐2件、残陶器1件。

（二）随葬品

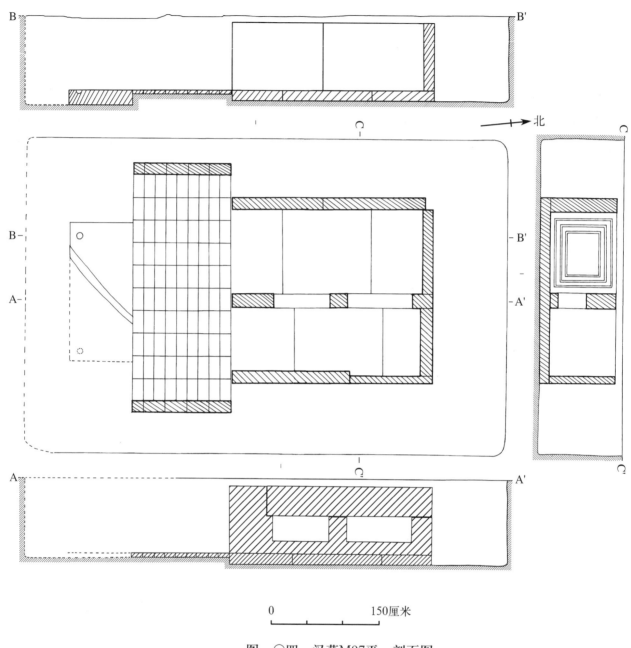

图一〇四　汉墓M97平、剖面图

随葬品出土陶罐2件、残陶器1件、五铢铜钱2枚、铁刀1件、石黛板1件。

陶罐　2件。泥质灰陶。标本M108：1，方唇，平沿，短颈，宽肩，收腹，大平底。腹下部有刮抹痕迹。口径5.6、腹径11.6、底径8.8、高12厘米（图一〇六，1；彩版二六，2）。标本M108：2，形制同标本M108：1，口径12、腹径18.4、底径14、高17.2厘米（图一〇六，2）。

残陶器　1件。标本M108：3，未修复。

五铢　2枚。标本M108：4，直径2.6、厚0.12厘米（图一〇六，3；彩版二六，3）。

铁刀　1件。标本M108：6，锈蚀残断，尺寸不明（彩版二六，4）。

石黛板　1件。标本M108：5，长13.9、宽3.3、厚0.4厘米（彩版二六，5）。

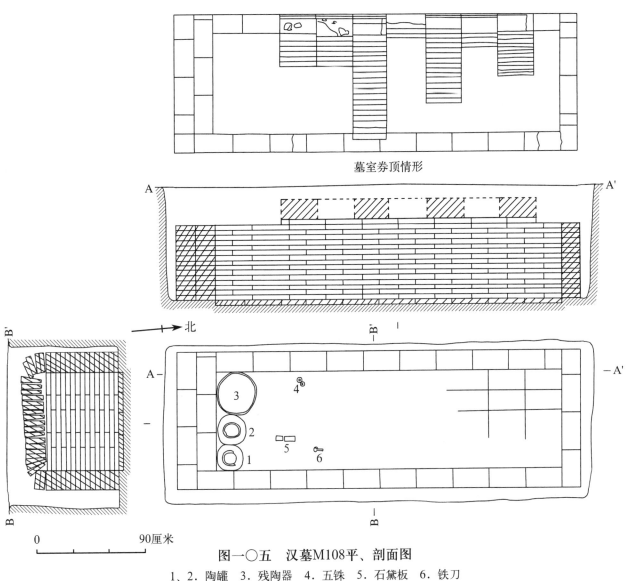

墓室券顶情形

0　　　　　　　90厘米

图一〇五　汉墓M108平、剖面图

1、2.陶罐　3.残陶器　4.五铢　5.石黛板　6.铁刀

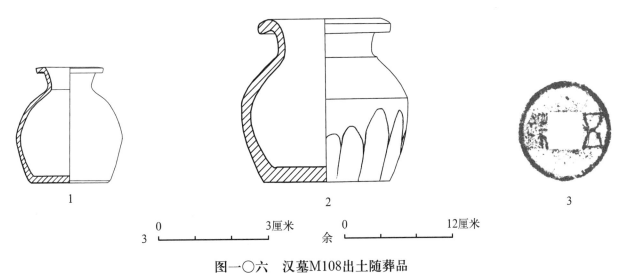

1　　　　　　　　　　　　2　　　　　　　　　　　　3

0　　　　　3厘米　　　　0　　　　　12厘米

3　　　　　　　　　　　　余

图一〇六　汉墓M108出土随葬品

1、2.陶罐M108：1、M108：2　3.五铢M108：4

五八　M113

（一）墓葬形制

该墓开口于第⑤层下，长方形竖穴土坑双室券顶墓。方向275°（图一〇七）。墓口距地表深约1.3米。墓圹长3.6、宽2.6、深0.5米。墓葬填土为红褐色五花土。砖室券顶被破坏，只残留2～4排砖，横砖起券。墓室内长2.85、宽2.07、深0.4米。双室，墓壁采用单砖平砌而成，两墓室之间由砖墙隔开，砖墙上留有小窗。两室内均有铺地砖。墓室位于水位线下，人骨保存差，头向南。墓室内发现五铢铜钱残片及陶器残片。

（二）随葬品

陶片标本M113：1、五铢残片标本M113：2，均未能修复。

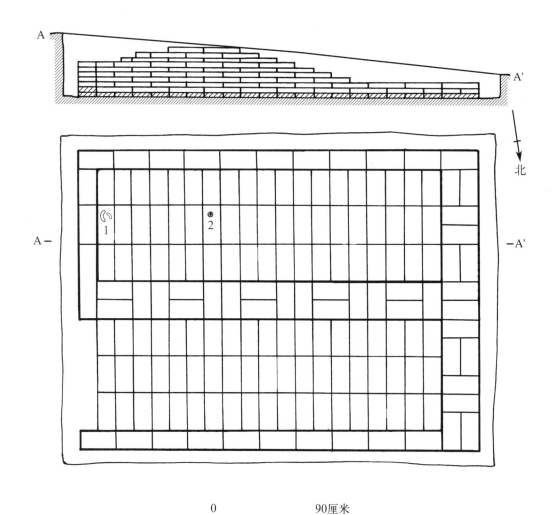

0　　　　　　　　90厘米

图一〇七　汉墓M113平、剖面图

1. 陶片　2. 五铢

五九 M115

（一）墓葬形制

该墓位于第⑤层下，长方形竖穴土坑砖椁墓。方向276°（图一〇八）。墓口距地表深约1.5米。墓圹长2.8、宽1.03、存深0.5米。椁室内长2.04、宽0.72、存深0.2～0.4米。椁室用长方形青砖平砌，砖长36、宽14、厚5厘米。椁室底部用同等规格的青砖铺地，纵向砖缝在3～8厘米不等。椁室内人骨腐朽无存。墓室东部有土坑器物箱，长1.03、宽0.36米。器物箱上部已被破坏，现存深度为0.25米。器物箱内出土陶罐1件。

（二）随葬品

随葬品出土陶罐1件。

陶罐　1件。泥质灰陶。标本M115：1，口残，圆腹，小平底。

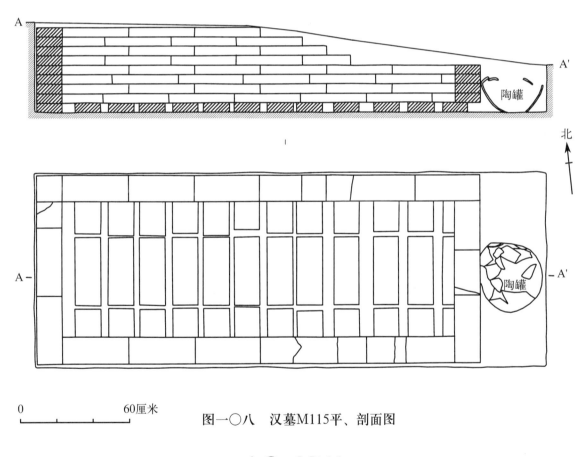

0 ⊢———————⊣ 60厘米

图一〇八　汉墓M115平、剖面图

六〇 M116

（一）墓葬形制

该墓位于第⑤层下，长方形竖穴土坑石椁墓。方向185°。墓口距地表深约1.5米。墓圹长3.2、宽1.46、深1.28米。椁室上部用三块厚0.2米的长方形石板做盖板。椁室内长2.44、宽0.88、深0.88

米。椁室分别由两块挡板和两块侧板组成，厚度均为 0.12 米。椁室底部用三块厚 0.1 米的长方形石板铺底。人骨保存差，仅见两肢骨，葬式不明。头向南。

（二）随葬品

未发现随葬品。

六一　M117

（一）墓葬形制

该墓位于第⑤层下，与 M116 并列。长方形竖穴土坑石椁墓。方向 186°（图一〇九）。墓口距地表深约 1.4 米。墓圹长 3、宽 1.4、深 1.54 米。椁室用三块厚 0.17 米的长方形石板做盖板。椁室内长 2.28、宽 0.88、深 0.9 米。由两块侧板和两块挡板组成。侧板长 2.31、厚 0.12 米，挡板长 1.12、厚 0.14 米。椁板两侧内侧带有凹槽，组合严密。底部用三块厚 0.1 米的长方形石板铺底。椁室内人骨保存差，仅见零星肢骨。葬式不明。头向南。石椁内东北角发现五铢铜钱 10 枚。

（二）随葬品

随葬品出土五铢铜钱 10 枚。

五铢　10 枚。标本 M117：1，直径 2.5、厚 0.12 厘米（图一〇九，1）。标本 M117：2，直径 2.4、厚 0.1 厘米（图一〇九，2）。

六二　M118

（一）墓葬形制

该墓位于第⑤层下，长方形竖穴土坑石椁墓。方向 93°或者 273°。墓口距地表深 1.5 米。墓圹长 3、宽 1.7、深 1.1 米。石盖板厚约 0.1～0.12 米。椁室内长 2.22、宽 0.78、深 0.8 米。石椁板厚约 0.1～0.14 米。椁室内未发现人骨。

（二）随葬品

未发现随葬品。

六三　M119

（一）墓葬形制

该墓位于第⑤层下，M108 南侧。长方形土坑砖室券顶墓。方向 275°。墓口距地表深 1.2 米。墓圹长 4.2、宽 2.30、深 0.4 米。券顶残留边缘部分，横砖起券。砖室长 2.96、宽 1.2、残深 0.12 米。墓室内人骨保存差，头向西。墓室内出土 5 枚五铢铜钱，其中 2 枚破碎。

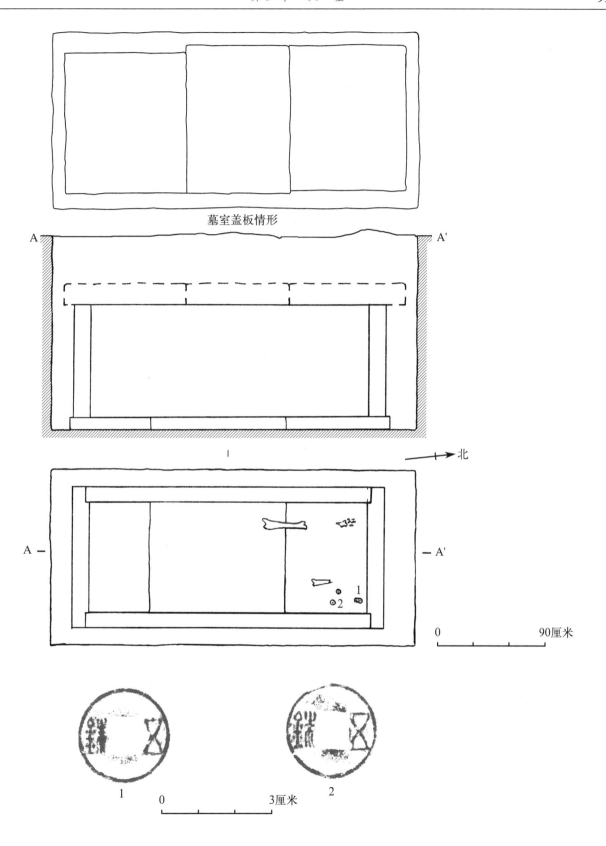

墓室盖板情形

北

0　　　　　　　　　90厘米

1　　　　0　　　　　　　　3厘米　　　　2

图一〇九　汉墓M117平、剖面图及出土五铢铜钱

1、2. 五铢M117：1、M117：2

（二）随葬品

随葬品出土五铢铜钱 5 枚，其中 2 枚破碎。

五铢　5 枚。标本 M119：1，直径 2.5、厚 0.15 厘米。

六四　M120

（一）墓葬形制

该墓位于第⑤层下，M119 东侧。长方形土坑砖室券顶墓。方向 95° 或 275°。墓口距地表深 1.5 米。墓圹长 4.4、宽 2.3、深 0.8 米。券顶遭到破坏。墓室长 3.15、宽 0.96、存深 0.36 米。墓室结构为单砖平砌，墓砖长 30、宽 15、厚 4 厘米。墓室内未发现人骨。

（二）随葬品

未发现随葬品。

六五　M121

（一）墓葬形制

该墓位于第⑤层下，长方形竖穴土坑砖椁墓。方向 176°（图一一〇）。墓口距地表深 0.7 米。顶部盖板不存。椁室长 1.95、宽 0.67、存深 0.5 米。椁室结构为单砖平砌，南北两壁无砖，东西两侧

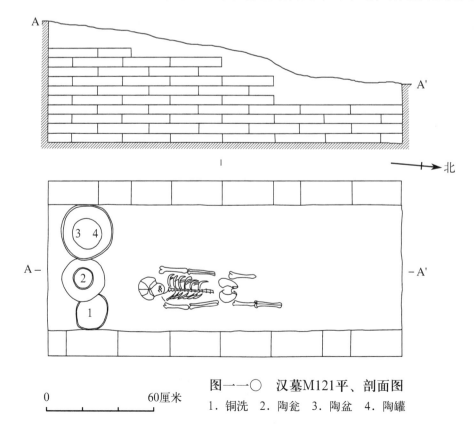

图一一〇　汉墓 M121 平、剖面图

0　　　　　　　60厘米

1. 铜洗　2. 陶瓮　3. 陶盆　4. 陶罐

砖壁均遭到破坏，残留高度不等，墓底无铺地砖。墓砖长 28.5、宽 13.5、厚 5 厘米。椁室内发现人骨 1 具，头骨仅见轮廓，躯干部分留存肋骨和椎骨，上肢尺骨及肱骨还有保存，两下肢可见股骨及腓骨，单人仰身直肢葬。头向南。墓室南部发现铜洗 1 件、陶罐 1 件、陶瓮 1 件、陶盆 1 件。

（二）随葬品

随葬品出土陶罐 1 件、陶瓮 1 件、陶盆 1 件、铜洗 1 件。

陶罐　1 件。泥质灰陶。标本 M121：4，方唇，卷沿，束颈，鼓腹，小平底。颈饰两圈凹弦纹，肩下至腹中饰弦纹，下腹及底饰细绳纹。口径 13、腹径 23.1、底径 11.8、高 24.8 厘米（图一一一，4；彩版二七，1）。

陶瓮　1 件。泥质灰陶。标本 M121：2，直口，平沿，球腹，小平底。口径 15、腹径 23.2、底径 10.2、高 19.4 厘米（图一一一，2；彩版二七，2）。

陶盆　1 件。泥质灰陶。标本 M121：3，敞口，平折沿，方唇，斜壁，大平底。口径 30、底径 16.6、高 13.4 厘米（图一一一，3；彩版二七，3）。

铜洗　1 件。标本 M121：1，残破，未修复（图一一一，1；彩版二七，4）。

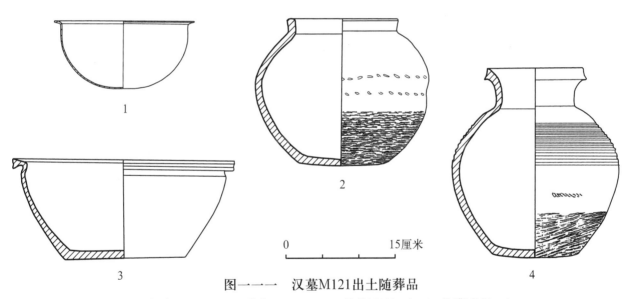

0　　　　　　15厘米

图一一一　汉墓M121出土随葬品

1. 铜洗M121：1　2. 陶瓮M121：2　3. 陶盆M121：3　4. 陶罐M121：4

六六　M122

（一）墓葬形制

该墓位于第⑤层下，长方形竖穴土坑砖椁墓。方向 106°或者 286°（图一一二）。墓口距地表深 0.6 米。墓圹长 1.75、宽 0.9、深 0.6 米。顶部盖板不存。椁室长 1.72、宽 0.62、存深 0.48 米。主室仅有南北两侧各八层青砖垒成墓壁，两端为土圹。砖壁自下往上向外倾斜微张，上口宽 0.62、下口

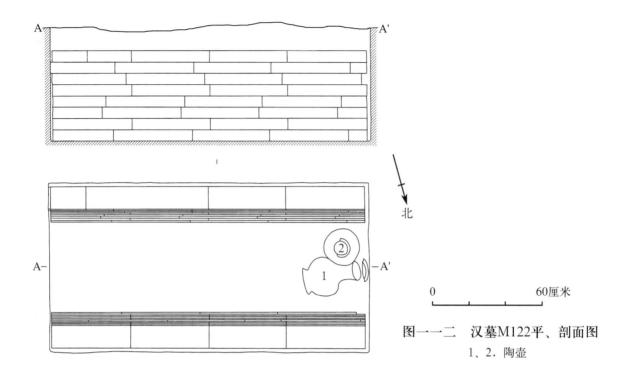

图一一二　汉墓M122平、剖面图
1、2. 陶壶

宽 0.48 米。结构为单砖平砌，墓砖长 43、宽 12、厚 6 厘米。椁室内未发现人骨。在椁室西部紧靠西壁发现陶壶 2 件。

（二）随葬品

随葬品出土陶壶 2 件。

陶壶　2 件。泥质灰陶。标本 M122∶1，子母口，圆唇，溜肩，鼓腹，喇叭形圈足，覆钵形盖。口径 11、腹径 19.0、底径 13.4、高 26 厘米（图一一三，1）。标本 M122∶2，形制同 M122∶1，无盖。口径 8.8、腹径 18、底径 11.2、高 24.4 厘米（图一一三，2）。

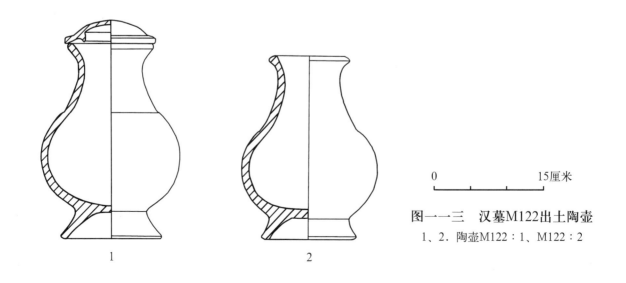

图一一三　汉墓M122出土陶壶
1、2. 陶壶M122∶1、M122∶2

六七 M124

(一)墓葬形制

该墓被 M118 打破，位于第⑤层下，长方形竖穴土坑石椁墓。方向 176°或者 356°。墓口距地表深约 1.4 米。墓圹长 2.4、宽 1.3、深 1.0 米。椁室破坏严重，顶部盖板破坏不存，仅存西侧挡板石，长 1.47、厚 0.08 米。北部残留碎石块。椁室内未发现人骨。

(二)随葬品

未发现随葬品。

六八 M127

(一)墓葬形制

该墓位于第⑤层下，长方形竖穴土坑砖椁双室墓。方向 99°（图一一四；彩版二八，1）。墓口距

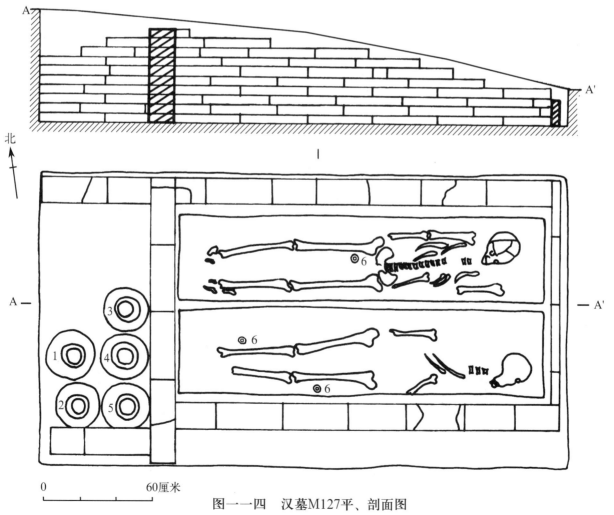

图一一四 汉墓M127平、剖面图

1～5.陶罐 6.五铢

现存地表深1.3米。墓圹长2.9、宽1.56、存深0.6米。顶部盖板破坏不存。椁室结构为单砖平砌，砖长36、宽14、厚5厘米。椁室内长2.06、宽1.05、存深0.14～0.5米。椁室西端有砖砌器物箱，长0.6、宽1.48米，器物箱借助椁室西壁，平砌南北壁而成，西壁无砖。双室内发现木棺各1具，长2、宽0.45米。发现人骨各1具，仰身直肢，头向东。应为夫妻异穴合葬墓。椁室内发现五铢铜钱3枚，器物箱内出土陶罐5件。

（二）随葬品

随葬品出土陶罐5件、五铢铜钱3枚。

陶罐　5件。泥质灰陶。标本M127：1，侈口，卷沿，方唇，鼓腹，大平底。腹中饰两圈凹弦纹。口径10.2、腹径26、底径20.5、高19.6厘米（图一一五，1；彩版二八，2）。标本M127：2，侈

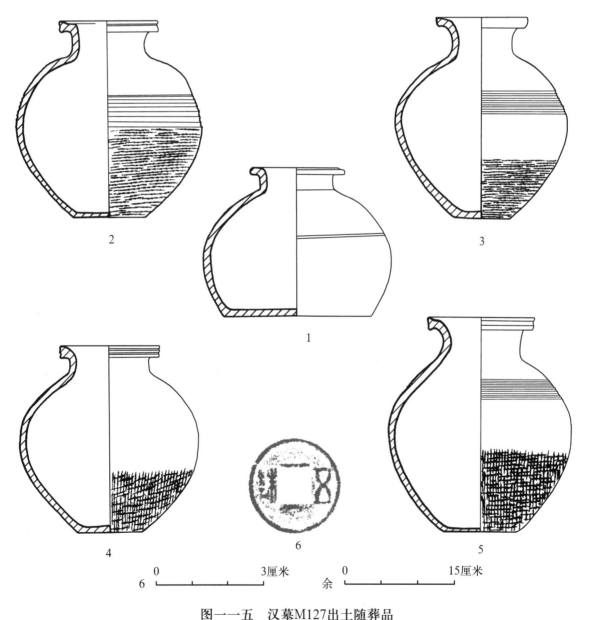

0　　　　　　　　3厘米　　　　0　　　　　　　15厘米

图一一五　汉墓M127出土随葬品

1～5. 陶罐M127：1、M127：2、M127：3、M127：4、M127：5　6. 五铢M127：6

口，斜折沿，方唇中间有一道凹槽，束颈，鼓腹，腹中凸出，下腹斜收，小平底。上腹饰弦纹，下腹及底饰细绳纹。口径13、腹径25.4、底径9.5、高25.5厘米（图一一五，2；彩版二八，3）。标本M127：3，形制同标本M127：2。口径12.4、腹径23.4、底径7.5、高26.9厘米（图一一五，3）。标本M127：4，形制同标本M127：2（图一一五，4；彩版二八，4）。标本M127：5，形制同标本M127：2。口径14.6、腹径25、底径8.7、高28.2厘米（图一一五，5）。

五铢 3枚。锈蚀。标本M127：6，直径2.5、厚0.15厘米（图一一五，6；彩版二八，5）。

六九 M128

（一）墓葬形制

该墓位于第⑤层下，被M127打破。长方形竖穴土坑石椁墓。方向274°（图一一六）。墓口距地表深1.3米。墓圹长2.8、宽1.46、深1.2米。顶部盖板保存完整，为3块厚约0.1米的长方形石板。椁室内长2.07、宽0.75、深0.74米，由2块侧板（长2.08、宽0.74、厚0.1米）、2块顶板（长0.94、宽0.74、厚0.08米）和3块厚约0.08米的底板构成。椁室内发现人骨1具，仰身直肢，保存较差。头向西。椁室东端有土坑器物箱，长0.6、宽0.44、深0.5米。器物箱内出土陶罐1件。

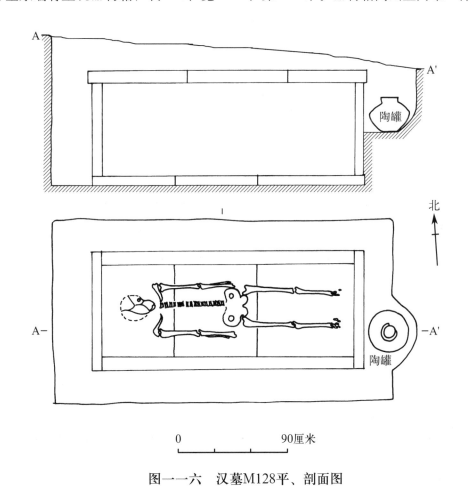

图一一六 汉墓M128平、剖面图

（二）随葬品

随葬品出土陶罐 1 件。

陶罐　1 件。泥质灰陶。标本 M128：1，侈口，平沿，矮束颈，大鼓腹微折，小平底。腹中饰一圈粗绳纹，下腹及底饰细绳纹。口径 12、腹径 32.5、底径 7、高 28.3 厘米（图一一七）。

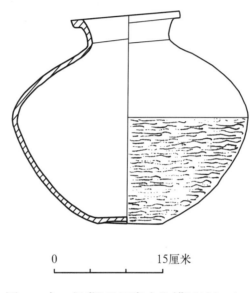

0　　　　　　　　　　15厘米

图一一七　汉墓M128出土陶罐M128：1

七〇　M129

（一）墓葬形制

该墓位于第⑤层下，M108 南侧。长方形竖穴土坑砖椁墓。方向 90° 或者 270°（图一一八）。墓口距地表深 1.2 米。墓圹长 5.0、宽 2.8、深 0.8 米。盖板部分破坏不存。椁室为单砖平砌，残长 2.85、宽 1.02、存深 0.72 米。墓砖长 30、宽 16、厚 4 厘米。墓室在水位线 1 米以下，人骨保存极差。墓室西端有砖砌器物箱，长 1.44、宽 0.6、存深 0.72 米，器物箱借助墓室西壁，用砖平砌南北壁而成，器物箱与墓室间隔墙宽仅 0.12 米。器物箱内出土陶罐 3 件。

（二）随葬品

随葬品出土陶罐 3 件。

陶罐　3 件。泥质灰陶。标本 M129：1，圆唇，平沿，直颈，溜肩，收腹，大平底。腹中部饰一道凹弦纹。口径 11.2、腹径 22.2、底径 18、高 19.4 厘米（图一一九，1）。标本 M129：2，圆唇，卷沿，直颈，球腹，小平底。腹中部饰一道粗绳纹。口径 10.8、腹径 21.6、底径 9、高 23 厘米（图一一九，2）。标本 M129：3，形制同标本 M129：1。口径 10.2、腹径 22.2、底径 17.2、高 19.7 厘米（图一一九，3）。

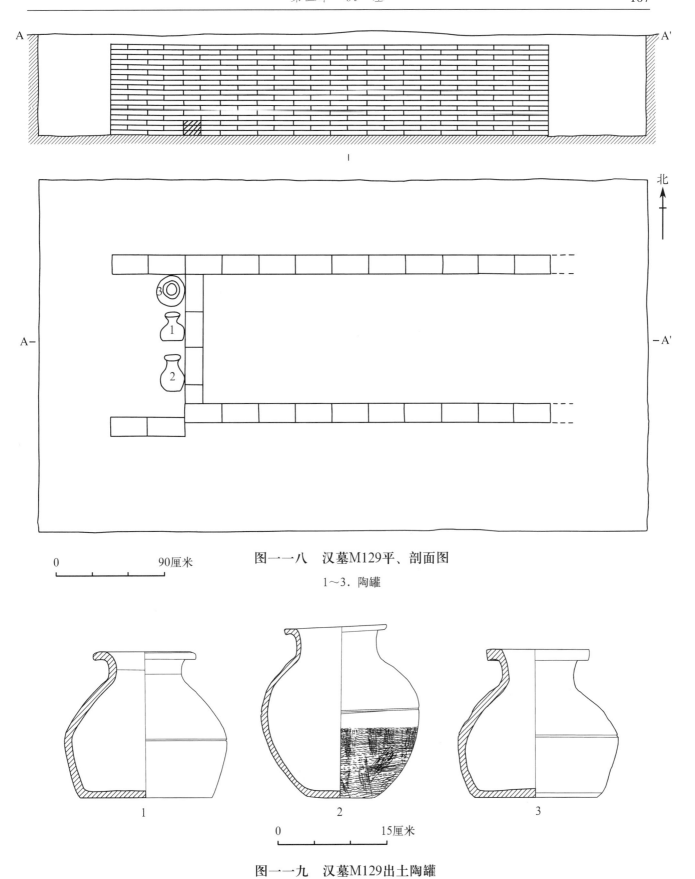

图一一八 汉墓M129平、剖面图

1～3．陶罐

图一一九 汉墓M129出土陶罐

1～3．陶罐M129：1、M129：2、M129：3

七一　M132

（一）墓葬形制

该墓位于第⑤层下，长方形竖穴土坑砖椁墓。方向 4°或者 184°（图一二〇）。墓口距地表深约 1.4 米。墓圹残长 1.25、宽 1.05、深 0.6 米。墓室破坏严重，现仅存东、西两侧各一小段砖壁，东侧砖壁总长 0.57 米，共四层，高 0.2 米；西侧砖壁总长 0.5 米，共十层，高 0.5 米。椁室内未发现人骨。器物箱残长 1.2、宽 0.75、存深 0.2～0.5 米。墓砖长 36、宽 14、厚 5 厘米。器物箱内清理出陶器 4 件，其中 1、2 号器物位于器物箱的中西部，3、4 号器物位于器物箱的南部。

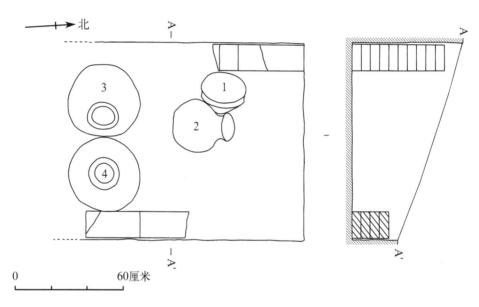

图一二〇　汉墓M132平、剖面图
1. 陶钵　2～4. 陶罐

（二）随葬品

随葬品出土陶罐 3 件、陶钵 1 件。

陶罐　3 件。泥质灰陶。标本 M132：2，平沿，长颈，圆腹，小平底。上腹饰弦纹，腹中部饰一圈粗绳纹，下腹部及底部饰细绳纹。口径 15、腹径 28、底径 12、高 28.8 厘米（图一二一，2；彩版二九，1）。标本 M132：3，平沿，矮束颈，大鼓腹，腹中微折，小平底。上腹部饰弦纹，下腹部及底部饰细绳纹。口径 16.2、腹径 38.6、底径 17.2、高 35.2 厘米（图一二一，3；彩版二九，2）。标本 M132：4，形制同标本 M132：2，略矮粗。口径 17.4、腹径 38、底径 17、高 35.8 厘米（图一二一，4；彩版二九，3）。

陶钵　1 件。泥质灰陶。标本 M132：1，大直口，平沿，折肩，深腹，小平底。口径 24.2、底径 8.2、高 11.6 厘米（图一二一，1；彩版二九，4）。

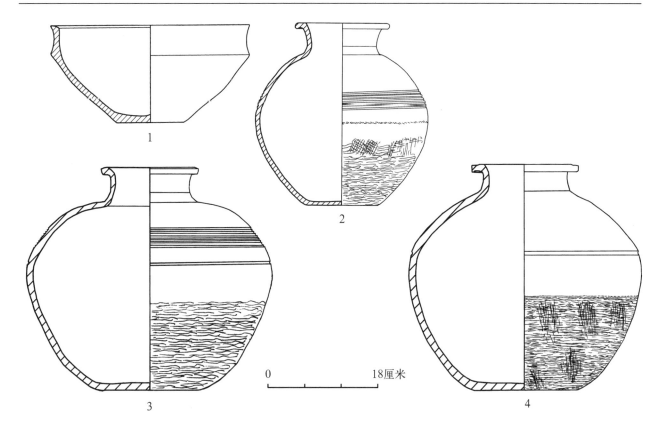

图一二一 汉墓M132出土陶器

1. 陶钵M132：1 2～4. 陶罐M132：2、M132：3、M132：4

七二 M134

（一）墓葬形制

该墓被 M132 打破。位于第⑤层下，长方形竖穴土坑石椁墓。方向 15°（图一二二）。墓口距地表深 1.5 米。墓圹长 2.8、宽 1.5、深 1.3 米。顶部盖板为 3 块厚约 0.12 米的长方形石板。椁室内长 2.20、宽 0.75、深约 0.72 米。椁室由 2 块侧板（东侧板长 2.34 米，西侧板长 2.38、宽 0.72、厚 0.1 米）、2 顶板（长 0.74、宽 0.72、厚 0.1 米）和 3 块厚约 0.08 米的长方形底板组成。椁室内发现人骨架 1 具，单人仰身直肢葬，头向北。椁室内出土铜带钩 1 件，在墓室南部墓主人左腿骨外侧发现五铢铜钱 2 枚，右腿骨外侧发现铁刀 1 件。

（二）随葬品

随葬品出土五铢铜钱 2 枚、铜带钩 1 件，铁刀 1 件。

铜带钩　1 件。标本 M134：1，形状类似鸟喙，锈蚀较重。长 3.7、柱径 0.6 厘米。

五铢　2 枚。标本 M134：2，直径 2.5、厚 0.15 厘米（图一二二，2）。

铁刀　1 件。标本 M134：3，环首，宽 3.1、厚 0.12 厘米。

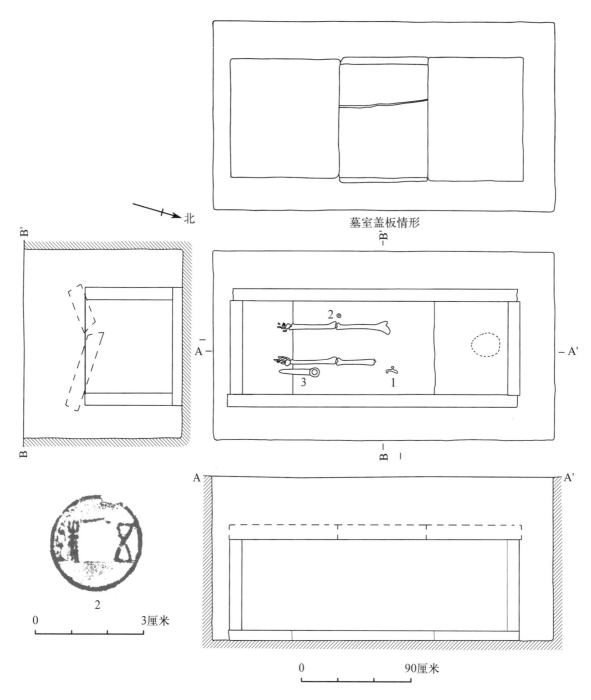

图一二二　汉墓M134平、剖面图及出土五铢铜钱
1. 铜带钩　2. 五铢　3. 铁刀

七三　M135

（一）墓葬形制

该墓位于第⑤层下，长方形土坑券顶砖室墓。方向90°或者270°（图一二三；彩版三〇，1、2）。

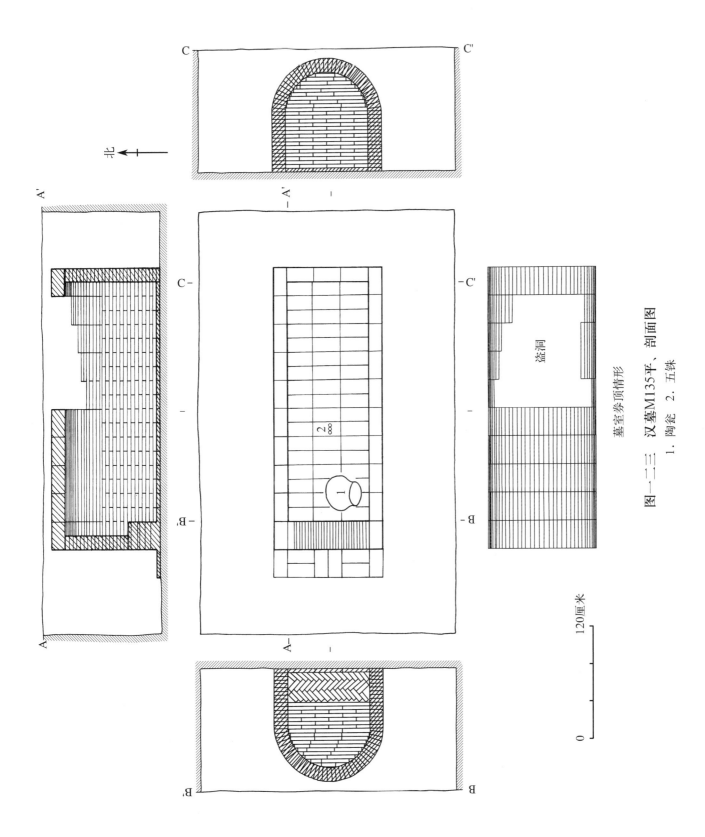

墓室券顶情形

图一二三 汉墓M135平、剖面图
1. 陶瓮 2. 五铢

墓口距地表深 1.3 米。墓圹长 4.5、宽 2.8、深 1.3 米。券顶用立砖起券,残存部分。平砖叠涩砌成墓室,有铺地砖,东部用砖平砌,西部下半部砖呈"人"字形,上部改用平砖封闭。墓室内长 2.54、宽 0.88、存深 1.0 米。墓室内未发现人骨。墓室内发现陶瓮 1 件、五铢铜钱 3 枚。

(二)随葬品

随葬品出土陶瓮 1 件、五铢铜钱 3 枚。

陶瓮　1 件。泥质灰陶。标本 M135:1,直口,平沿,矮立领微收,球腹,小平底。口径 24、腹径 38.4、底径 12、高 33.6 厘米(图一二四,1)。

五铢　3 枚。标本 M135:2,直径 2.5、厚 0.1 厘米(图一二四,2)。

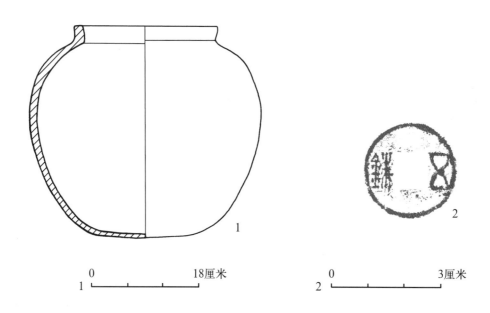

0　　　　　　　　　18厘米
1

0　　　　　　3厘米
2

图一二四　汉墓M135出土随葬品

1. 陶瓮M135:1　2. 五铢M135:2

七四　M143

(一)墓葬形制

该墓位于第⑤层下,长方形竖穴土坑砖椁墓。方向 90° 或者 270°(图一二五)。墓口距地表深 1.2 米。墓圹长 4.6、宽 2.6、深 1.0 米。主室东西两壁共用十一层青砖垒成,每隔一层为一行丁砖,外侧丁砖与丁砖上下之间填土,最上层每隔一块整砖再放一块丁砖。器物箱东西两壁用砖垒成,共十三层。北端与主室相连接,南面无砖,主室和器物箱底部均用青砖铺底。椁室内长 2.15、宽 0.69、存深 0.55 米。器物箱长 1.23、宽 0.96 米。砖长 38、宽 14、厚 4.5 厘米。南端发现砖砌器物箱,出土陶罐 2 件。

(二)随葬品

器物箱内出土陶罐 2 件。

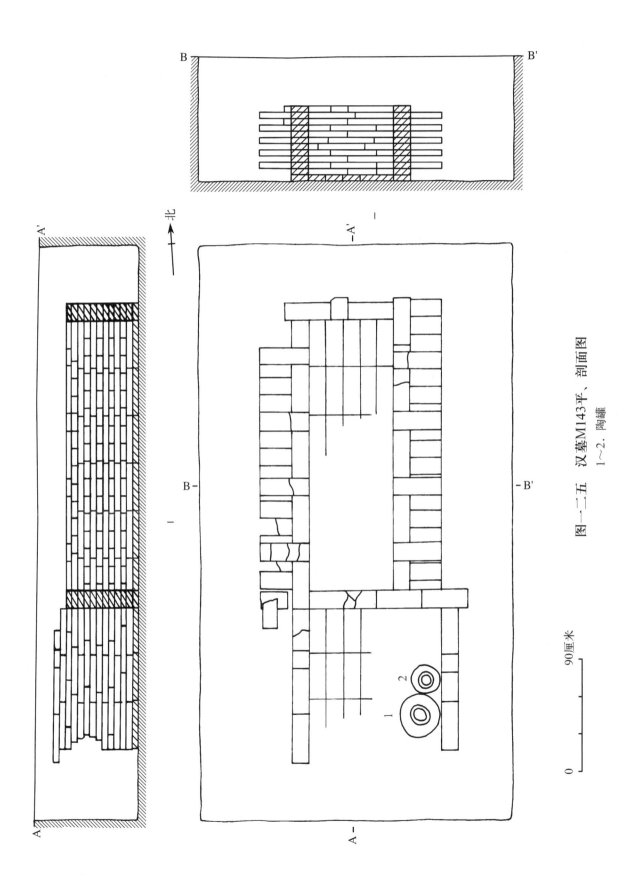

图一二五　汉墓M143平、剖面图

1~2. 陶罐

陶罐　2件。泥质灰陶。标本 M143：1，平沿，长颈，圆腹，小平底。上腹饰弦纹，下腹部及底部饰细绳纹。口径 11.6、腹径 33、底径 12.2、高 32 厘米（图一二六，1）。标本 M143：2，平沿，口部略变形，矮束颈，鼓腹，小平底。上腹部饰弦纹，下腹部及底部饰细绳纹。口径 13、腹径 24.5、底径 10.2、高 27 厘米（图一二六，2）。

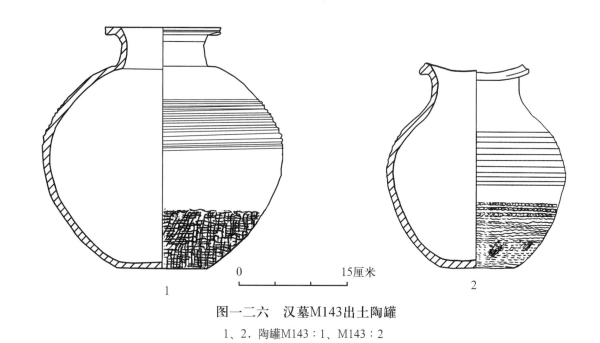

图一二六　汉墓M143出土陶罐

1、2. 陶罐M143：1、M143：2

七五　M156

（一）墓葬形制

该墓位于第⑤层下，长方形竖穴土坑砖椁墓。方向90°或者270°。墓口距地表深1.5米。墓圹长3.6、宽2.2、深1.7米。椁室盖板破坏不存。椁室内长2.14、宽0.74、深0.94米。墓东北角发现早期盗洞，为不规则椭圆形，半径为0.41～0.45米。墓口西边上半部被 M109 打破。墓室底部铺砖，排列无规律。墓室结构为单砖横向平砌与丁砖相间，墓砖长46、宽15、厚8厘米。椁室内发现人骨1具，腐朽。

（二）随葬品

未发现随葬品。

七六　M158

（一）墓葬形制

该墓位于第⑤层下，长方形竖穴土坑砖椁墓。方向271°（图一二七）。墓口距地表深1.5米。墓圹长3.36、宽2.1、深1.9米。墓葬填土经过夯打，夯窝直径8～12厘米。顶部盖板为三块长方形石板，

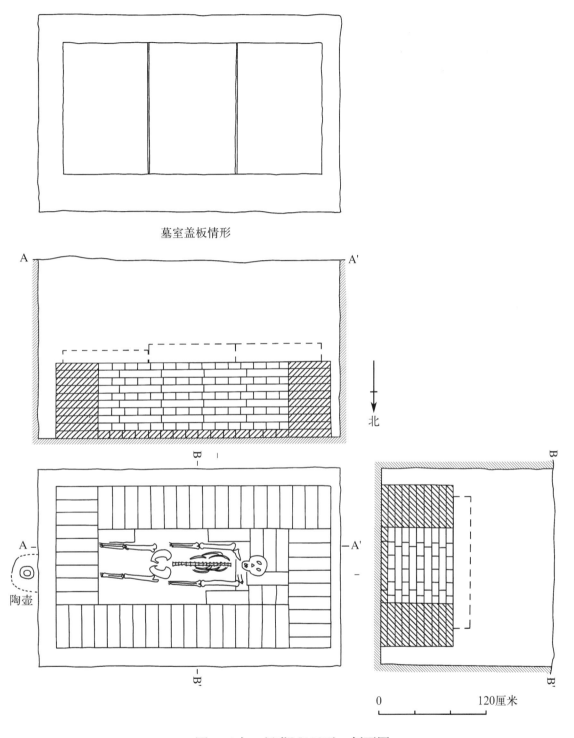

墓室盖板情形

北

0 120厘米

图一二七 汉墓M158平、剖面图

厚 0.14 ～ 0.20 米。椁室内长 2.08、宽 0.8、深 0.72 米。底部铺砖。椁室结构为单砖横向平砌一层与纵向平砌一层相间，墓砖长 46、宽 14、厚 8 厘米。椁室东部外侧有壁龛，高 0.3、宽 0.4、深 0.3 米。椁室内发现人骨 1 具，头骨仅见轮廓，躯干部分留存肋骨、椎骨及骨盆。上肢尺骨及肱骨还有保存，两下肢可见股骨及腓骨。单人仰身直肢葬。头向西。椁室内发现陶壶 1 件。

（二）随葬品

随葬品出土陶壶1件。

陶壶　　1件。泥质灰陶。标本M158：1，大喇叭口，束颈，斜肩，鼓腹，矮圈足。口径9.8、腹径12.2、底径8、高14.4厘米（图一二八）。

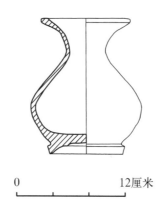

0　　　　　　　12厘米

图一二八　汉墓M158出土陶壶M158：1

七七　M159

（一）墓葬形制

该墓位于M129西侧，第⑤层下，长方形竖穴土坑券顶石门双砖室墓。由墓道、墓门、前室、后室组成。方向270°。墓口距地表深1.5米。墓道平面为东宽西窄的梯形，西高东低，斜坡状，长3、宽0.95～1.11、深0～1.17米。墓口长4.4、宽2.6米。顶部楔形砖券顶被破坏，楔形砖长30、宽15、厚3～4.5厘米。墓门由石门楣、石门柱、两扇石门和柱础石组成，门楣及门柱上为简单的斜线纹和弧形纹装饰，墓门上装饰铺首衔环。门楣长1.2、高0.3、厚0.2米，门柱高0.87、宽0.14、厚0.16～0.17米，门高0.86～0.89、宽0.48、厚0.07米，前室平面为长方形，长1.2、宽1.65米，结构为单砖平砌，顶部叠涩内收，顶部破坏，前室底部多碎砖，有铺底。墓砖长30、宽15、厚4厘米。墓室平面为长方形，中间两层砖墙分其为南北两室，隔墙上有宽0.2、高0.16、深0.30米的小窗贯通两室。北室长2.7、宽0.9米，南室与前室相通，长2.85、宽1.05、深0.68米。双墓室内发现人骨各1具，墓室积水，人骨腐朽。北室出土陶罐2件。前室内出土陶罐3件（彩版三一，1）。

（二）随葬品

随葬品出土陶罐5件。

陶罐　　5件。泥质灰陶。标本M159：1，侈口，卷沿，矮束颈，鼓腹，大平底。口径12.5、腹径31、底径16、高37.5厘米（图一二九，1；彩版三一，2）。标本M159：2，直口，直领，丰肩，鼓腹，下腹斜收较长，最大径在上腹部，平底。腹部饰绳纹。口径9、腹径26.5、底径15.8、高23厘米（图一二九，2；彩版三一，3）。标本M159：3，侈口，卷沿，矮束颈，溜肩，鼓腹，腹下部斜收，小平底。

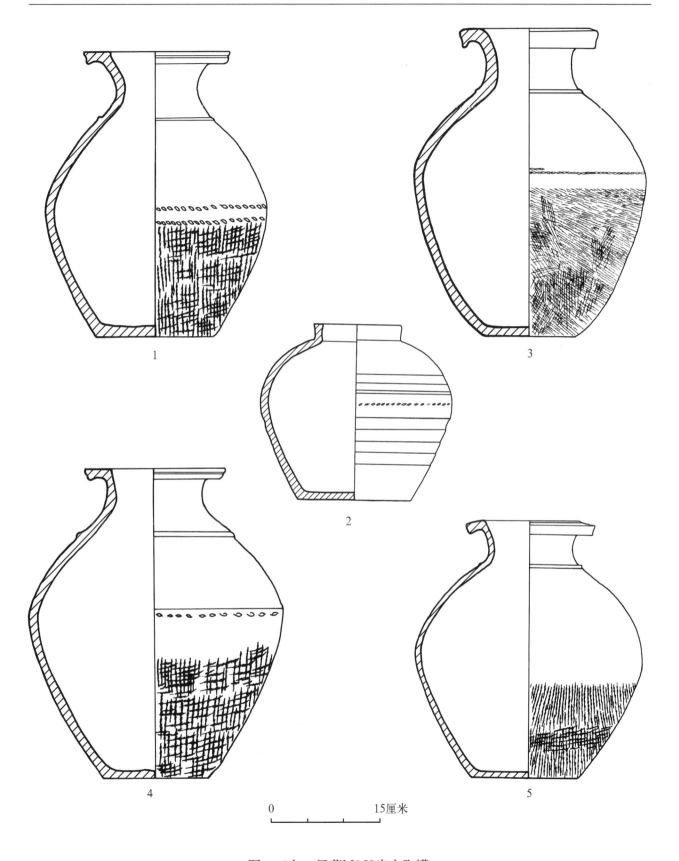

图一二九 汉墓M159出土陶罐

1~5. 陶罐M159：1、M159：2、M159：3、M159：4、M159：5

腹中饰一圈绳纹，下腹饰细密斜绳纹。口径14、腹径32、底径12.5、高40.8厘米（图一二九，3）。标本M159：4，侈口，平折沿，束颈，溜肩，折腹，下腹内收，小平底。颈部饰一凸弦纹，腹部中间饰两圈绳纹，下腹饰细密绳纹。口径12、腹径34.8、底径14.6、高41厘米（图一二九，4；彩版三一，4）。标本M159：5，形制同标本M159：4。口径12.6、腹径31.6、底径14.6、高34厘米（图一二九，5；彩版三一，5）。

七八　M160

（一）墓葬形制

该墓位于第⑤层下。长方形竖穴土坑券顶砖室墓。方向90°或者270°（图一三〇）。墓口距地表深1.2米。墓圹长3.6、宽1.5、深0.7米。墓室结构为单砖平砌，墓室内长2.71、宽0.6、存深0.44米。墓砖长30、宽15、厚4厘米。墓底有铺地砖。墓室内发现人骨1具，腐朽较重。墓室西端发现陶罐3件，墓室中部发现环首铁刀1件、货泉2枚。

（二）随葬品

随葬品出土陶罐3件、货泉2枚、铁刀1件。

陶罐　3件。泥质灰陶。标本M160：1，大口，长颈，溜肩，弧腹，平底。口径10.6、腹径18、

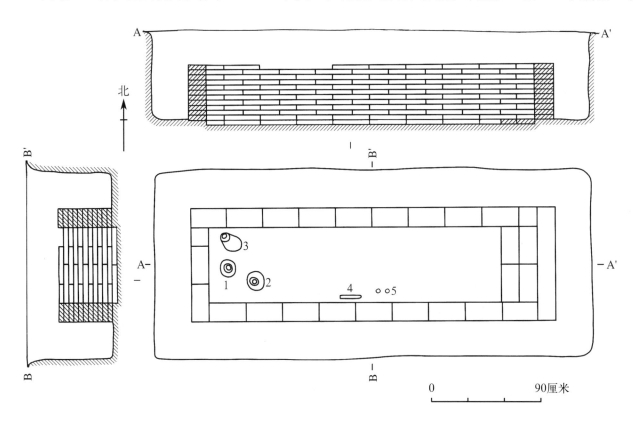

图一三〇　汉墓M160平、剖面图

1～3. 陶罐　4. 铁刀　5. 货泉

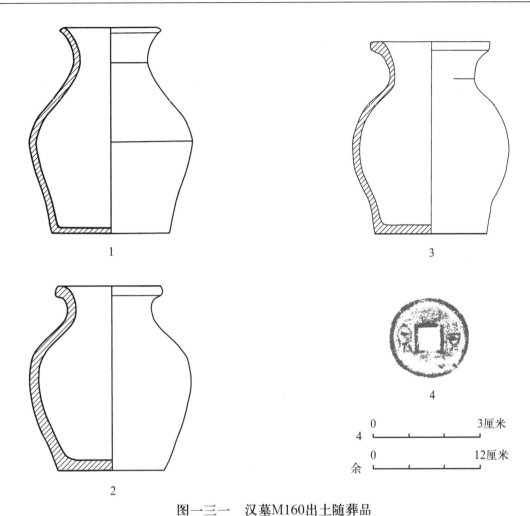

1　　　　　　　　　3

2　　　　　　　　　4

4　|0————————————3厘米|

余　|0————————————12厘米|

图一三一　汉墓M160出土随葬品

1～3. 陶罐M160：1、M160：2、M160：3　4. 货泉M160：5

底径 12.6、高 21.8 厘米（图一三一，1）。标本 M160：2，形制与 M160：1 接近，只是最大径略偏上。口径 13、腹径 17.6、底径 11.4、高 19.6 厘米（图一三一，2）。标本 M160：3，形制同 M160：1。口径 13.2、腹径 17.3、底径 12.4、高 20.4 厘米（图一三一，3）。

　　货泉　2 枚。标本 M160：5，直径 2.2、厚 0.1 厘米（图一三一，4）。

　　铁刀　1 件。标本 M160：4，锈蚀残段。环首残存一部分。残长 25.5、宽 3、脊厚 0.8 厘米。

七九　M167

（一）墓葬形制

　　该墓位于第⑤层下。长方形竖穴土坑券顶砖室墓。方向 275°（图一三二；彩版三二，1、2）。墓口距地表深 1.3 米。墓圹长 4.65、宽 2.8、深 0.9 米。券顶被破坏，残存近直壁处部分。墓室采用单砖平砌，内长 3.21、宽 1.05、存深 0.64 米。墓砖长 30、宽 15、厚 4 厘米。墓室西端不见砖壁，

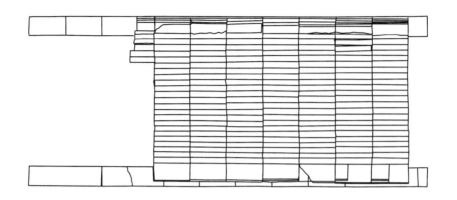

墓室券顶情形

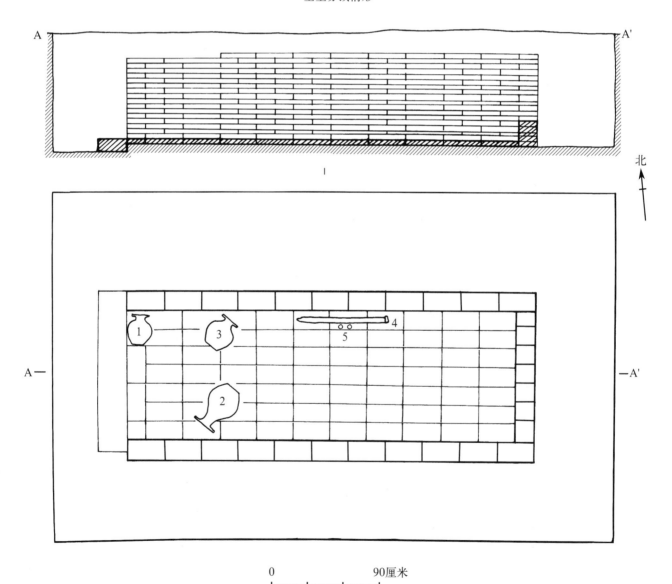

北

0　　　　　　　90厘米

图一三二　汉墓M167平、剖面图

1~3. 陶罐　4. 铁刀　5. 五铢

紧靠铺地砖发现石板一块，长 1.3、宽 0.23、厚 0.1 米。墓室内发现人骨 1 具，腐朽。头向西。墓室西部发现随葬陶罐 3 件。墓主人腰部左侧发现残铁刀 1 把，另外发现五铢铜钱 3 枚。

（二）随葬品

随葬品出土陶罐 3 件、五铢铜钱 3 枚、铁刀 1 件。

陶罐 3 件。泥质灰陶。标本 M167：1，侈口，卷沿，矮束颈，鼓腹，下腹微收，平底。口径 12、底径 13.2、高 23.4 厘米（图一三三，1；彩版三三，1）。标本 M167：2，侈口，平折沿，斜肩，折腹，小平底。颈部饰一圈弦纹，腹部饰两圈绳纹。口径 12、底径 13.6、高 17 厘米（图一三三，2；彩版三三，2）。标本 M167：3，侈口，卷沿，方凹唇，矮颈，鼓腹，大平底。口径 12.8、腹径 21、底径 16、高 23.3 厘米（图一三三，3；彩版三三，3）。

五铢 3 枚。锈蚀。标本 M167：5，直径 2.5、厚 0.1 厘米（图一三三，4；彩版三三，4）。

铁刀 1 件。标本 M167：4，铁质，锈蚀，断为 9 段。最长段残长 19.7、宽 2.6、脊厚 0.2～1 厘米（彩版三三，5）。

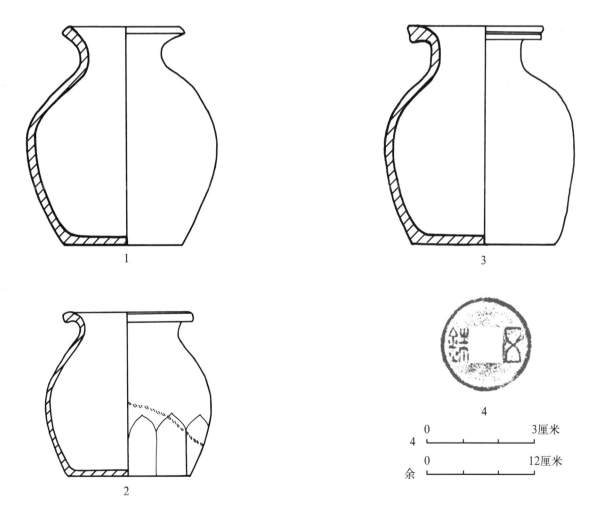

图一三三 汉墓M167出土随葬品

1～3. 陶罐M167：1、M167：2、M167：3 4. 五铢M167：5

八〇　M168

（一）墓葬形制

该墓位于第⑤层下，长方形竖穴土坑砖椁墓。方向10°（图一三四；彩版三四，1、2）。墓口距地表深3.5米。墓圹长3.72、宽2.1、深1.12米。墓顶保存完好，构筑方式采用四壁叠涩内收，至宽度仅及砖长时采取双层横砖盖顶。椁室内长2.01、宽0.63、深0.82米。墓底长3.6、宽2.05、深1.1米。墓壁采用青砖错缝平砌，铺地砖对缝平铺。墓室内积水严重，发现人骨1具，腐朽严重，仅见头骨轮廓及零星肢骨。葬式、性别不明。头向北。墓主人左手侧发现铁刀1件。墓室南端东、西砖壁略南延，形成器物箱。器物箱内发现陶罐3件。

（二）随葬品

随葬品出土陶罐3件、铁刀1件。

陶罐　3件。泥质灰陶。标本M168：2，侈口，卷沿，鼓腹，平底。下腹及底饰绳纹。口径10.6、腹径24.2、底径14、高21.7厘米（图一三五，2；彩版三五，1）。标本M168：3，侈口，卷沿，束颈，溜肩，折腹，平底。沿部残。口径11、腹径20.4、底径13、高16.4、壁厚0.6～0.8厘米（图一三五，3；彩版三五，2）。标本M168：4，盘口，方唇内凹，束颈，圆腹，小平底。肩部饰数周弦纹，下腹及底饰绳纹。口径13、腹径22.3、底径8、高24.8、壁厚0.6～0.8厘米（图一三五，4；彩版三五，3）。

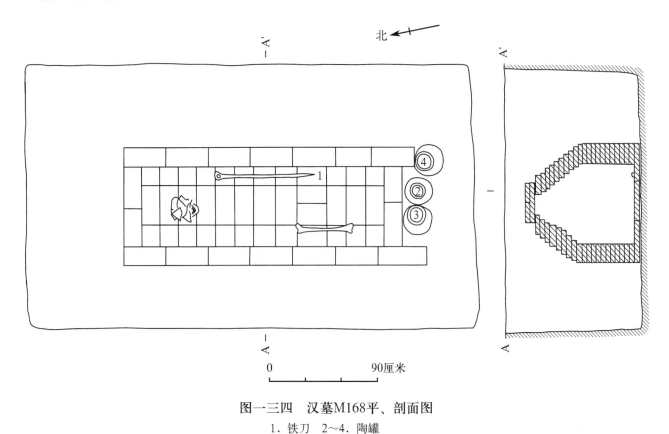

图一三四　汉墓M168平、剖面图

1. 铁刀　2～4. 陶罐

铁刀　1件，标本M168：1，环首，锈蚀。残长50.6、宽3.2、厚0.3～1.2厘米（图一三五，1；彩版三五，4）。

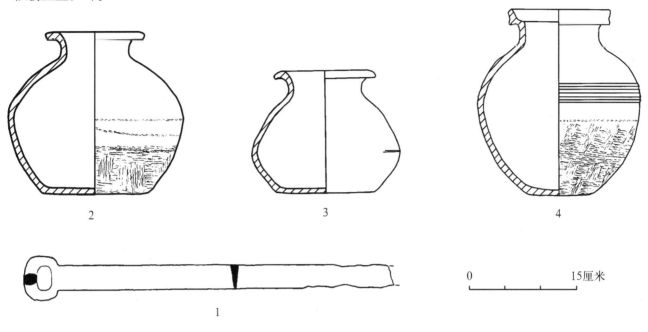

图一三五　汉墓M168出土随葬品

1. 铁刀M168：1　2～4. 陶罐M168：2、M168：3、M168：4、

八一　M169

（一）墓葬形制

该墓位于第⑤层下，长方形竖穴土坑砖椁墓。方向7°（图一三六）。墓口距地表深3.45米。墓圹残长3.7、宽2.2、深0.7米。椁室残长1.92～2.22、宽0.57、深0.5米。墓壁采用错缝平砌，无铺地砖。椁室内发现人骨1具，腐朽。葬式、性别不明。头向北。椁室南端有砖砌器物箱，器物箱东侧有方形器物坑。器物箱内出土陶罐3件，器物坑内发现陶罐2件。

（二）随葬品

随葬品出土陶罐5件。

陶罐　5件。泥质灰陶。标本M169：1，侈口，束颈，鼓腹下折，平底。上腹部饰棱形印纹，下腹部饰一周绳纹。口径13、腹径25.7、底径16、高25.7厘米（图一三七，1）。标本M169：2，侈口，束颈，鼓腹，平底。口径12.2、腹径22、底径15.8、高22厘米（图一三七，2）。标本M169：3，侈口，束颈，鼓腹，大平底。上腹部饰戳刺纹。口径11.4、腹径21.5、底径15.6、高20.8厘米（图一三七，3）。标本M169：4，侈口，束颈，鼓腹，底微内凹。口径10.2、腹径22.2、底径16.2、高19厘米（图一三七，4）。标本M169：5，侈口，束颈，鼓腹，平底。口径12、腹径22.4、底径15、高19.2厘米（图一三七，5）。

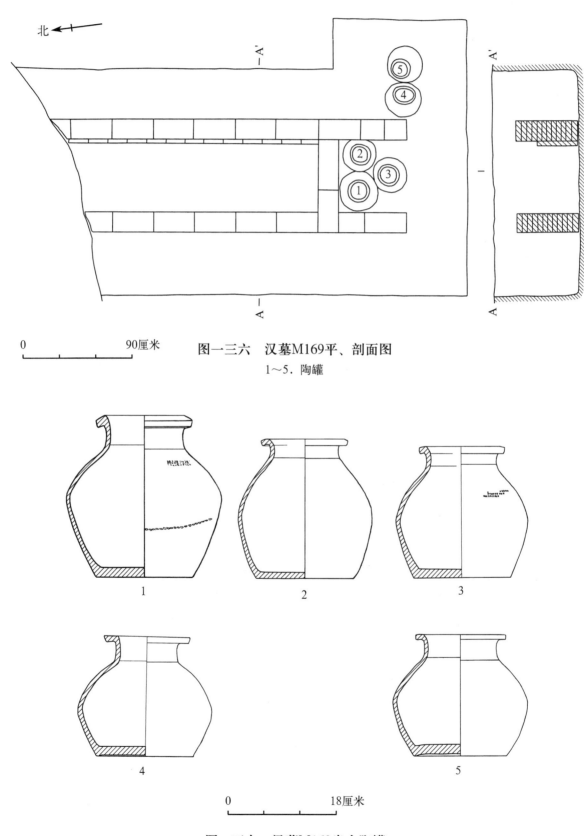

0   90厘米

图一三六　汉墓M169平、剖面图

1~5. 陶罐

0   18厘米

图一三七　汉墓M169出土陶罐

1~5. 陶罐M169：1、M169：2、M169：3、M169：4、M169：5

八二　M170

（一）墓葬形制

该墓位于第⑤层下，M169 西南侧，长方形竖穴土坑砖椁墓。方向 5°（图一三八，彩版三六，1）。墓口距地表深 3.5 米。墓圹长 2.97、宽 1.1、深 0.9 米。椁室盖顶采用四壁叠涩内收法，顶部塌陷不存。

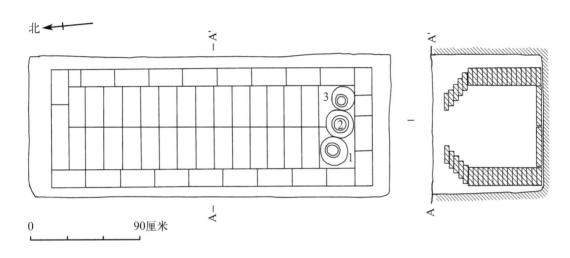

图一三八　汉墓M170平、剖面图
1～3. 陶罐

椁室内长 2.37、宽 0.66、存深 0.76 米。墓壁错缝平砌，墓底有铺地砖。椁室内发现人骨 1 具，腐朽。头向北。无器物箱，随葬器物放置在椁室南端，出土陶罐 3 件。

（二）随葬品

随葬品出土陶罐 3 件。

陶罐　3 件。泥质灰陶，形制、尺寸一致。标本 M170：1，侈口，卷沿，短颈，鼓腹下折，平底。腹部饰弦纹。口径 11.6、腹径 20.8、底径 12.6、高 18 厘米（图一三九）。

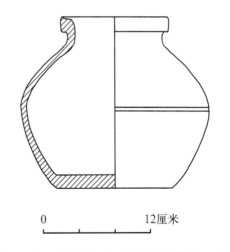

图一三九　汉墓M170出土陶罐M170：1

八三　M171

（一）墓葬形制

该墓被 M172 打破，位于第⑤层下，长方形竖穴土坑砖椁墓。方向 354°（图一四〇）。墓口距地

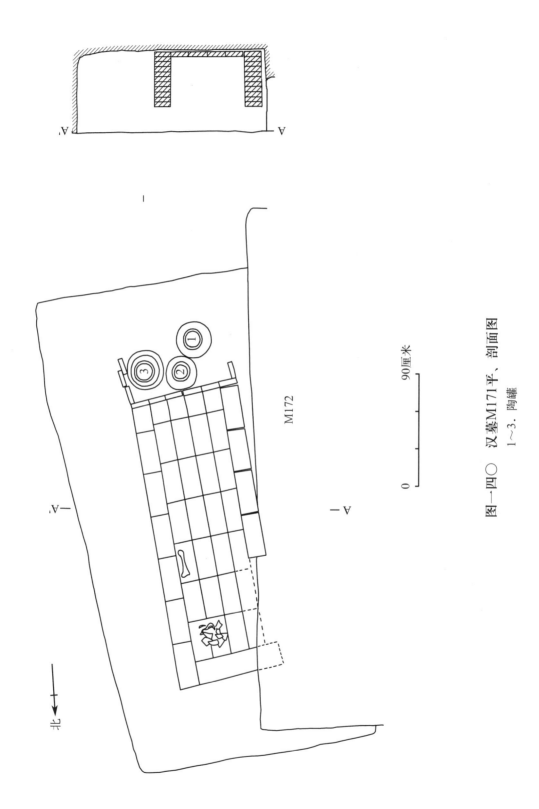

图一四〇　汉墓M171平、剖面图
1～3. 陶罐

表深 3.5 米。墓圹长 3.85、宽 2.0、深 0.65 米。椁室内长 2.08、宽 0.6、深约 0.4 米。墓壁平砖错缝平砌，有铺地砖。椁室内发现人骨 1 具，腐朽。单人仰身直肢葬，性别不明，头向北。南端有器物箱，仅零星砖砌，不规整。器物箱内出土陶罐 3 件。

（二）随葬品

随葬品出土陶罐 3 件。

陶罐　3 件。泥质灰陶。标本 M171：1，侈口，平沿，鼓腹，平底。口径 12.6、腹径 24.2、底径 19.6、高 20.2 厘米（图一四一，1）。标本 M171：2，平沿，内沿高于外沿，肩部有凸起，圆腹平底。肩部凸起处饰两周弦纹。口径 15.6、腹径 27.8、底径 23、高 18.2 厘米（图一四一，2；彩版三六，2）。标本 M171：3，平沿，尖圆唇，束颈，鼓腹下折，大平底。口径 12.6、腹径 25.9、底径 20.8、高 21.4 厘米（图一四一，3；彩版三六，3）。

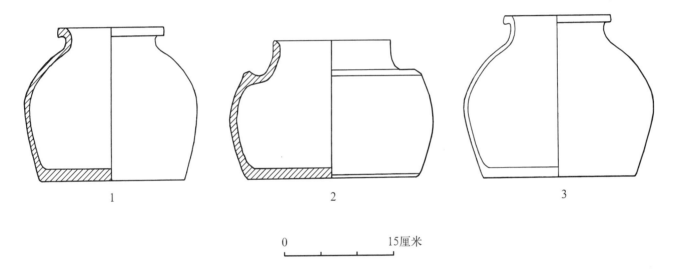

0　　　　　　　　　15厘米

图一四一　汉墓M171出土陶罐
1～3. 陶罐M171：1、M171：2、M171：3

八四　M172

（一）墓葬形制

该墓位于第⑤层下，打破 M171，长方形竖穴土坑砖椁墓。方向 4°（图一四二）。墓口距地表深 3.85 米。墓圹长 4.1、宽 2.0、深约 0.64 米。椁室内长 2.5、宽 0.72、深约 0.16 米。墓壁错缝平砌，墓底有铺地砖。椁室内发现人骨 1 具，腐朽。头向北。

（二）随葬品

未发现随葬品。

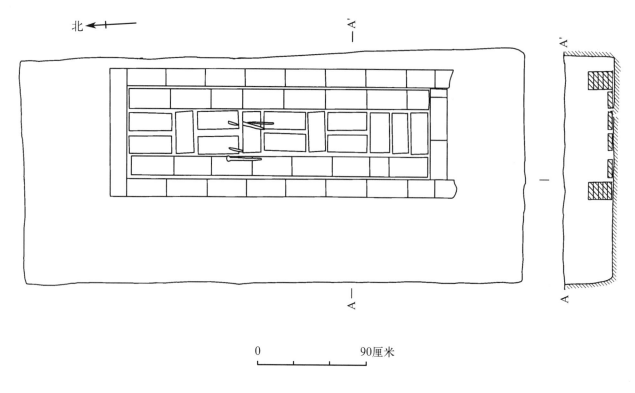

0   90厘米

图一四二　汉墓M172平、剖面图

八五　M173

（一）墓葬形制

该墓位于第⑤层下，长方形竖穴土坑砖、石椁墓。方向8°（图一四三）。墓口距地表深3.9米，墓圹长4.6、残宽3.2、深0.5米。椁室被破坏，石椁只有铺底石板尚存。砖椁残留十层砖。椁室内长1.94、残宽0.66～1.76、存深0.4米。椁室内未发现人骨。石椁南端有砖砌器物箱。壁砖错缝平砌。器物箱内出土陶罐2件、陶瓮1件。

（二）随葬品

随葬品出土陶罐2件、陶瓮1件。

陶罐　2件。泥质灰陶。标本M173：1，斜平沿，折腹，平底。腹部饰一周弦纹及一周戳刺纹。口径12.3、腹径29.6、底径21.5、高23.9厘米（图一四三，1）。标本M173：2，榫口，束颈，鼓腹，平底。肩饰弦纹，下腹部及底饰绳纹。口径13.2、腹径38、底径15.2、高37、壁厚0.6～1厘米（图一四三，2）。

陶瓮　1件。泥质灰陶。标本M173：3,直口,斜沿,鼓腹,平底。腹部饰两周弦纹及一周戳刺纹，下腹部及底饰绳纹。口径22、腹径41.9、底径17.2、高33.4厘米（图一四三，3）。

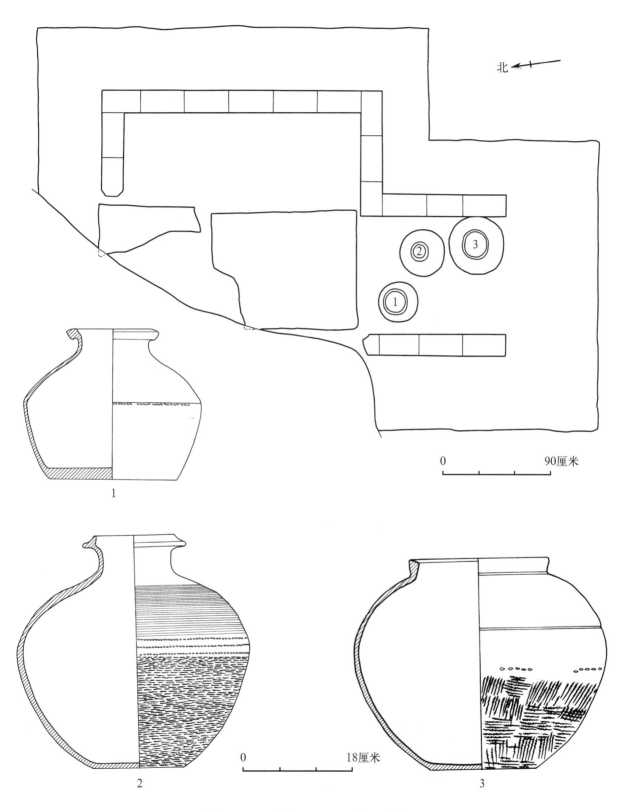

图一四三 汉墓M173平面图及出土陶器
1、2.陶罐M173：1、M173：2 3.陶瓮M173：3

八六　M174

（一）墓葬形制

该墓位于第⑤层下，长方形竖穴土坑双室石椁墓，方向358°（图一四四）。墓口距地表深3.65米。墓圹长4.9、宽3.8、存深0.76米。双椁室均用石板扣合，上部盖板被破坏。椁室内长2.30、宽0.98、

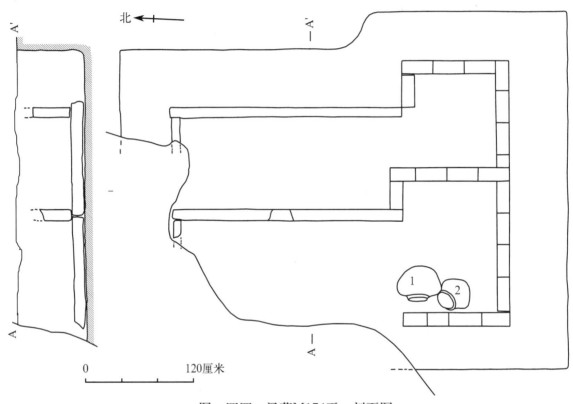

图一四四　汉墓M174平、剖面图
1、2. 陶瓮

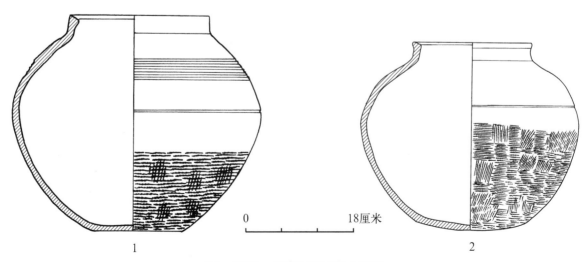

图一四五　汉墓M174出土陶瓮
1、2. 陶瓮M174：1、M174：2

存深 0.41 米。西室西侧石板不存。椁室内仅见零星人骨。头向北。双室南侧均有砖砌器物箱，无铺地砖，上部被破坏。西器物箱内发现陶瓮 2 件。

（二）随葬品

随葬品出土陶瓮 2 件。

陶瓮　2 件。泥质灰陶。标本 M174：1，直口，直领，鼓腹，平底。肩部饰数周弦纹，下腹部及底饰绳纹。口径 23、腹径 41、底径 15.2、高 34 厘米（图一四五，1）。标本 M174：2，直口，直领，鼓腹，圜底。肩部饰两周弦纹，下腹及底饰绳纹。口径 19.4、腹径 35.4、底径 8、高 29.8 厘米（图一四五，2）。

八七　M175

（一）墓葬形制

该墓位于第⑤层下，长方形竖穴土坑砖椁墓。方向 10°（图一四六）。墓口距地表深 3.5 米。墓圹长 3.3、宽 1.08、存深 0.42 米。上部被破坏，墓顶结构不清。椁室内长 2.45、宽 0.66、存深 0.36

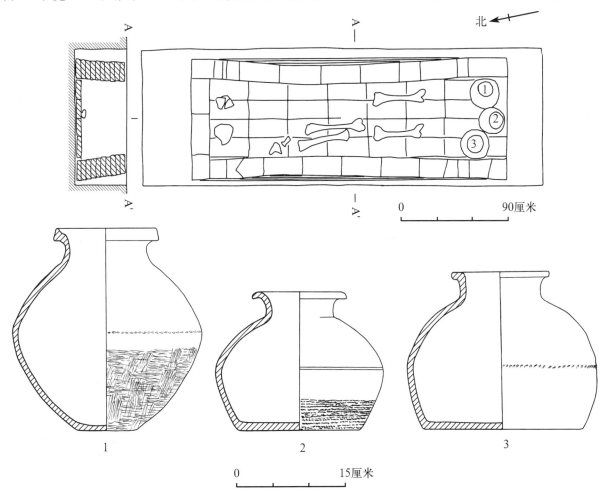

图一四六　汉墓 M175 平、剖面图及出土陶罐

1～3. 陶罐 M175：1、M175：2、M175：3

米。墓壁错缝平砌，墓底铺地砖对缝平铺。椁室内发现人骨1具，仅见部分肢骨。单人仰身直肢葬，性别不明，头向北。墓室内南端放置陶罐3件。

（二）随葬品

随葬品出土陶罐3件。

陶罐　3件。泥质灰陶。标本M175∶1，樽口，斜沿，束颈，鼓腹略折，小平底。腹部饰戳刺纹，下腹部及底饰绳纹。口径13.5、腹径25.8、底径8.2、高26.8厘米（图一四六，1）。标本M175∶2，侈口，沿外翻，鼓腹，大平底。腹部饰凹弦纹一周，下腹部及底饰绳纹。口径12、腹径23、底径16.5、高18.3厘米（图一四六，2）。标本M175∶3，侈口，平沿，束颈，溜肩，鼓腹，大平底。腹部饰戳刺纹一周。口径11.6、腹径26、底径22、高20.9厘米（图一四六，3）。

八八　M176

（一）墓葬形制

该墓位于第⑤层下，长方形竖穴土坑券顶砖室墓。方向185°（图一四七、一四八；彩版三七，1、2）。墓口距地表深3.5米。墓圹长3.9、宽2.4、深1.34米。顶部的砖砌券顶南侧被扰动。券顶保存较好，采用砖横向起券法，这样的券顶起券高度较低，券顶上还平盖一层砖。石门前有斜坡墓道，呈斜坡形，上端口长2.3、宽1.02～1.3、深1.35米。下端口长2.3、宽0.95～1.1、深1.3米。墓室内长2.8、宽0.84～0.96、深0.84米。砖砌墓壁，南端为石质墓门，墓门上发现画像。上有门楣，下有过门

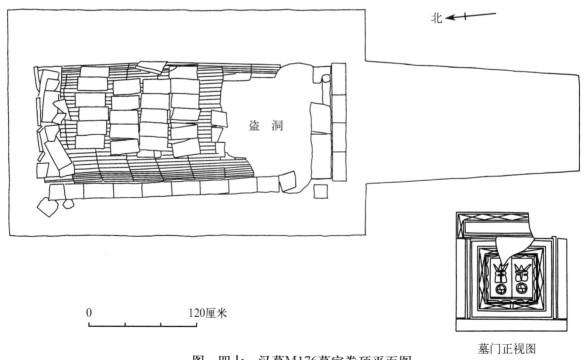

北 ←

盗洞

0　　　　　　　120厘米

墓门正视图

图一四七　汉墓M176墓室券顶平面图

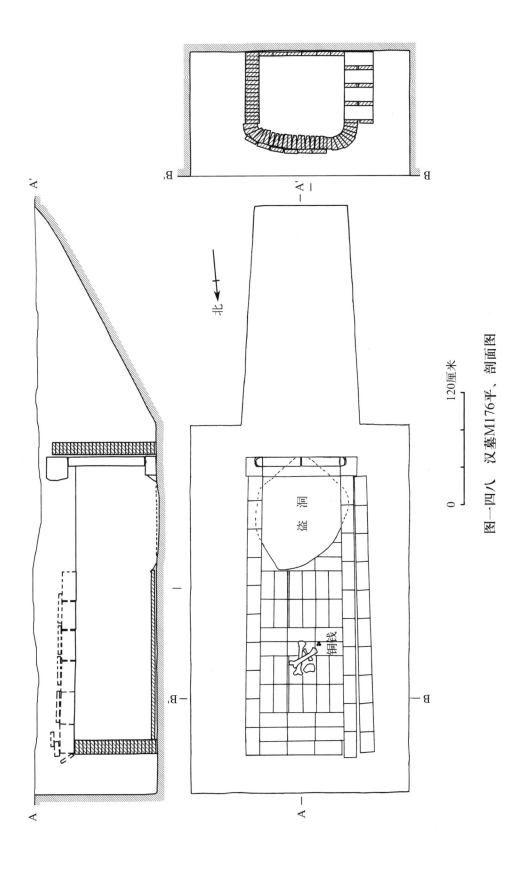

图一四八 汉墓M176平、剖面图

石，两侧设石门柱，双扇石门外开，门扇上饰铺首衔环。墓底有两横一竖铺地砖。墓室内发现木棺，发现人骨1具，腐朽。头向北。墓室内出土五铢铜钱3枚。

（二）随葬品

随葬品出土五铢铜钱3枚、画像石门2块。

五铢　3枚。标本M176：1，已残，未修复。

画像石门　2块。标本M176：2、M176：3，已残。雕刻粗糙，采用减地阴线刻，两侧为对称的铺首衔环画像。高82、宽50、厚30厘米。

八九　M177

（一）墓葬形制

该墓位于第⑤层下，长方形竖穴土坑砖椁墓。方向10°（图一四九）。墓口距地表深3.6米。墓圹长3.27、宽1.05、深0.6米。椁室内长2.42、宽0.48～0.6、深0.36米。墓壁错缝平砌，无南壁，无铺地砖。椁室内发现人骨1具，保存较差，仅见头骨轮廓及部分肢骨。葬式性别不明。头向北。墓室南端放置陶罐2件、陶壶1件。

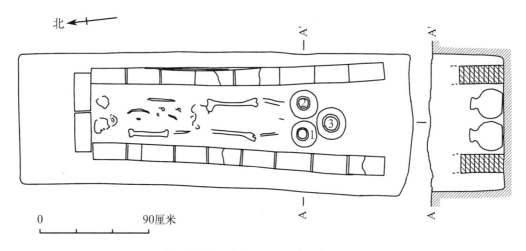

图一四九　汉墓M177平、剖面图
1、2. 陶罐　3. 陶壶

（二）随葬品

随葬品出土陶罐2件、陶壶1件。

陶罐　2件。泥质灰陶。标本M177：1，盘口，束颈，鼓腹，小平底。上腹部饰九周凹弦纹，下腹部及底饰绳纹。口径15.5、腹径22.8、底径9、高25厘米（图一五〇，1）。标本M177：2，形制同标本M177：1，口径15.5、腹径22.8、底径8.5、高25厘米（图一五〇，2）。陶壶1件，标本M177：3，盘口，束颈，折腹，大平底。下腹部饰三周戳刺纹。口径13.8、腹径22、底径17、高20.5厘米（图一五〇，3）。

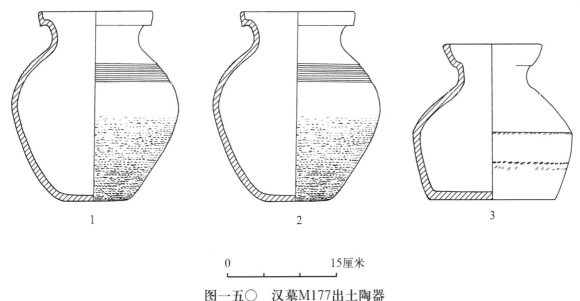

图一五〇 汉墓M177出土陶器

1、2. 陶罐M177：1、M177：2 3. 陶壶M177：3

九〇 M178

（一）墓葬形制

该墓位于第⑤层下，长方形竖穴土坑砖椁墓。方向3°（图一五一）。墓口距地表深3.5米。墓圹残长3.3、宽1.30、存深0.64米。椁室破坏严重。椁室残长2.94、宽0.84、存深0.46米。墓室南半部及上部被破坏。墓壁错缝平砌，有铺地砖。葬具、葬式、头向均不明。

（二）随葬品

未发现随葬品。

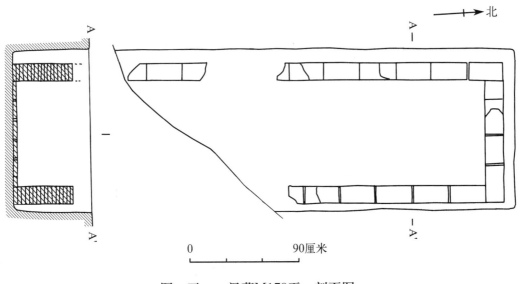

图一五一 汉墓M178平、剖面图

九一　M179

（一）墓葬形制

该墓位于第⑤层下，长方形竖穴土坑双砖椁墓。方向358°（图一五二；彩版三八，1）。墓口距地表深3.5米。墓圹长4.2、宽3.0、深1.37米。西椁室内长2.2、宽0.7、存深0.59米，椁室内出土五铢铜钱4枚。东椁室残长2.06、宽0.66、存深0.54米。西室墓壁错缝平砌，墓底横砖平铺。东室西壁借用西室东壁，北壁已破坏，无铺地砖，东室底高于西室0.05米。椁室内出土人骨2具，腐朽较严重。头向北。西室南端有砖砌器物箱，东室南端偏东设砖砌器物箱。东、西器物箱各放置陶罐3件。

（二）随葬品

随葬品出土陶罐6件、五铢铜钱4枚。

陶罐　6件。泥质灰陶。西室编号M179：1～3，东室编号M179：4～6。标本M179：1，侈口，卷沿，鼓腹，平底。上腹部饰12周凹弦纹，中腹部饰3周戳刺纹，下腹部满饰细绳纹。口径14.2、腹径31、底径10、高30.6厘米（图一五三，1；彩版三八，2）。标本M179：2，盘口，束径，鼓腹，

北 ←

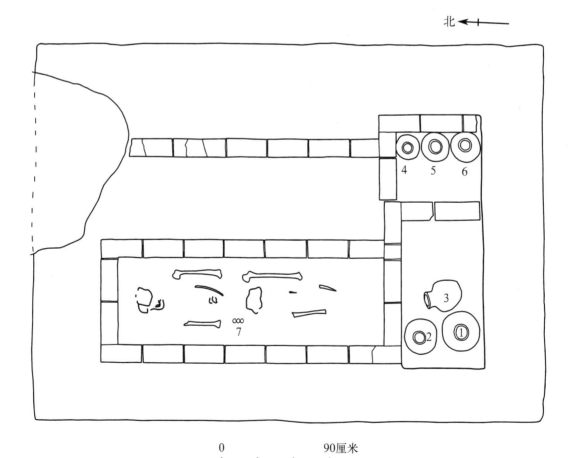

0 ———————— 90厘米

图一五二　汉墓M179平面图

1～6.陶罐　7.五铢

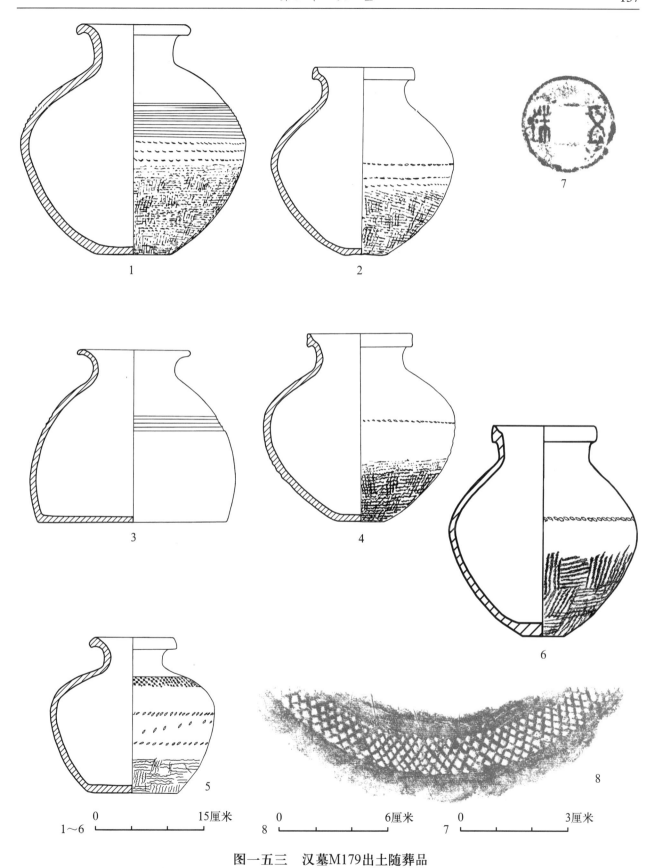

图一五三 汉墓M179出土随葬品

1～6.陶罐M179：1、M179：2、M179：3、M179：4、M179：5、M179：6 7.五铢M179：7 8.陶罐M179：5肩部纹饰拓片

平底，底微内凹。腹部饰 3 周戳刺纹，下腹部及底饰粗绳纹。口径 13、腹径 25、底径 5.4、高 25 厘米（图一五三，2；彩版三八，3）。标本 M179：3，敞口，束颈，腹微鼓，大平底。上腹部饰四周凹弦纹。口径 14.2、腹径 28.1、底径 25.6、高 22.8 厘米（图一五三，3；彩版三九，1）。标本 M179：4，泥质红陶。侈口，束颈，鼓腹，平底。底微内凹，腹部饰一周戳刺纹，下腹部及底满饰粗绳纹。口径 14.4、腹径 26.2、底径 6.2、高 25 厘米（图一五三，4；彩版三九，2）。标本 M179：5，侈口，束颈，圆腹，平底。肩部饰棱形印纹（图一五三，8），腹部印戳刺纹 3 周，腹下部和底部饰中绳纹。口径 12、腹径 22.4、底径 12.4、高 20.6 厘米（图一五三，5；彩版三九，3）。标本 M179：6，侈口，斜平沿，束颈，鼓腹，小平底。腹部饰戳刺纹，下腹部及底部饰绳纹。口径 14.5、腹径 25.9、底径 6、高 27.6 厘米（图一五三，6；彩版三九，4）。

五铢　4 枚。标本 M179：7，直径 2.6、孔径 1、厚 0.12 厘米（图一五三，7）。

九二　M180

（一）墓葬形制

该墓位于第⑤层下，长方形竖穴土坑砖椁墓。方向 4°（图一五四；彩版四〇，1）。墓口距地表深 3.5 米。墓圹长 3.2、宽 1.03、深 0.84 米。椁室内长 2.56、宽 0.52、深 0.34 米。墓壁错缝平砌，铺地砖二横一竖平铺。椁室内出土人骨 1 具，仅见零星肢骨。头向北。椁室南端设器物箱，器物箱无南壁，墓室与器物箱之间设单竖砖相隔。器物箱内放置陶罐 1 件、陶壶 2 件。

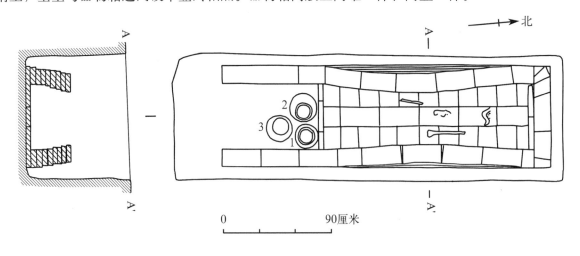

图一五四　汉墓 M180 平、剖面图
1. 陶罐　2、3. 陶壶

（二）随葬品

随葬品出土陶罐 1 件、陶壶 2 件。

陶罐　1 件。泥质灰陶。标本 M180：1，盘口，束颈，鼓腹，小平底。上腹部饰凹弦纹 7 周，下腹部及底饰粗绳纹。口径 14.2、腹径 22.2、底径 7.5、高 26 厘米（图一五五，1）。

陶壶 2件。泥质灰陶。标本M180：2，盘口，束颈，腹微折，大平底。腹部饰三周戳刺纹。口径13.2、底径17.6、高22.3厘米（图一五五，2）。标本M180：3，盘口，束颈，腹微折，大平底。腹部饰三周戳刺纹。口径13.3、底径17.6、高22.3厘米（图一五五，3）。

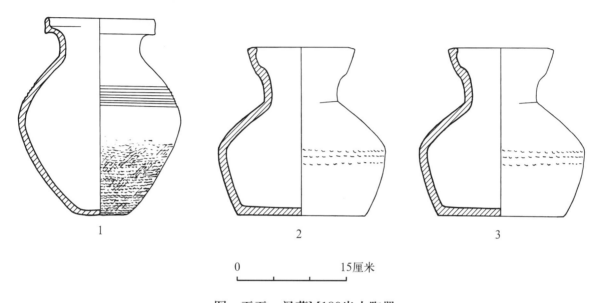

0   15厘米

图一五五 汉墓M180出土陶器
1. 陶罐M180：1 2、3. 陶壶M180：2、M180：3

九三 M181

（一）墓葬形制

该墓位于第⑤层下，长方形竖穴土坑砖室墓。方向101°或者281°（图一五六）。墓口距地表深3.5米，墓圹长3.1、宽2.35、深0.4米。墓室破坏严重，残存九层砖。内长2.2、宽1.48、存深0.32米。墓壁采用青砖错缝平砌，墓底铺地砖对缝平铺。葬具、葬式、头向均不明。墓室内出土五铢铜钱2枚。

（二）随葬品

随葬品出土五铢铜钱2枚。

五铢 2枚。标本M181：1，直径2.7、孔径0.9、厚0.12厘米。

九四 M182

（一）墓葬形制

该墓位于第⑤层下，长方形竖穴土坑砖椁墓。方向6°（图一五七）。墓口距地表深3.5米。墓圹长3.6、宽1.6、深1.14米。椁室盖顶不存。椁室内长2.16、宽0.6、存深0.46米。墓壁青砖错缝平砌，墓底铺地砖对缝平铺。椁室内出土人骨1具，腐朽较严重，仅见碎骨。葬式、性别不明。头

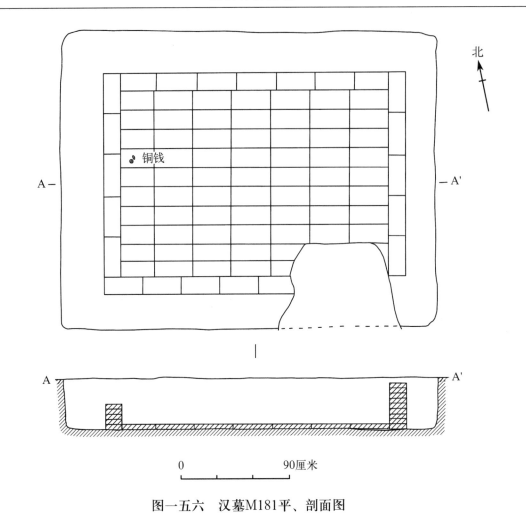

北

铜钱

A —   — A'

A   A'

0   90厘米

图一五六　汉墓M181平、剖面图

北

—A'   A'

4

① ②
③

A —   A

0   90厘米

图一五七　汉墓M182平、剖面图
1、2. 陶罐　3. 陶壶　4. 大泉五十

向北。椁室内出土"大泉五十"15枚。椁室南端设砖砌器物箱,器物箱无南壁。器物箱内出土陶罐2件、陶壶1件。

(二) 随葬品

随葬品出土陶罐2件、陶壶1件、大泉五十铜钱15枚。

陶罐 2件。泥质灰陶。标本M182:1,子母口,鼓腹,平底。肩部饰数周弦纹和一周戳刺纹,下腹部及底部饰绳纹。口径11、腹径25.3、底径9、高31.8厘米(图一五八,1;彩版四〇,2)。标本M182:2,子母口,鼓腹,平底。肩部饰数周弦纹,下腹及底饰绳纹。口径11.2、腹径25.3、底径9、高30.5厘米(图一五八,2;彩版四〇,3)。

陶壶 1件。标本M182:3,盘口,平沿,鼓腹,平底。肩部饰弦纹,腹部饰四周弦纹及一周戳刺纹。口径12、腹径19、底径12.5、高25厘米(图一五八,3;彩版四〇,4)。

大泉五十 15枚。标本M182:4,直径2.7、孔径0.9、厚0.22厘米(图一五八,4;彩版四〇,5左)。另一种尺寸略小,标本M182:5,直径2.5、孔径0.8、厚0.15厘米(图一五八,5;彩版四〇,5右)。

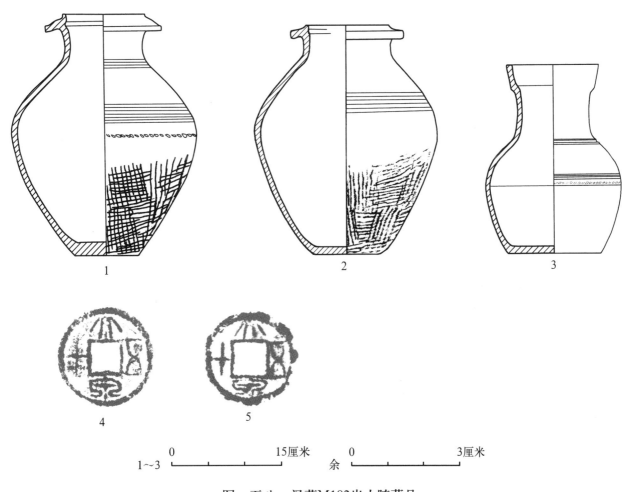

图一五八 汉墓M182出土随葬品

1、2. 陶罐M182:1、M182:2 3. 陶壶M182:3 4、5. 大泉五十M182:4、M182:5

九五 M183

（一）墓葬形制

该墓位于第⑤层下，长方形竖穴土坑石椁墓。方向185°（图一五九）。墓口距地表深3.4米，墓圹长2.5、宽1.32、深2.2米。椁室盖板用三块石板盖铺，其中两块石板长1.12、宽0.7米；另外一块长1.12、宽1.04米。椁室内长2.1、宽0.86、深0.8米。墓底用三块石板铺底，其中两块石板长1.12、宽0.7米；另外一块长1.08、宽1.04米。墓壁用四块加工平整的石板拼合。石椁内发现人骨1具，腐朽，仅见零星人骨。葬式、性别不明。头向南。椁室内出土五铢铜钱10枚。

（二）随葬品

随葬品出土五铢铜钱10枚。

五铢 10枚。标本M183：1，直径2.6、孔径1、厚0.15厘米。另一种为剪轮五铢，标本M183：1b，直径2.2、孔径1、厚0.08厘米。

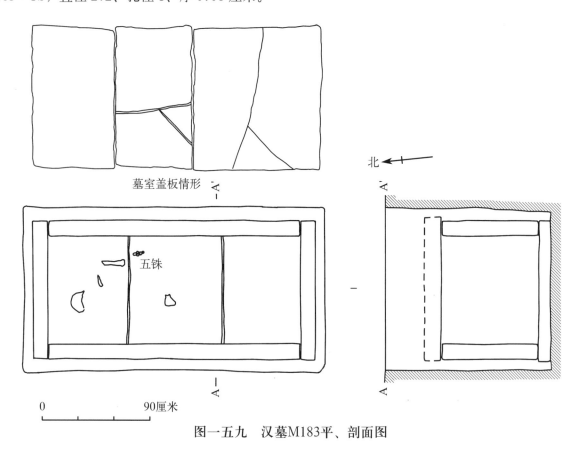

图一五九 汉墓M183平、剖面图

九六 M184

（一）墓葬形制

该墓位于第⑤层下，长方形竖穴土坑双砖椁墓。方向14°（图一六〇）。墓口距地表深3.4米。

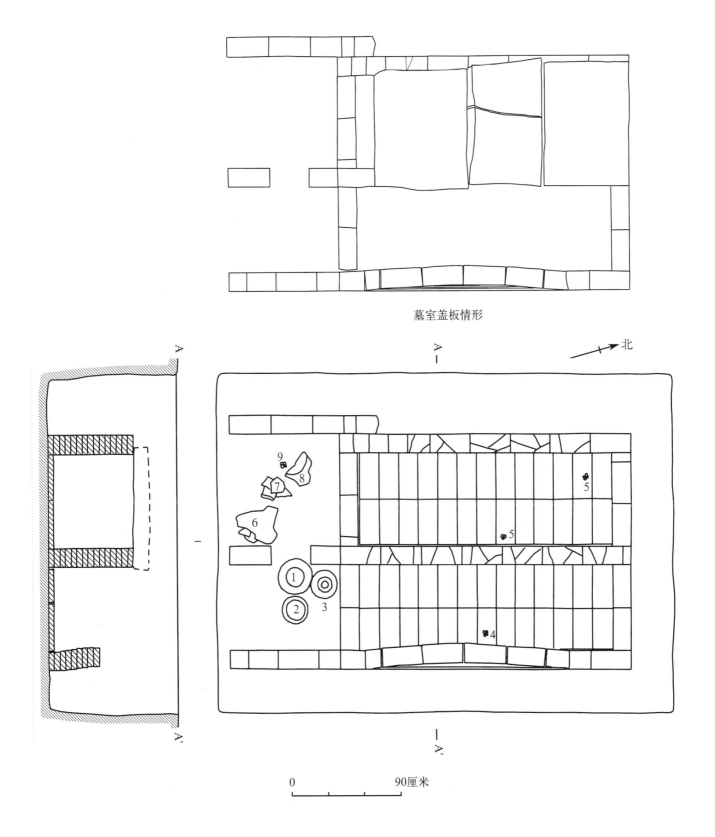

墓室盖板情形

北

0　　　　　　　90厘米

图一六〇　汉墓M184平、剖面图

1~3、6、7. 陶罐　4、5、9. 五铢　8. 陶壶

墓圹长 3.75、宽 2.7、深 1.06 米。椁室盖板西室石板盖顶 3 块，中间一块断裂。东室盖板不存。西椁室内长 2.1、宽 0.54 米。东室内长 2.1、宽 0.68 米。西室深 0.66、东室存深 0.38 米。墓壁采用青砖错缝平砌，墓底青砖对缝铺地。两室共用中间砖壁。椁室内发现人骨各 1 具，腐朽较严重，仅见零星人骨。葬式、性别不明。头向北。椁室南端各设器物箱一处，各放置陶器 3 件，西箱 2 号罐内放置五铢铜钱 4 枚。

（二）随葬品

随葬品出土陶罐 5 件、陶壶 1 件、五铢铜钱 4 枚。

陶罐　5 件。泥质灰陶。标本 M184：1、2、3，形制相近。敛口，束颈，折腹，平底，底内凹。下腹部及底饰细绳纹。标本 M184：1，口径 11、腹径 21.3、底径 9、高 24 厘米（图一六一，1；彩

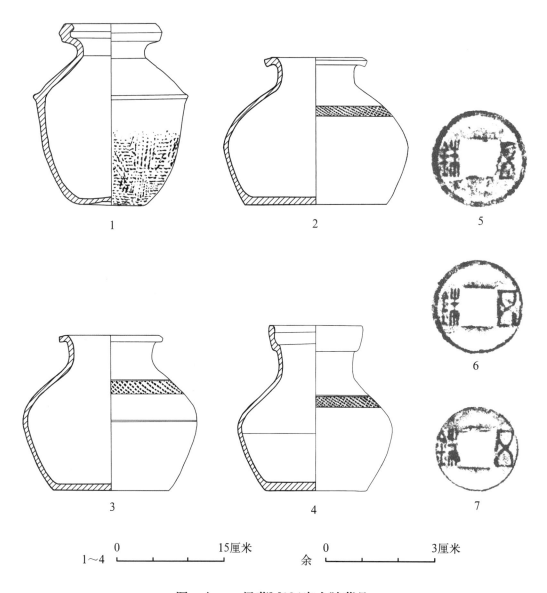

图一六一　汉墓M184出土随葬品

1. 陶罐M184：1　2、3. 陶罐M184：6、M184：7　4. 陶壶M184：8　5～7. 五铢M184：4、M184：5、M184：9

版四一，1）。标本 M184 : 6，斜平沿，鼓腹下折，大平底。肩部饰棱形印纹带。口径 11.2、腹径 25.5、底径 19.7、高 19.5 厘米（图一六一，2；彩版四一，2）。标本 M184 : 7，侈口，斜沿，鼓腹，平底。肩部饰棱形印纹，鼓腹部饰两周弦纹。口径 11.4、腹径 24、底径 16、高 20.5 厘米（图一六一，3；彩版四一，3）。

陶壶　1 件。泥质灰陶。标本 M184：8，盘口，束颈，鼓腹，平底。上腹部饰棱形印纹。口径 12.8、腹径 22.6、底径 14.2、高 21.8 厘米（图一六一，4；彩版四一，4）。

五铢　4 枚。标本 M184：4，直径 2.4、厚 0.12 厘米。标本 M184：5，直径 2.6、厚 0.12 厘米。标本 M184：9，剪轮五铢，直径 2.2、孔径 1、厚 0.1 厘米（图一六一，5、6、7；彩版四一，5）。

九七　M185

（一）墓葬形制

该墓位于第⑤层下，长方形竖穴土坑砖椁墓。方向 12°（图一六二）。墓口距地表深 3.1 米。墓圹长 2.74、宽 1.35、深 1.32 米。椁室内长 2.2、宽 0.86、存深 0.8 米。墓壁错缝平砌，墓底错缝平铺。椁室内未发现人骨。椁室内南端放置陶罐 3 件。

（二）随葬品

随葬品出土陶罐 3 件。

陶罐　3 件。标本 M185：1，泥质灰陶。侈口，平斜沿，束颈，溜肩，腹微外鼓，平底。腹部饰弦纹，下腹部及底饰绳纹。口径 7、腹径 22.2、底径 9.4、高 27.2、壁厚 0.8 ～ 1 厘米（图一六三，1；彩

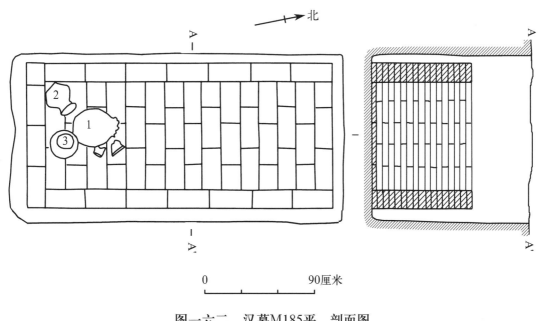

图一六二　汉墓M185平、剖面图

1～3. 陶罐

版四二，1）。标本 M185：2，夹细砂灰陶。侈口，平沿，束颈，鼓腹，平底。饰弦纹和绳纹。口径 10.6、腹径 26.2、底径 11.6、高 25.6、壁厚 0.8 厘米（图一六三，2；彩版四二，2）。标本 M185：3，夹细砂灰陶。侈口，平沿，鼓腹，平底。口径 10.4、腹径 24.2、底径 13、高 26.8 厘米（图一六三，3；彩版四二，3）。

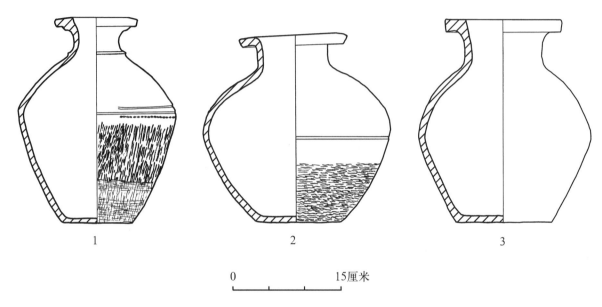

0   15厘米

图一六三　汉墓M185出土陶罐

1～3．陶罐M185：1、M185：2、M185：3

九八　M186

（一）墓葬形制

该墓位于第⑤层下，长方形竖穴土坑双石椁墓。方向 355°（图一六四；彩版四三，1）。墓口距地表深 3.3 米。墓圹长 4.1、宽 2.9、深 1.26 米。椁室盖板各用三块板铺盖，中间两块均碎裂。西椁室内长 2.04、宽 0.7、深 0.8 米。东室内长 2.04、宽 0.8、深 0.8 米。墓壁石板扣合，墓底用三块板铺底。椁室内发现人骨各 1 具，西室为女性，东室为男性。头向北。椁室内出土铁刀、铁剑各 1 件，五铢铜钱及大泉五十铜钱共 8 枚。椁室南端有砖砌器物箱，壁用砖错缝平砌，西器物箱石板盖顶，无铺地砖，长 1.28、宽 1.16 米，内置陶罐 1 件，陶瓮 2 件；东箱无盖顶，平砖对缝铺地，长 1.14、宽 1.14 米，内置陶罐 4 件，其中 7 号罐内放置狗骨。

（二）随葬品

随葬品出土陶罐 5 件、陶瓮 2 件、五铢及大泉五十铜钱 8 枚、铁刀 1 件、铁剑 1 件。

陶罐　5 件。泥质灰陶。标本 M186：1，破碎无法修复。标本 M186：4，侈口，卷沿，束颈，鼓腹，平底。口径 13.8、腹径 29.6、底径 22.6、高 25.4 厘米（图一六五，3；彩版四三，2）。标本 M186：5，侈口，

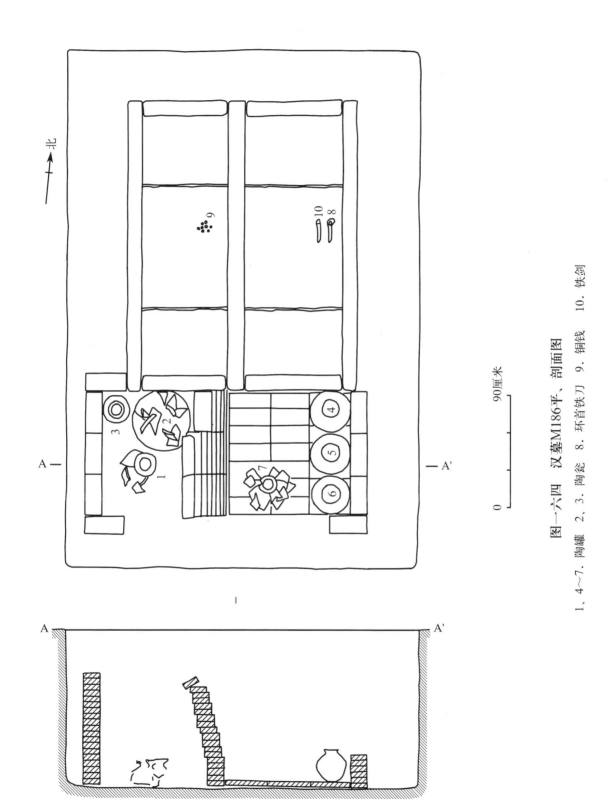

图一六四　汉墓M186平、剖面图

1、4～7. 陶罐　2、3. 陶盆　8. 环首铁刀　9. 铜钱　10. 铁剑

斜平沿，鼓腹，平底。上腹部饰数周弦纹，下腹部及底部饰绳纹。口径 13.4、腹径 32、底径 12.5、高 32 厘米（图一六五，4；彩版四三，3）。标本 M186：6，侈口，平沿，鼓腹，平底。上腹部饰数周弦纹，鼓腹部饰戳刺纹，下腹部及底部饰绳纹。口径 12.8、腹径 32.6、底径 18、高 33 厘米（图一六五，5；彩版四三，4）。标本 M186：7，破碎无法修复。

　　陶瓮　2件。泥质灰陶。标本 M186：2，微侈口，厚沿，鼓腹，平底。下腹部及底部满饰中绳纹。口径 27.2、腹径 48、底径 18、高 37.8、壁厚 0.6～1.5 厘米（图一六五，1）。标本 M186：3，口微敛，

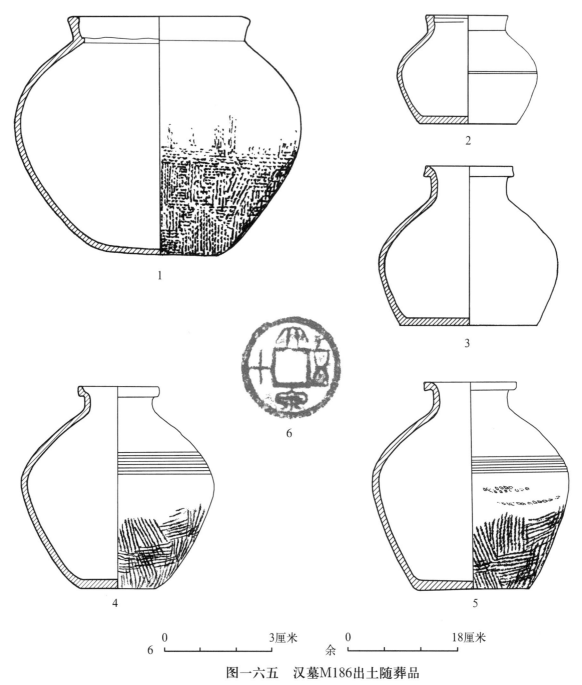

图一六五　汉墓M186出土随葬品

1、2.陶瓮M186：2、M186：3　3～5.陶罐M186：4、M186：5、M186：6　6.大泉五十M186：9

短颈，鼓腹，平底。鼓腹部饰两周弦纹。口径12、腹径23.6、底径15、高17.4厘米（图一六五，2；彩版四三，5）。

铜钱　8枚。西室内出土，有五铢、大泉五十。

五铢　直径2.6、孔径1、厚0.12厘米。

大泉五十　标本M186：9，直径2.8、孔径0.9、厚0.22厘米（图一六五，6）。

铁刀　1件。标本M186：8，环首，残断。宽3.5、厚1.2厘米。

铁剑　1件。标本M186：10，宽3.5、铜剑格宽5.7、厚2.1厘米。

九九　M187

（一）墓葬形制

该墓位于第⑤层下，长方形竖穴土坑石椁墓。方向358°（图一六六）。墓口距地表深3.3米。墓圹长2.52、宽1.1、深1.1米。椁室盖板由三块石板铺盖，南端一块西侧断裂。椁室内长2.1、宽0.7、

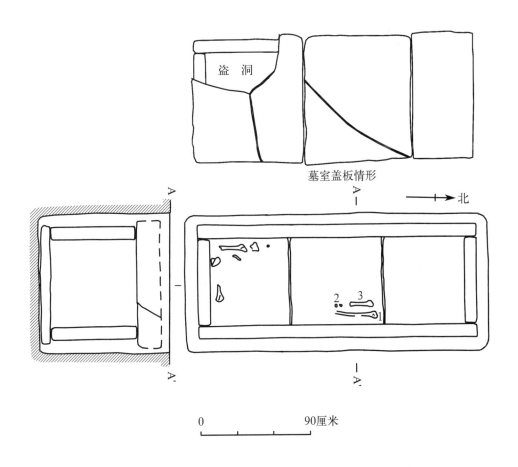

图一六六　汉墓M187平、剖面图
1. 铁刀　2. 五铢　3. 铁剑

深 0.7 米。墓壁石板扣合，底、顶各三块石板铺盖。椁室内发现人骨 1 具，男性，葬式不明，头向北。墓室内出土铁刀 1 件、铁剑 1 件、五铢铜钱 2 枚。

（二）随葬品

随葬品出土五铢铜钱 2 枚、铁刀 1 件、铁剑 1 件。

五铢　2 枚。标本 M187 : 2，直径 2.65、孔径 1、厚 0.12 厘米。

铁刀　1 件。标本 M187 : 1，环首，残断，宽 3、厚 1.5、环径 5.6 厘米。

铁剑　1 件。已残。标本 M187 : 3，宽 4、厚 1.4、铜剑格宽 6、格厚 3 厘米。

一〇〇　M188

（一）墓葬形制

该墓位于第⑤层下，长方形竖穴土坑石椁墓。方向 4°（图一六七；彩版四四，1）。墓口距地表深 3.4 米，墓圹长 4.0、宽 2.1、深 1.1 米。椁室盖板由三块石板铺盖。椁室内长 2.32、宽 0.72、深 0.7 米。墓壁石板扣合，底、顶各三块石板铺盖。椁室内发现人骨 1 具，腐朽。葬式、性别不明。头向北。椁室内发现铁剑 1 件、五铢铜钱 27 枚。椁室南端设砖砌器物箱，略宽于石椁，箱壁用砖错缝平砌，无顶盖，长 1.6、宽 1.24 米。器物箱内放置陶罐 6 件、陶奁 1 件。

（二）随葬品

随葬品出土陶罐 6 件、陶奁 1 件、五铢铜钱 27 枚、铁剑 1 件。

陶罐　6 件。泥质灰陶。标本 M188 : 1，盘口，短颈，鼓腹下折，平底。上腹部饰数周弦纹，下腹部及底部饰绳纹。口径 12、腹径 34.1、底径 11.5、高 35.6 厘米（图一六八，1；彩版四四，2）。标本 M188 : 2，侈口，卷沿，圆腹，平底。腹部饰弦纹，下腹部及底饰绳纹。口径 13.6、腹径 36.8、底径 14、高 34.8、壁厚 0.8 厘米（图一六八，2；彩版四四，3）。标本 M188 : 3，破碎，底残（彩版四五，1）。标本 M188 : 4，榫口，凹唇，圆腹，小平底。肩部饰弦纹，下腹部及底饰绳纹。口径 13.2、腹径 27.2、底径 8.6、高 28、壁厚 0.8 厘米（图一六八，3；彩版四五，2）。标本 M188 : 5，侈口，卷沿，鼓腹，小平底。腹部饰两周戳刺纹，下腹部及底饰绳纹。口径 11.5、腹径 23.8、底径 11.2、高 21、壁厚 0.8 厘米（图一六八，4；彩版四五，3）。标本 M188 : 6，侈口，斜沿，鼓腹，平底。肩饰弦纹，下腹部及底饰绳纹。口径 14.2、腹径 25、底径 7.2、高 24.1 厘米（图一六八，5；彩版四五，4）。

陶奁　1 件。泥质灰陶。标本 M188 : 7，直口，平底。底部饰柱状足。口径 24、底径 20.8、高 17.5 厘米（图一六八，6；彩版四五，5）。

五铢　27 枚。标本 M188 : 8，锈蚀。直径 2.5、孔径 1、厚 0.1 厘米（图一六八，7；彩版四五，6）。

铁剑　1 件。标本 M188 : 9，锈蚀，残断。宽 3.2、厚 1.2 厘米。

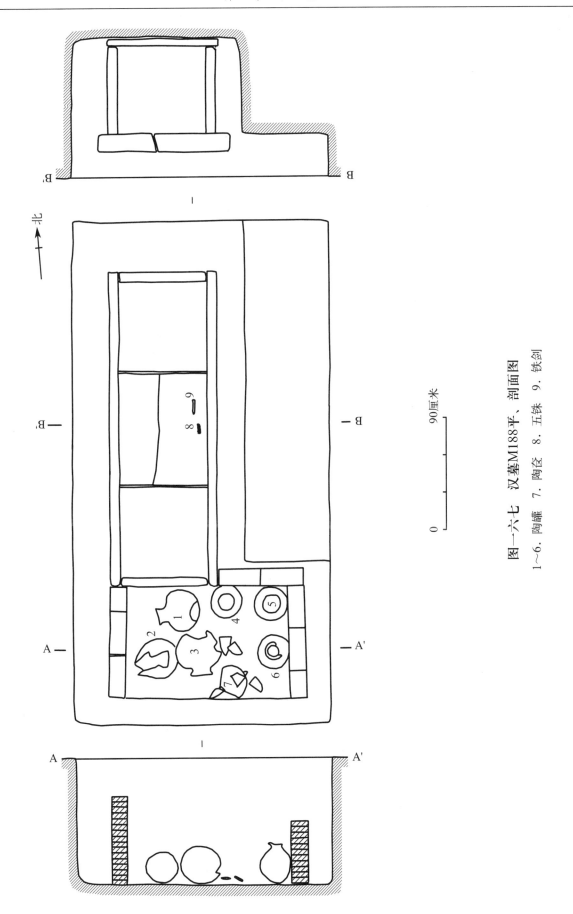

图一六七 汉墓M188平、剖面图

1~6. 陶罐 7. 陶豆 8. 五铢 9. 铁剑

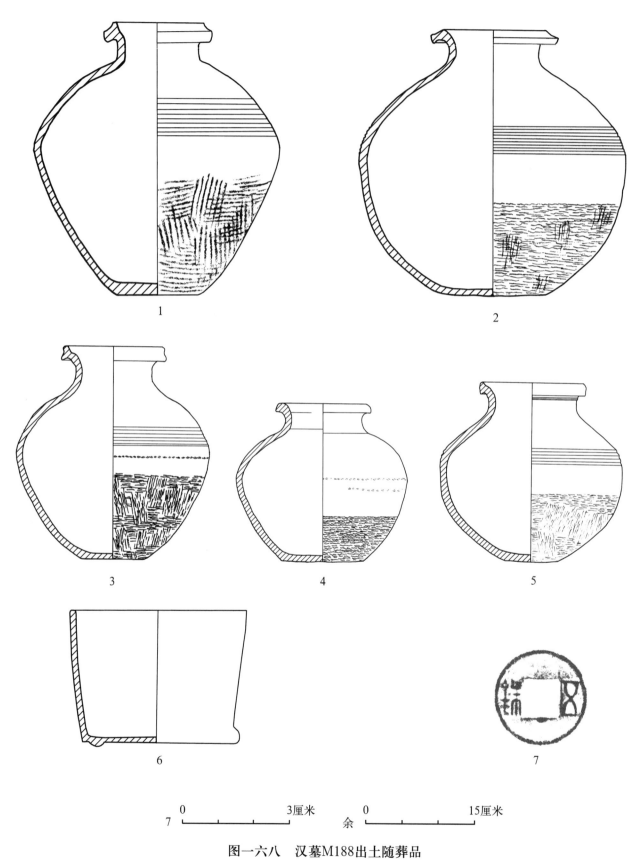

図一六八　汉墓M188出土随葬品

1～5. 陶罐M188：1、M188：2、M188：4、M188：5、M188：6　6. 陶盒M188：7　7. 五铢M188：8

一〇一　M189

（一）墓葬形制

该墓位于第⑤层下，长方形竖穴土坑石椁墓。方向2°或者182°（图一六九）。墓口距地表深3.4米。墓圹长4.3、宽1.8、存深0.4米。椁室仅存3块铺地底石板，长2.48、宽1.08米。椁室四壁及盖顶均不存。椁室内未发现人骨。椁室内发现五铢铜钱1枚。椁室南端设砖砌器物箱，壁用长40、宽20、厚5厘米的弧形砖错缝平砌，无铺地砖，器物箱长1.48、宽1.4米。器物箱内放置釉陶壶2件、陶罐1件。

（二）随葬品

随葬品出土陶罐1件、釉陶壶2件、五铢铜钱1枚。

陶罐　1件。泥质灰陶。标本M189：3，榫口，束颈，鼓腹，平底。上腹部饰凹弦纹数周，中腹部饰不规则戳刺纹三周，下腹部及底饰细绳纹。口径13.5、腹径32.5、底径13.5、高34.3、壁厚0.7～1.1厘米（图一七〇，2）。

釉陶壶　2件。泥质红陶。标本M189：1，盘口，束颈，鼓腹，矮圈足，上腹部饰凹棱，棱中一周凹弦纹，鼓腹部饰对称双铺首衔环，施黄釉。口径17.6、腹径32.5、底径18.5、高39.8厘米（图一七〇，1；彩版四六，2）。标本M189：2，破碎修复，形制尺寸同标本M189：1（彩版四六，1）。

五铢　1枚。标本M189：4，剪轮五铢。直径2.2、孔径1、厚0.08厘米（彩版四六，3）。

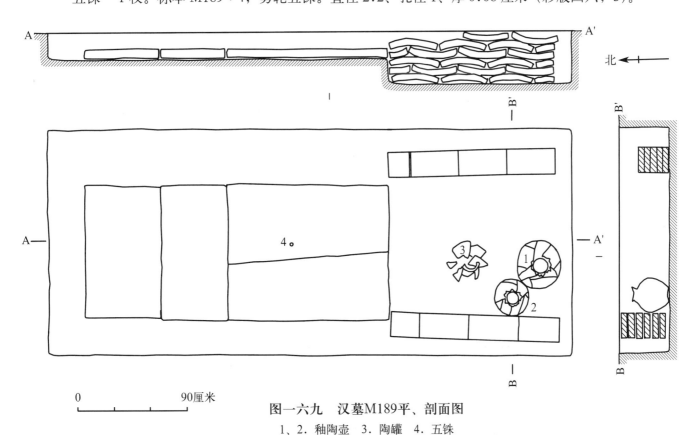

图一六九　汉墓M189平、剖面图
1、2. 釉陶壶　3. 陶罐　4. 五铢

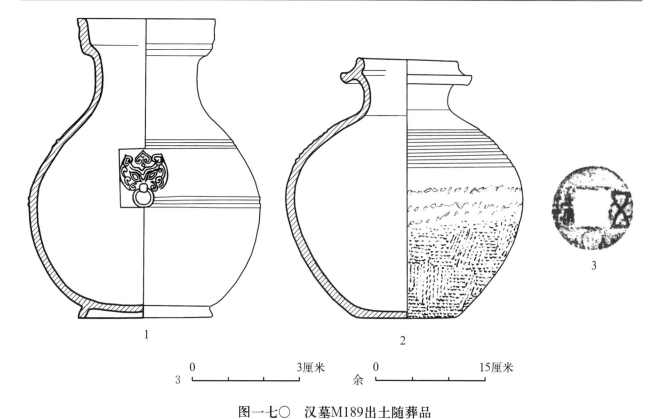

1　　　　　　　　　　2

0 ——————— 3厘米　　0 ——————— 15厘米
3　　　　　　　　　　余

图一七〇　汉墓M189出土随葬品
1. 釉陶壶M189：1　2. 陶罐M189：3　3. 五铢M189：4

一〇二　M190

（一）墓葬形制

该墓位于第⑤层下，长方形竖穴土坑砖椁墓。方向172°或者352°（图一七一）。墓口距地表深3.3米。墓圹长2.02、宽0.68、存深0.1米。墓底残长1.92、残宽0.6、存深0.2米。该墓被盗扰，破

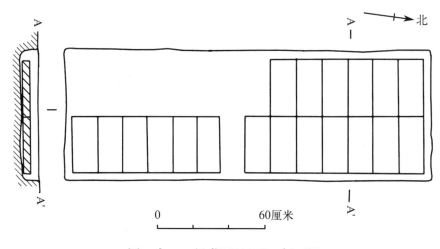

0 ——————— 60厘米

图一七一　汉墓M190平、剖面图

坏严重，残存墓底部分，墓底对缝平铺。椁室内未发现人骨。

（二）随葬品

未发现随葬品。

一〇三　M191

（一）墓葬形制

该墓位于第⑤层下，长方形竖穴土坑三石椁墓。方向 0°（图一七二；彩版四七，1）。墓口距地表深 3.4 米。墓圹长 4.6、宽 3.8、深 1.6 米。椁室盖板三室各用 3 块石板铺盖。盖板南端被破坏。椁室三室东西并列，中室内长 2.45、宽 0.88、深 0.84 米；西室内长 2.1、宽 0.74、深 0.72 米；东室内长 2.28、宽 0.75、深 0.7 米。其中西室和中室独立构建，东室借助中室的东壁，只用三块椁板建成。东、西室较中室略小，中室的东、西、北三壁外侧均满饰穿璧纹。椁室内没有发现木棺痕迹，东室人骨已朽，葬式不明，室内发现禽骨；中室发现人骨，腐朽较严重；西室人骨 1 具，女性，头向北。西室内出土铜带钩 1、铁刀 1 件，东室出土釉陶壶 2 件、大陶罐 1 件。三室的中、西室南端设砖砌器物箱，壁平砖错缝平砌，西室器物箱无铺地砖，中室器物箱略宽于椁室，延伸至东室南壁处，有铺地砖。器物箱内置灰陶壶 5 件。

（二）随葬品

随葬品出土陶罐 1 件、陶壶 5 件、釉陶壶 2 件、铜带钩 1 件、铁刀 1 件、画像石 3 件。

陶罐　1 件。泥质灰陶。标本 M191：5，个体较大。侈口，短颈，鼓腹，平底。鼓腹部饰两周凹弦纹和两周戳刺纹，下腹部和底满饰中绳纹。口径 9.5、腹径 27.6、底径 9.2、高 27.2 厘米（图一七三，5；彩版四七，2）。

陶壶　5 件。泥质灰陶。标本 M191：6，盘口，束颈，鼓腹，圈足，覆盘形盖，盖顶略平，饰鸡形纽。上腹部饰两周凹弦纹和对称的铺首衔环，中腹部饰不明显的凹弦纹和一周戳刺纹，下腹部有不明显的细绳纹。口径 14.4、腹径 31.2、足径 16.8、通高 45.6 厘米（图一七三，2；彩版四七，3）。标本 M191：7、8、9、10，形制与尺寸相同。盘口，方唇，束颈，鼓腹，圈足，覆盘形盖，盖顶略平，饰鸡形纽，壶鼓腹部两周凹弦纹和一周刺纹，饰对称两铺首。口径 11.4、腹径 23.6、足径 13、通高 34.8 厘米（图一七三，6～9；彩版四八，1～4）。

釉陶壶　2 件。釉陶。标本 M191：3，盘口，束颈，鼓腹，矮圈足，上腹部饰一周凹棱纹，鼓腹处饰一周凹棱纹，腹部饰对称铺首衔环，施黄褐色釉，部分脱落。口径 12.6、腹径 23、足径 12、高 28.8 厘米（图一七三，3；彩版四八，5）。标本 M191：4，釉陶。盘口，束颈，溜肩，鼓腹，矮圈足。口部饰一周凹弦纹，上腹部饰三周凸弦纹，鼓腹部饰两周凹弦纹，上腹部有对称的铺首衔环。口径 10.3、腹径 21、底径 12.1、高 25.2 厘米（图一七三，4；彩版四八，6）。

铜带钩　1 件。标本 M191：1，形制较小，构造简单，短粗鸟喙状。长 4、直径 0.9 厘米（图

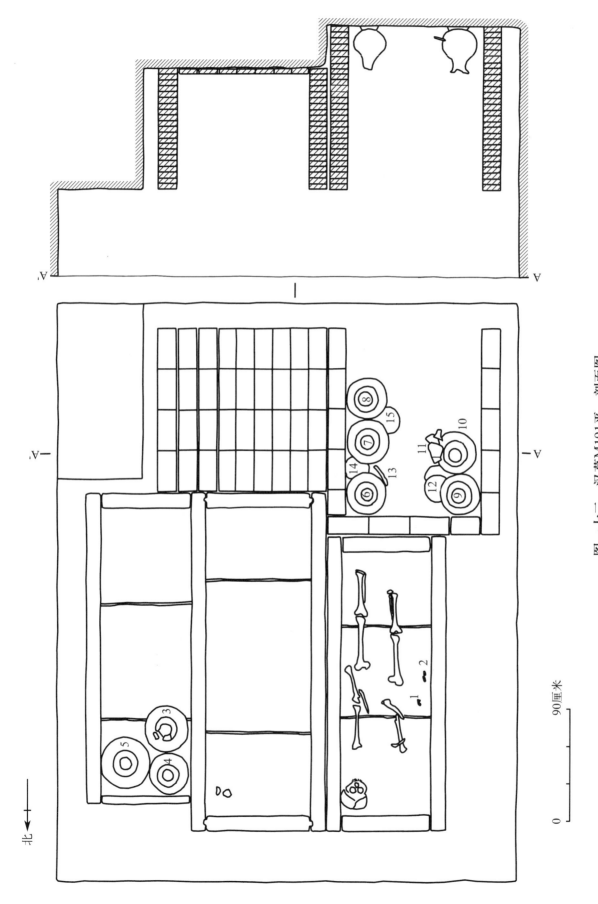

图一七二　汉墓M191平、剖面图

1. 铜带钩　2. 铁刀　3、4、6～10. 陶壶　5. 陶罐　11～15. 陶壶盖

北

90厘米

0

图一七三 汉墓M191出土随葬品

1. 铜带钩M191：1 2、6～9．陶盖壶M191：6、M191：7、M191：8、M191：9、M191：10 3、4．釉陶壶M191：3、M191：4 5．陶罐M191：5

一七三，1）。

铁刀　1件，标本 M191：2，环首。宽 1.5、厚 0.5 厘米。

画像石　3件。标本 M191：16，位于中室石椁的外壁，为简单的穿璧纹。

一〇四　M192

（一）墓葬形制

该墓位于第⑤层下，长方形竖穴土坑双石椁墓。西椁室方向5°，东椁室方向356°（图一七四；彩版四九，1）。墓口距地表深 3.3 米。墓圹长 5.1、宽 2.8、深 1.76 米。椁室盖板由三块石板铺盖。椁室分别用四块石板扣合，底和顶分别用三块石板铺盖。西椁室长 2.2、宽 0.7、深 0.7 米；东椁室内长 2.26、宽 0.8、深 0.8 米。椁室内未发现木棺痕迹，发现人骨 2 具，腐朽，葬式不明，西室内为男性，东室性别不明。头向北。西椁室发现五铢铜钱 3 枚。两室南端均设器物箱，西室内长 2.2、宽 0.77、深 0.7 米；外长 2.32、宽 0.9 米。西室器物箱无铺地砖，壁为单砖错缝平砌，东壁较长，长 2.08 米；西壁长 1.4、宽 1.09 米。东室器物箱内长 2.26、宽 0.8、深 0.8 米；外长 2.5、宽 0.92 米。东室器物箱上半部分单砖对缝平砌，下半部分错缝平砌，无铺地砖。三块石板盖顶，长 1.4、宽 1.2 米。西器物箱发现陶罐 5 件，东器物箱发现陶罐 5 件、釉陶猪圈 1 件、釉陶楼 1 件、釉陶灶 1 件、陶釜 1 件、陶甑 1 件、釉陶勺 1 件、铁勺 1 件。

（二）随葬品

出土陶罐 10 件、釉陶猪圈 1 件、釉陶楼 1 件、釉陶灶 1 件、釉陶勺 1 件、铁勺 1、五铢 3 枚。

陶罐　10 件。泥质灰陶。标本 M192：2，侈口，束颈，鼓腹，小平底。肩部饰六周凹弦纹，腹部饰两周戳刺纹，腹部下侧及底部饰中绳纹。口径 13.5、腹径 25.2、底径 7、高 27 厘米（图一七五，1；彩版四九，2）。标本 M192：3，平沿，短颈，宽肩，大平底。折肩处饰戳刺纹。口径 13、腹径 25.8、底径 15.6、高 22 厘米（图一七五，2；彩版四九，3）。标本 M192：4，残破未能修复。标本 M192：5，平沿，短颈，鼓腹，平底。鼓腹部饰两周凹弦纹和两周戳刺纹，下腹部和底满饰中绳纹。口径 13、腹径 30.5、底径 11.5、高 30.7、壁厚 0.7～0.9 厘米（图一七五，3；彩版五〇，1）。标本 M192：6，盘口，束颈，鼓腹，平底。上腹部饰六周凹弦纹，下腹部及底饰绳纹。口径 13、腹径 26、底径 9、高 27.7、壁厚 0.8～1.4 厘米（图一七五，4）。标本 M192：7，侈口，口沿略向外翻，短颈，折腹，平底。上腹部饰数周弦纹，下腹部及底饰绳纹。口径 14、腹径 38.1、底径 24.8、高 40 厘米（图一七五，5；彩版五〇，2）。标本 M192：8，卷沿，方唇，短颈，宽肩，鼓腹，平底。上腹饰弦纹，弦纹中间饰波浪纹。口径 13.8、腹径 27.2、底径 11、高 22 厘米（图一七五，6；彩版五〇，3）。标本 M192：9，尖圆唇，内沿高于外沿，束颈，宽肩平底。底微不平，肩部饰数周弦纹，腹部饰三周刺纹，下腹部及底饰绳纹。口径 13.2、腹径 31、底径 10、高 32.5、壁厚 0.8 厘米（图一七六，1；彩版五〇，4）。标本 M192：10，卷沿，短颈，折腹，平底。口径 14.3、腹径 30.4、底径 22.8、高

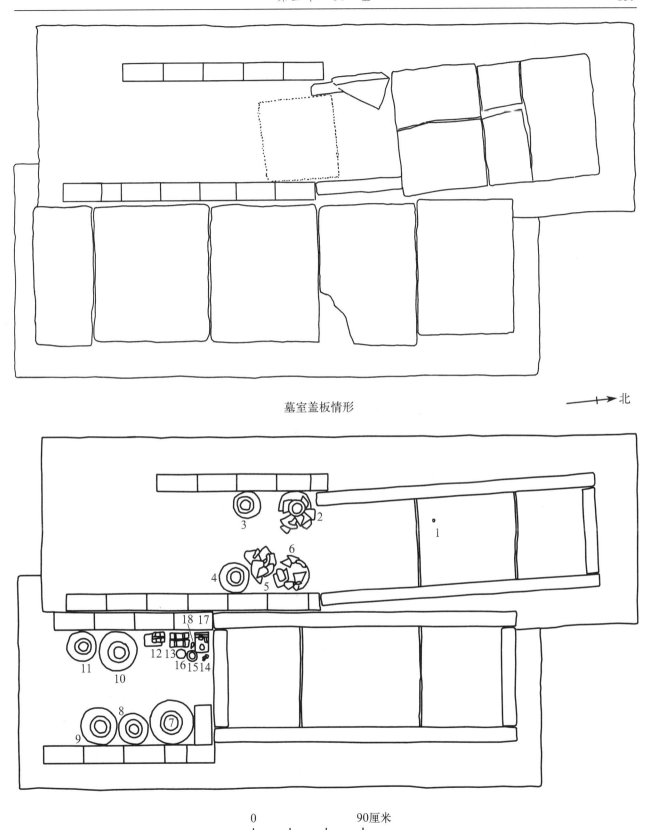

墓室盖板情形

→北

0　　　　　　　　　90厘米

图一七四　汉墓M192平面图

1．五铢　2～11．陶罐　12．釉陶猪圈　13．釉陶楼　14．釉陶灶　15．釉陶釜　16．釉陶甑　17．釉陶勺　18．铁勺

0   15厘米

图一七五　汉墓M192出土陶罐

1～6. 陶罐M192：2、M192：3、M192：5、M192：6、M192：7、M192：8

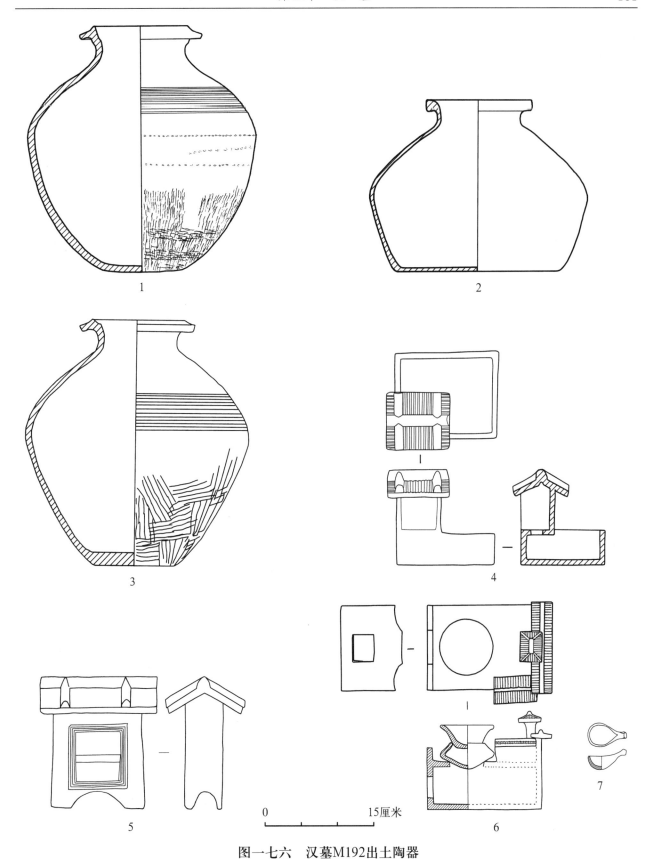

图一七六　汉墓M192出土陶器

1~3. 陶罐M192：9、M192：10、M192：11　4. 釉陶猪圈M192：12　5. 釉陶楼M192：13　6. 釉陶灶M192：14
7. 釉陶勺M192：17

22.6厘米（图一七六，2；彩版五〇，5）。标本M192：11，侈口，斜平沿，方唇，鼓腹，平底。上腹饰数周弦纹。下腹及底饰绳纹。口径12.8、腹径30.5、底径11.2、高32.4厘米（图一七六，3；彩版五〇，6）。

釉陶猪圈　1件。黄釉泥质红陶。标本M192：12，为长方盒形，一角有厕所，厕所顶瓦房形，有脊和叉脊瓦拢，内有便坑。长14.5、宽12、高12.5厘米（图一七六，4；彩版五一，1）。

釉陶楼　1件。泥质红陶。标本M192：13，乳白色釉，部分脱落。双层楼阁，形制简单，为单体结构。楼顶长16、宽10.7、楼身长12.5、宽5、通高17.5厘米（图一七六，5；彩版五一，2）。

釉陶灶　1件。黄釉泥质红陶。标本M192：14，黄色釉不均匀。灶台为长方形，有火膛口和烟道，顶有瓦房顶式盖，灶的后侧有墙，墙饰瓦顶，灶上放有陶质红陶釜、甑。灶长16、宽11.2、灶台高6.3、通高13厘米（图一七六，6；彩版五一，3）。

釉陶勺　1件。泥质红陶。标本M192：17，长5.3厘米（图一七六，7；彩版五一，4）。

五铢　3枚。标本M192：1，直径2.6、孔径1、厚0.12厘米（彩版五一，5）。

一〇五　M193

（一）墓葬形制

该墓位于第⑤层下，长方形竖穴土坑双石椁墓。方向3°或者183°。墓口距地表深3.4米。墓圹长4.0、宽2.9、存深0.36米。墓室破坏严重，只存部分铺底石。石椁底板石块大小不一。未发现人骨。

（二）随葬品

未发现随葬品。

一〇六　M194

（一）墓葬形制

该墓位于第⑤层下，长方形竖穴土坑石椁墓。方向4°（图一七七；彩版五二，1）。墓口距地表深3.4米。墓圹长3.9、宽1.8、深1.5米。椁室盖板用三块石板铺盖。椁室内长1.98、宽0.62、深0.7米。墓室用四块石板扣合，顶与底各用三块石板铺盖。椁室内发现木棺，因在水位之下，腐朽严重，结构、尺寸不明。发现人骨1具，保存尚好，可见头骨轮廓及部分上下肢骨。单人仰身直肢葬，男性，面向上，头向北。椁室内出土铁刀1件、铁剑1件、大泉五十铜钱55枚。椁室南端设器物箱，箱内长1.3、宽0.98、深0.84米，壁用单砖错缝平砌，无铺地砖。器物箱内发现陶罐5件、陶瓮1件。

（二）随葬品

随葬品出土陶罐5件、陶瓮1件、大泉五十铜钱55枚、铁刀1件、铁剑1件。

陶罐　5件。泥质灰陶。标本M194：4，侈口，束颈，溜肩，鼓腹，大平底。肩部饰两周细弦纹，

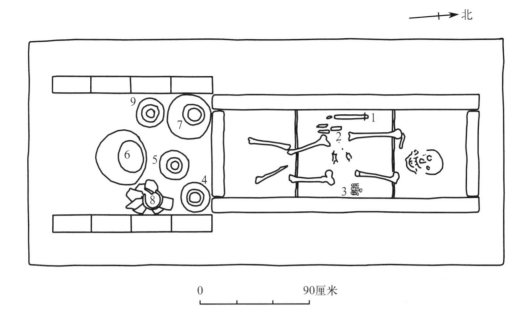

图一七七　汉墓M194平面图

1. 铁剑　2. 铁刀　3. 大泉五十　4、5、7~9. 陶罐　6. 陶瓮

两周弦纹间饰戳刺纹，腹部饰两周戳刺纹。口径 12、腹径 32、底径 13.2、高 30.2 厘米（图一七八，3）。标本 M194：5，侈口，束颈，鼓腹，平底。口径 10.8、腹径 27、底径 20.6、高 22.4 厘米（图一七八，4）。标本 M194：7，平沿，短颈，鼓腹下折，平底。肩部饰数周弦纹，下腹部及底饰绳纹。口径 12.8、腹径 26.4、底径 20.4、高 21 厘米（图一七八，5）。标本 M194：8，残破无法修复。标本 M194：9，侈口，平沿，束颈，鼓腹，平底。鼓腹部饰戳刺纹一周，下腹部及底饰绳纹。口径 15.6、腹径 37.2、底径 15、高 38 厘米（图一七八，7）。

陶瓮　1件。泥质灰陶。标本 M194：6，直口，鼓腹，平底。腹部饰弦纹，下腹部及底饰绳纹。口径 24.2、腹径 48、底径 9.2、高 39.5 厘米（图一七八，6）。

大泉五十　55枚。标本 M194：3，直径 2.8、孔径 0.9、厚 0.2 厘米（图一七八，8）。

铁刀　1件。标本 M194：2，残长 20.3、宽 5、厚 0.2~0.6 厘米（图一七八，2）。

铁剑　1件。标本 M194：1，有剑鞘，有铜质剑格。残长 48.8、宽 3.2、剑格宽 5.2、厚 0.1~1.2 厘米（图一七八，1）。

一〇七　M195

（一）墓葬形制

该墓位于第⑤层下，长方形竖穴土坑石椁墓。方向 6°（图一七九；彩版五二，2）。墓口距地表深 3.3 米。墓圹长 3.4、宽 1.35、深 1.26 米。椁室盖板用三块石板铺盖，北侧盖板破损。椁室内长 2.2、宽 0.7、深 0.6 米，椁室用四块石板扣合，顶与底各用三块石板铺盖，北侧盖板破损，被盗扰。

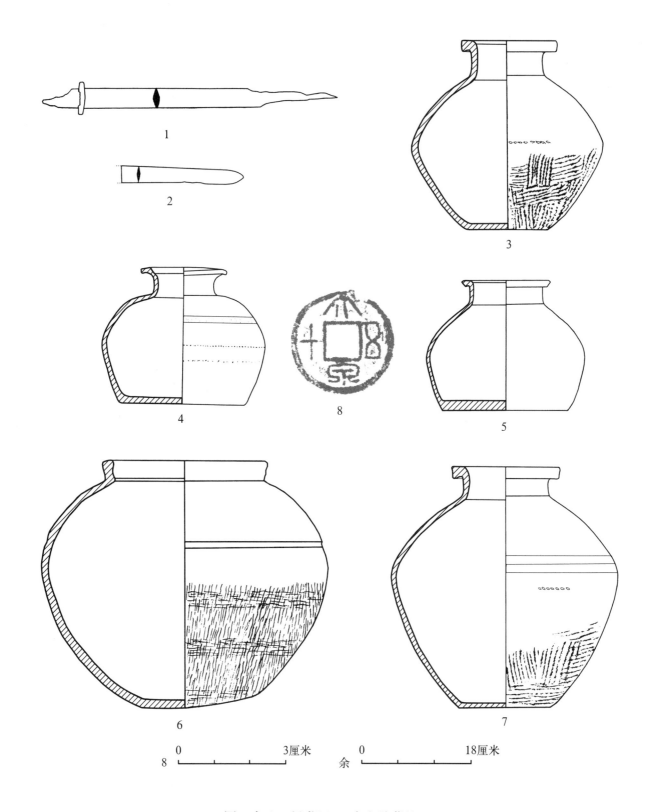

图一七八　汉墓M194出土随葬品

1. 铁剑M194：1　2. 铁刀M194：2　3～5、7. 陶罐M194：4、M194：5、M194：7、M194：9　6. 陶瓮M194：6　8. 大泉五十194：3

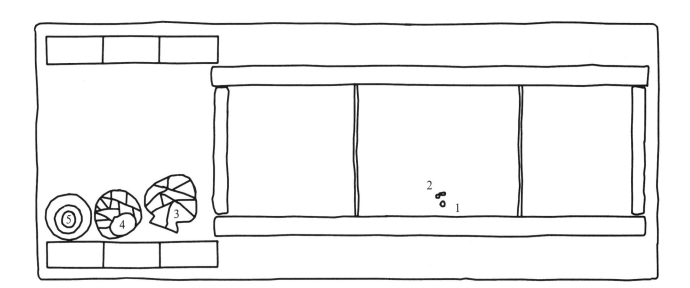

0   60厘米

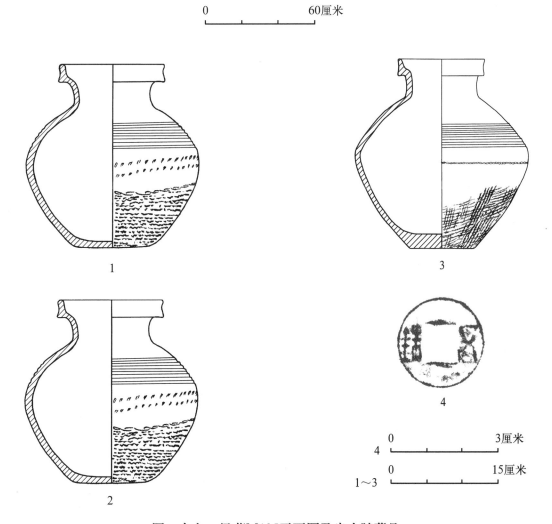

0   3厘米

4

0   15厘米

1~3

图一七九　汉墓M195平面图及出土随葬品

1~3. 陶罐M195：3、M195：4、M195：5　4. 五铢M195：1　5. 铁削M195：2

椁室内没有发现木棺痕迹，发现人骨1具，腐朽较严重，头向北。椁室内出土五铢铜钱1枚，铁削1件。椁室南端设器物箱，内长0.95、宽0.94、深0.56～0.66米。壁用单砖错缝平砌，无铺地砖。器物箱内出土陶罐3件。

（二）随葬品

随葬品出土陶罐3件、五铢铜钱1枚、铁削1件。

陶罐　3件。标本M195：3、4，形制尺寸相同。泥质黑皮陶，胎红褐色，火候较低。盘口束颈，鼓腹，平底。上腹部饰数周凹弦纹，下腹部饰三周戳刺纹，下腹部及底满饰中绳纹。口径14.2、腹径23.5、底径9.5、高24.5、壁厚0.6～0.9厘米（图一七九，1、2）。标本M195：5，泥质灰陶，盘口，束径，鼓腹微折。下腹部饰一周戳刺纹，下腹部与底满饰中绳纹。口径12、腹径24、底径9、高25、壁厚0.8～1厘米（图一七九，3）。

五铢　1件。标本M195：1，直径2.4、孔径1、厚0.15厘米（图一七九，4）。

铁削　1件。标本M195：2，锈蚀，残断。

一〇八　M196

（一）墓葬形制

该墓位于第⑤层下，长方形竖穴土坑砖、石椁双室墓。方向356°（图一八〇；彩版五三，1）。墓口距地表深3.4米。墓圹长4.3、宽2.7、深1.18米。椁室盖板用三块石板铺盖。椁室西为石椁，西石椁内长2.2、宽0.74、深0.66米。用七块石板扣合；东壁为两块石板拼接，中有小门使东、西两室相通，底与顶分别用三块石板铺盖。东为砖椁，内长2.8、宽0.76、存深0.96米，西壁北半部借用西室东壁石椁，南半部借用西器物箱东壁，东、南、北三面壁用单砖错缝平砌，无铺地砖，顶部已破坏。椁室内发现人骨2具，腐朽较严重。头向北。椁室内出土铁剑1件、铜钱16枚，铜饰件1件。西椁室南端设砖砌器物箱，壁单砖错缝平砌，无铺地砖，器物箱顶用单块石板覆盖。器物箱内出土陶罐3件、陶瓮1件。

（二）随葬品

随葬品出土陶罐3件、陶瓮1件、铜饰件1件、货泉16枚、铁剑1件。

陶罐　3件。泥质灰陶。标本M196：4，侈口，斜沿，鼓腹，平底。肩饰回纹带（图一八一，6），腹部饰弦纹，下腹部及底饰绳纹。口径18、腹径44.8、底径17、高44.6厘米（图一八一，1；彩版五三，2）。标本M196：5，侈口，平沿，束颈腹微鼓，小平底。肩部饰数周弦纹，下腹部及底饰绳纹。口径13.2、腹径34.8、底径10.8、高35.6厘米（图一八一，2；彩版五三，3）。标本M196：6，侈口，平沿，束颈，鼓腹，平底。鼓腹部饰不规则的凹弦纹数周和三周戳刺纹，下腹部和底饰中绳纹。口径15、腹径34.4、底径9.5、高36.6厘米（图一八一，3）。

陶瓮　1件。泥质灰陶。标本M196：7，直口，短颈，鼓腹，平底。腹部饰不规律戳刺纹两周。

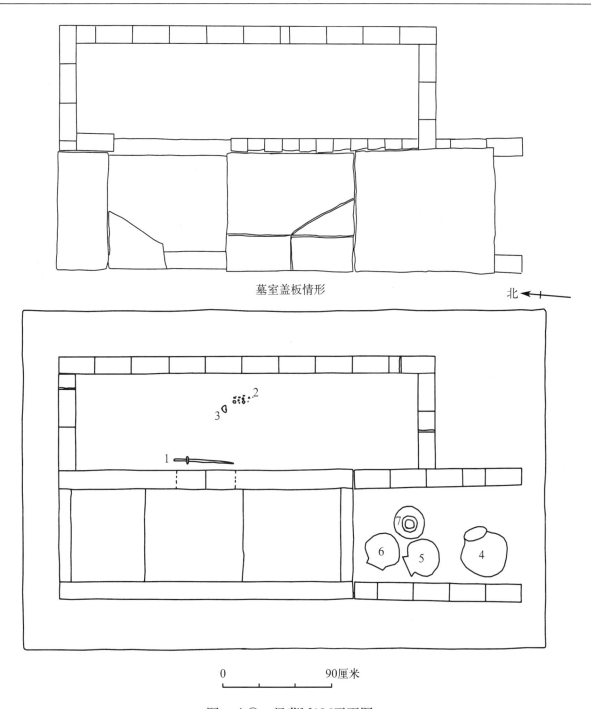

墓室盖板情形

北 ←

0 —— 90厘米

图一八〇 汉墓M196平面图
1.铁剑 2.货泉 3.铜饰件 4~6.陶罐 7.陶瓮

口径12.2、腹径25、底径11.2、高21厘米（图一八一，4；彩版五三，4）。

铜饰件 1件。标本M196：3，漆器上面的铺首，一角残。上宽3.3、下宽2.3、通高2.7、厚0.15厘米。

货泉 16枚。标本M196：2，直径2.1、孔径0.7、厚0.1厘米（图一八一，5；彩版五三，5）。

铁剑 1件。标本M196：1，锈蚀，残断。宽3.6、厚0.9厘米。

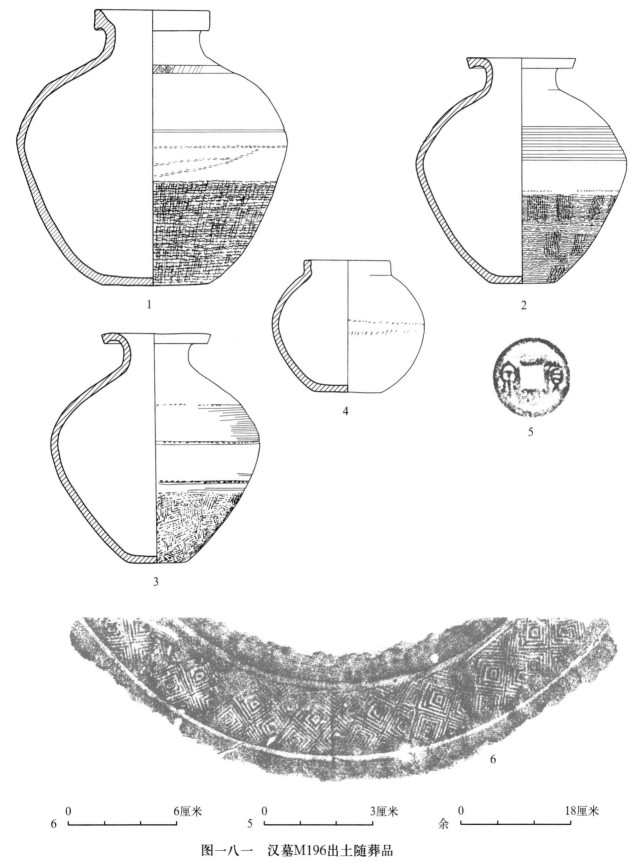

图一八一　汉墓M196出土随葬品

1～3. 陶罐M196：4、M196：5、M196：6　4. 陶瓮M196：7　5. 货泉M196：2　6. 陶罐M196：4肩部纹饰拓片

一〇九　M197

（一）墓葬形制

该墓位于第⑤层下，长方形竖穴土坑砖椁墓。方向5°（图一八二）。墓口距地表深3.3米。墓圹长3.2、宽1.5、深2.0米。椁室盖板残留两块石板，北端石板已碎。椁室内长2.26、宽0.66、深0.5米。椁室上口平砌两行单砖支撑石盖板。椁室有生土二层台。椁室内发现人骨1具，腐朽较严重，葬式、性别不明。头向北。椁室内发现五铢铜钱1枚、铁刀1件。椁室南端设器物箱，长1.16、宽0.54米。西壁用单砖平砌，东壁立砖垒砌。器物箱内出土陶罐2件、陶瓮1件。

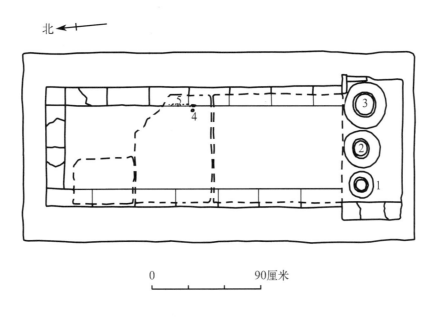

北 ←

0　　　　　　90厘米

图一八二　汉墓M197平面图

1、2. 陶罐　3. 陶瓮　4. 五铢　5. 铁刀（残）　（虚线表示盖板）

（二）随葬品

随葬品出土陶罐2件、陶瓮1件、五铢铜钱1枚、铁刀1件。

陶罐　2件。泥质灰陶。标本M197：1，敞口，束颈，腹稍鼓，大平底。口径11.4、腹径16.8、底径14.2、高13.4厘米（图一八三，1）。标本M197：2，侈口，斜沿，腹微鼓，稍折，小平底。口径14.3、腹径27.6、底径10、高28厘米（图一八三，2）。

陶瓮　1件。泥质灰陶。标本M197：3，直口，短颈，鼓腹，平底。鼓腹部饰一周锥刺纹。口径16.5、腹径29.2、底径18.4、高20厘米（图一八三，3）。

五铢　1枚。标本M197：4，直径2.35、孔径0.9、厚0.1厘米（图一八三，5）。

铁刀　1件。标本M197：5，锈蚀，残断。长12、宽3.2、厚0.7厘米（图一八三，4）。

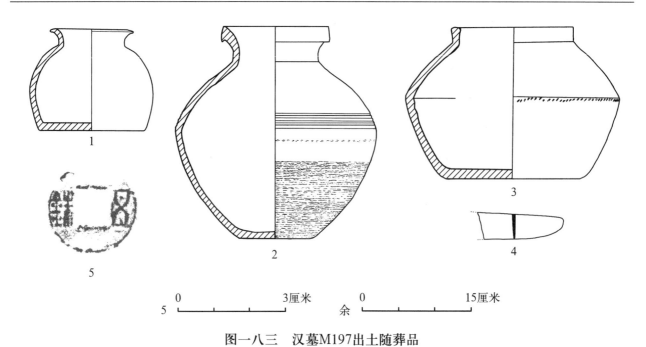

图一八三　汉墓M197出土随葬品

1、2. 陶罐M197：1、M197：2　3. 陶瓮M197：3　4. 铁刀M197：5　5. 五铢M197：4

一一〇　M198

（一）墓葬形制

该墓位于第⑤层下，长方形竖穴土坑双石椁墓，方向12°（图一八四；彩版五四，1、2）。墓口距地表深3.4米。墓圹长4.1、宽3.7、深1.4米。椁室盖板用三块石板铺盖，盖顶石南端被破坏。椁室用四块石板扣合，底和顶分别用三块石板铺盖。西室内长2.34、宽0.84、深0.82米；东室内长2.38、宽0.86、深0.8米。石椁内各发现人骨1具，腐朽较严重，葬式、性别不明。头向北。椁室内出土铁剑1件、五铢1枚、铁削1件。椁室南端分设砖砌器物箱，用单砖错缝平砌，底对缝平铺，与墓底平齐。西器物箱长1.64、宽1.12米；东器物箱长1.64、宽1.24米。器物箱内各出土陶器3件。

（二）随葬品

随葬品出土陶罐5件、陶壶1件。五铢铜钱1枚、铁剑1件、铁削1件。

陶罐　5件。泥质灰陶。标本M198：5，内沿高于外沿，束颈，圆腹，小平底。肩部饰数周弦纹，下腹部及底饰绳纹。口径15.2、腹径38、底径14.2、高38.8厘米（图一八五，5；彩版五五，1）。标本M198：6，侈口，圆唇，短颈，鼓腹，大平底。口径11.2、腹径18.2、底径12、高15.5厘米（图一八五，1；彩版五五，2）。标本M198：7，平沿，方唇，鼓腹，平底。下腹及底满饰中绳纹（图一八五，6～8）。口径11、腹径24、底径12.4、高24厘米（图一八五，2；彩版五五，3）。标本M198：8，平沿，方唇，鼓腹，大平底。腹中下部饰两道粗绳纹。口径13.6、腹径28.2、底径22.5、高22.2厘米（图一八五，3；彩版五五，4）。标本M198：9，破碎未能修复。

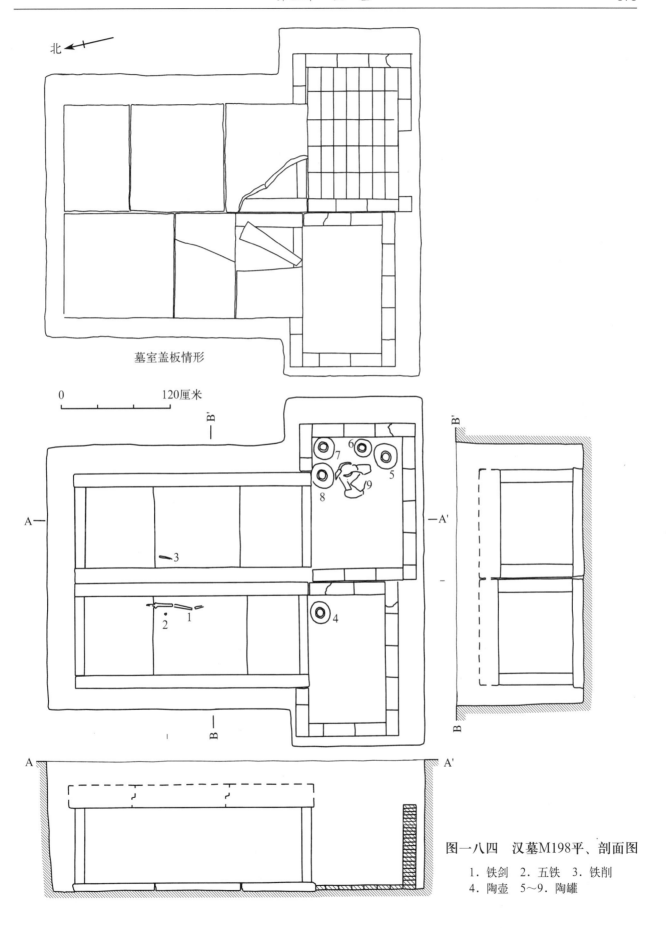

北

墓室盖板情形

0　　　　　　　120厘米

图一八四　汉墓M198平、剖面图

1. 铁剑　2. 五铁　3. 铁削
4. 陶壶　5～9. 陶罐

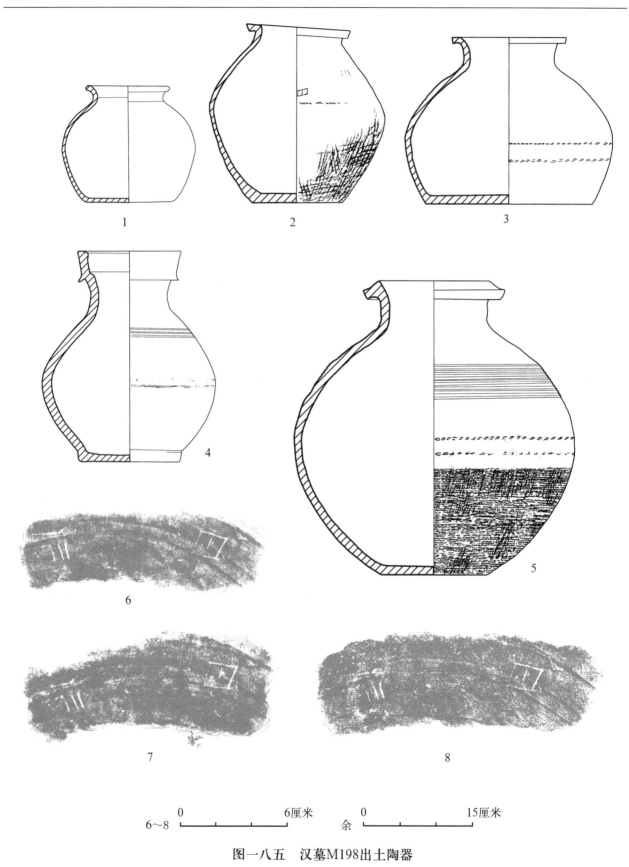

图一八五　汉墓M198出土陶器

1～3、5.陶罐M198：6、M198：7、M198：8、M198：5　4.陶壶M198：4　6～8.陶罐M198：7纹饰拓片

陶壶 1件。泥质灰陶。标本M198：4，盘口，束颈，鼓腹，假矮圈足。上腹部饰三周凹弦纹，鼓腹部饰不规整的凹弦纹。口径14、腹径23.8、底径14、高28.2厘米（图一八五，4；彩版五五，5）。

五铢 1枚。标本M198：2，直径2.55、孔径1、厚0.12厘米。

铁剑 1件。标本M198：1，锈蚀，残断，宽3.7、厚1.2厘米。

铁削 1件。标本M198：3，锈蚀，残断，宽1.7、厚0.4厘米。

一一一 M199

（一）墓葬形制

该墓位于第⑤层下，长方形竖穴土坑墓。方向4°（图一八六）。墓口距地表深3.4米。墓圹长2.9、宽1.38、深1.2米。有生土二层台，宽0.28米。墓室内发现木棺痕迹，因在水位线以下，结构、尺寸不清。发现人骨1具，保存尚好，可见头骨轮廓及四肢骨。单人仰身直肢葬，头向北。墓室内发现铁刀1件、五铢铜钱1枚，南端出土陶罐3件。

（二）随葬品

随葬品出土陶罐3件、铁刀1件、五铢铜钱1枚。

陶罐 3件。泥质灰陶。标本M199：1，斜折沿，短直颈，鼓腹，小平底。器身满饰绳纹。口径12、腹径23、底径6.5、高30厘米（图一八六，1）。标本M199：2，卷沿，方唇，宽肩，鼓腹，大平底。腹部饰三周戳刺纹。口径13.2、腹径32、底径20.5、高23.5厘米（图一八六，2）。标本M199：3，平沿，方唇，鼓腹，平底。腹部饰绳纹。口径15.5、底径9、高31厘米（图一八六，3）。

铁刀 1件。标本M199：4，锈蚀，残断，长度不明。脊宽0.9、刃宽2.8厘米。

一一二 M200

（一）墓葬形制

该墓位于京杭运河东岸，开口于第⑤层下，长方形竖穴土坑石、砖椁双室墓。方向279°（图一八七；彩版五六，1）。墓口距地表深1米。墓圹长4.1、宽2.6、深1.4米。椁室盖板为三块石板盖顶。椁室南北并列：南室为石椁，内长2.4、宽0.8、深0.78米。壁用四块石板扣合，三块石板盖顶，两块石板为底；长椁板外侧发现穿璧纹画像。北室为砖椁，长2.4、宽0.74、深0.74米。北室为两块石板盖顶，南壁借用了南室的北壁石，其余三壁为单砖错缝平砌，对缝平铺的铺地砖。椁室内发现人骨各1具，腐朽。葬式、性别不明。头向西。北室出土五铢铜钱40枚、铁刀1件；南室发现五铢铜钱10枚。两室东端设器物箱，北器物箱长1.14、宽1.08米；南器物箱长1.28、宽1.2米。箱壁采用单砖错缝平砌，未发现盖顶和铺地砖。北室器物箱发现陶罐2件、陶瓮1件。南室器物箱

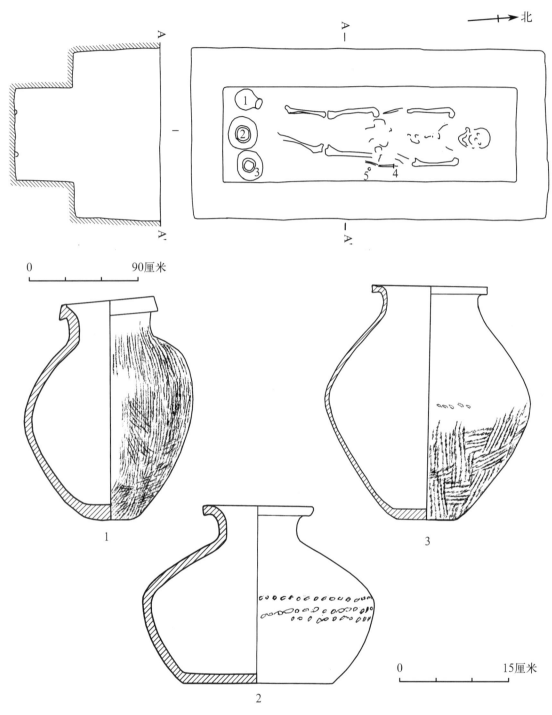

图一八六 汉墓M199平、剖面图及出土陶罐

1~3. 陶罐M199：1、M199：2、M199：3 4. 铁剑 5. 五铢

发现陶罐 3 件、陶瓮 1 件。

（二）随葬品

随葬品出土陶罐 5 件、陶瓮 2 件、五铢铜钱 50 枚、铁刀 1 件。

陶罐 5 件。泥质灰陶。标本 M200：4，口变形，斜沿，束颈，鼓腹，小平底。肩部饰弦纹，下腹部及底饰绳纹。口径 13.2、腹径 27.2、底径 10.6、高 25.4 ~ 26.4、壁厚 0.6 厘米（图一八八，3；

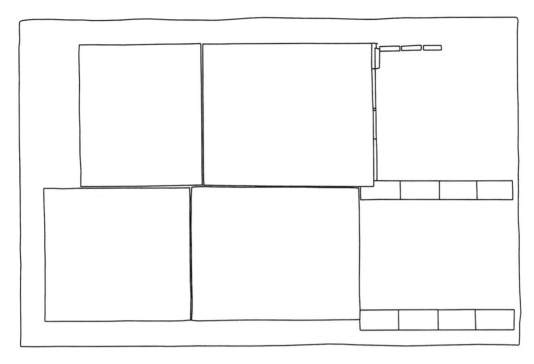

墓室盖板情形

北

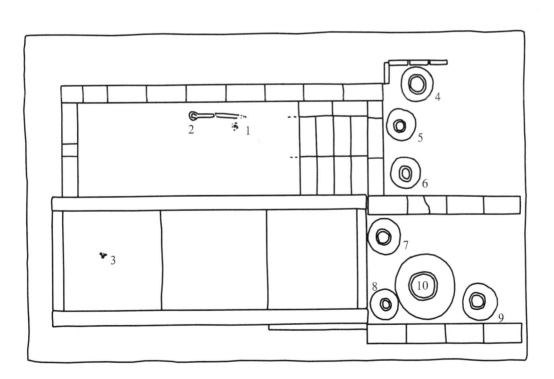

0　　　　　　　90厘米

图一八七　汉墓M200平面图

1、3. 五铢　2. 铁刀　4、6~9. 陶罐　5、10. 陶瓮

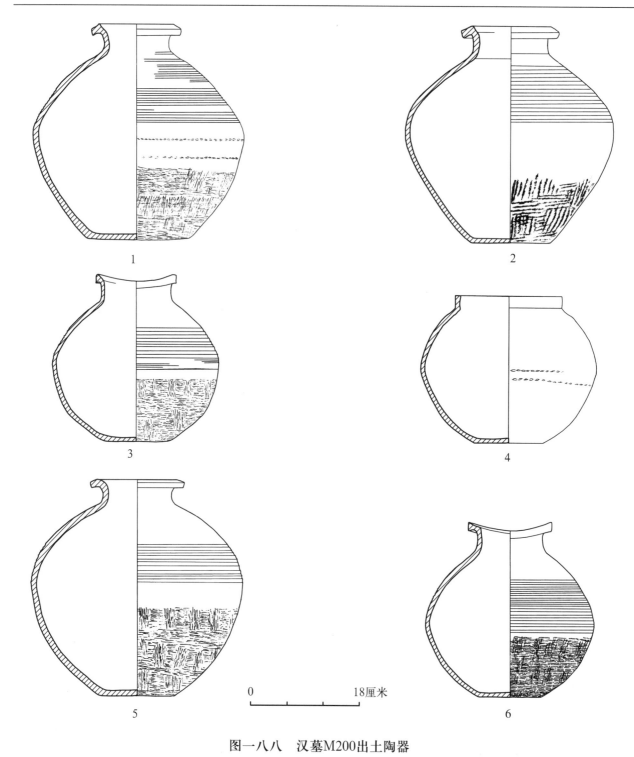

图一八八 汉墓M200出土陶器

1~3、5、6. 陶罐M200：8、M200：9、M200：4、M200：6、M200：7 4. 陶瓮M200：5

彩版五六，2）。标本 M200：6，侈口，卷沿，束颈，圆腹，小平底。肩部饰数周弦纹，下腹部及底饰绳纹。口径 13.2、腹径 35.4、底径 12.4、高 34.8、壁厚 0.8～1 厘米（图一八八，5；彩版五六，3）。

标本 M200：7，口略变形，方尖唇，束颈，圆腹，平底。肩及上腹部饰弦纹，下腹部及底饰绳纹。口径 13.4、腹径 27.4、底径 9.8、高 26.3～27.6、壁厚 0.6 厘米（图一八八，6；彩版五七，1）。

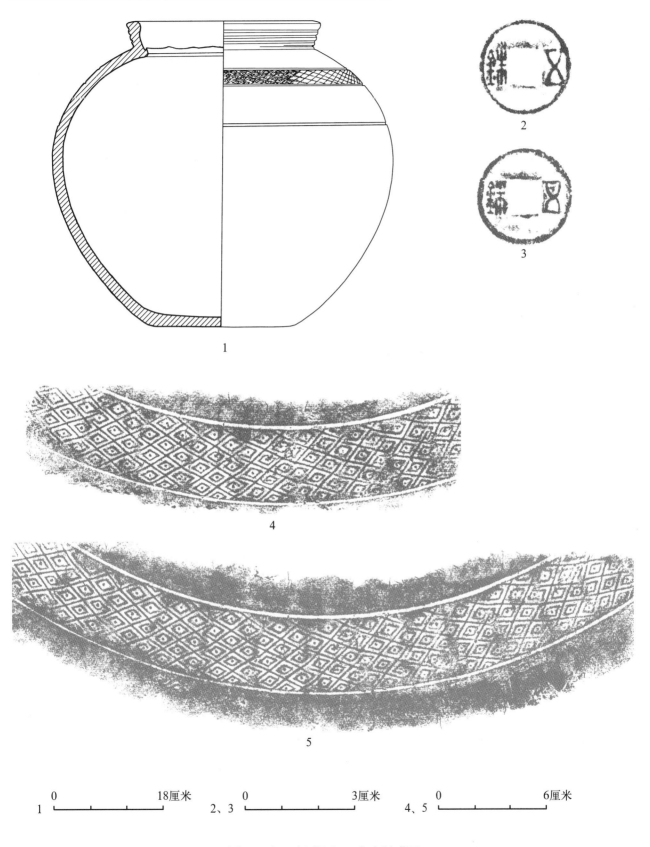

图一八九　汉墓M200出土随葬品

1. 陶瓮M200：10　2～3. 五铢M200：1、M200：3　4、5. 陶瓮M200：10菱形印纹拓片

标本 M200：8，内沿高于外沿，斜方唇，宽肩，鼓腹，肩部饰数周弦纹，上腹部饰两周戳刺纹，下腹部及底饰绳纹。口径 12.2、腹径 34.8、底径 16.8、高 34.2、壁厚 0.8 厘米（图一八八，1；彩版五七，2）。标本 M200：9，侈口，卷沿，束颈，鼓腹，平底。肩部饰数周弦纹，下腹部及底饰绳纹。口径 12.2、腹径 34、底径 13、高 34.5 厘米（图一八八，2；彩版五七，3）。

陶瓮　2 件。泥质灰陶。标本 M200：5，大直口，矮直领，平沿，圆腹，平底。腹部饰戳刺纹。口径 16.8、腹径 28.4、底径 11、高 23.3、壁厚 0.6 厘米（图一八八，4；彩版五七，4）。标本 M200：10，口微侈，圆腹，平底。口部饰 4 周凹弦纹，肩部饰两周凹弦纹，两凹弦纹间饰菱形印纹，鼓腹部饰一周凹弦纹。口径 28.8、腹径 55.5、底径 23、高 48.5、壁厚 1.2～1.5 厘米（图一八九，1、4、5；彩版五七，5）。

五铢　50 枚。标本 M200：1、3，锈蚀，直径 2.5、孔径 1、厚 0.15 厘米（图一八九，2、3；彩版五七，6）。

铁刀　1 件。标本 M200：2，环首残，宽 3.5、厚 1.2 厘米。

画像石　2 件。标本 M200：11、12，为石椁的长椁板，外壁饰穿壁纹。

一一三　M201

（一）墓葬形制

该墓位于第⑤层下，长方形竖穴土坑石、砖椁双室墓，方向 9°（图一九〇；彩版五八，1）。墓口距地表深 0.8 米。墓圹长 3.7、宽 2.6、深 1.5 米。椁室盖板两室均为三块，东室中间一块已残损。椁室东西并列，东室为石椁，内长 2.3、宽 0.8、深 0.78 米。墓壁用四块石板扣合，底用三块石板铺就；西室为砖椁，内长 2.24、宽 0.66、深 0.62 米。西室的东壁借用东室的西壁，其余三壁为单砖错缝平砌，底对缝平铺，顶石压在东室盖石之上，墓底较东室底高 0.34 米。椁室内未发现木棺痕迹，两室内发现人骨各 1 具，腐朽。葬式、性别均不明。头向北。东椁室内发现五铢铜钱 4 枚。东室南侧设器物箱，长 1.33、宽 0.8、深 0.4 米。箱壁用单砖错缝平砌，无盖顶与铺地。器物箱内出土陶罐 3 件。

（二）随葬品

随葬品出土陶罐 3 件、五铢铜钱 4 枚。

陶罐　3 件。泥质灰陶。标本 M201：1，盘口，折沿，鼓腹，平底稍圜，肩饰数周弦纹及压印纹，下腹部及底饰绳纹。口径 15.6、腹径 30、底径 8.4、高 31.2 厘米（图一九一，1；彩版五八，2）。标本 M201：2，内沿高于外沿，斜沿，方唇，束颈，圆腹，平底。肩部饰数周弦纹，上腹部饰三周戳刺纹，下腹部及底饰绳纹。口径 15、腹径 43.2、底径 16、高 47.4、壁厚 0.8～1 厘米（图一九一，2；彩版五八，3）。标本 M201：3，形制同标本 M201：1。口径 15.6、腹径 32、底径 8.4、高 33、壁厚 0.8～1 厘米（图一九一，3；彩版五八，4）。

五铢　4 枚。标本 M201：4，直径 2.5、孔径 1、厚 0.12 厘米（图一九一，4；彩版五八，5）。

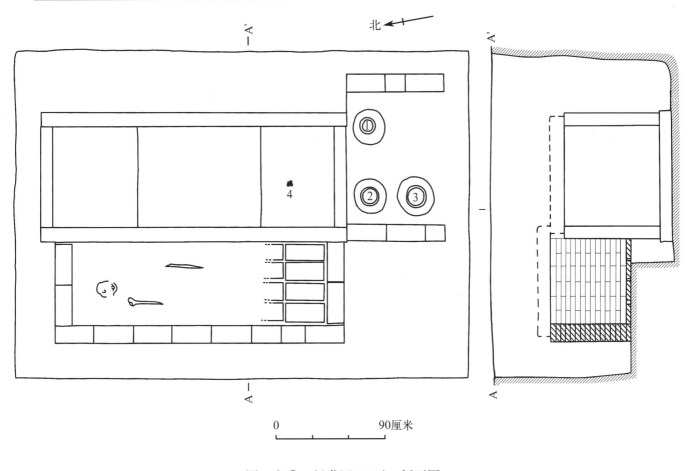

图一九〇 汉墓M201平、剖面图
1～3. 陶罐 4. 五铢

一一四 M202

（一）墓葬形制

该墓位于第⑤层下，长方形竖穴土坑砖椁墓。方向7°（图一九二）。墓口距地表深1.2米。墓圹长3.1、宽1.5、深0.85米。椁室盖板破坏不存。椁室东南角发现有红烧土面，可能为祭祀遗迹。椁室内长2.1、宽0.7、深0.6米。墓壁为单砖错缝平砌，铺地砖为对缝平铺。椁室内发现人骨1具，腐朽较严重，女性，头向北。椁室南端发现五铢铜钱11枚。椁室南端设砖砌器物箱，长0.94、宽0.49、深0.4米。箱壁用单砖错缝平砌，无铺地砖与盖顶，底高于墓底0.24米。器物箱内出土陶罐3件。

（二）随葬品

随葬品出土陶罐3件、五铢铜钱11枚。

陶罐 3件。泥质灰陶。标本M202：1，盘口，尖圆唇，长束颈，圆腹，小平底。肩部饰数周弦纹及一周戳刺纹，下腹部及底饰绳纹。口径14.8、腹径22.7、底径8.4、高27.6厘米（图一九三，1；彩版五九，1）。标本M202：2，形制同于标本M202：1。口径15、腹径23.4、底径8.6、高26.5

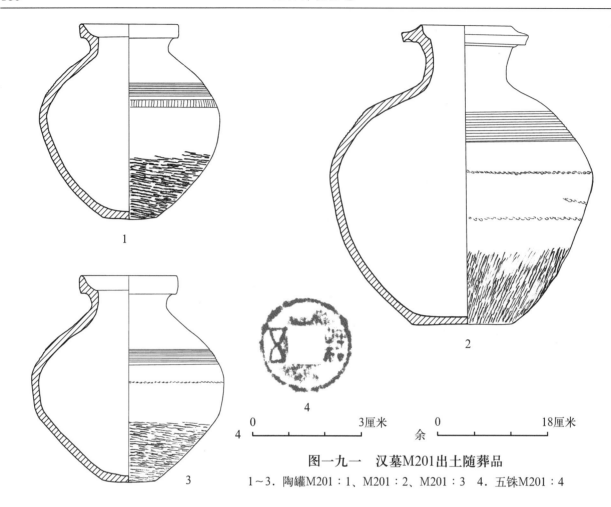

图一九一　汉墓M201出土随葬品

1~3.陶罐M201：1、M201：2、M201：3　4.五铢M201：4

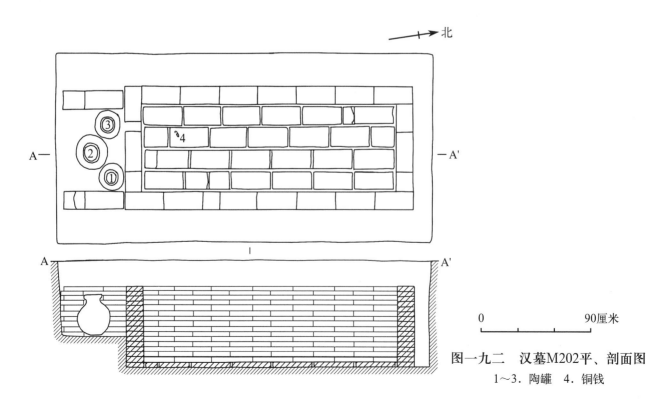

图一九二　汉墓M202平、剖面图

1~3.陶罐　4.铜钱

厘米（图一九三，2；彩版五九，2）。标本 M202：3，形制同于 M202：1。口径14.2、腹径24、底径8、高27厘米（图一九三，3；彩版五九，3）。

五铢 11枚。标本 M202：4，锈蚀，直径2.5、孔径1、厚0.1厘米（图一九三，4；彩版五九，4）。

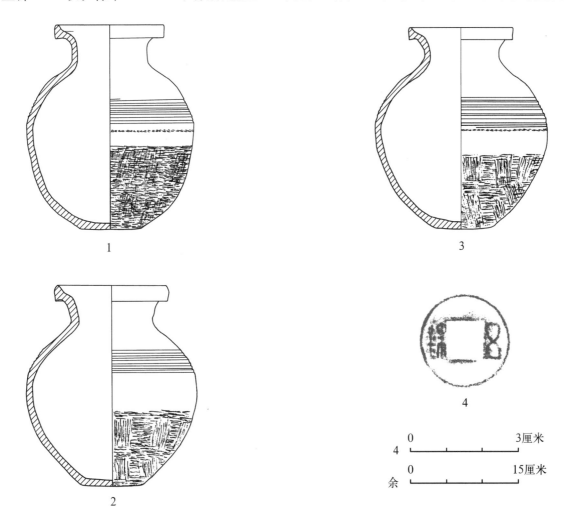

图一九三 汉墓M202出土随葬品
1～3. 陶罐M202：1、M202：2、M202：3 4. 五铢M202：4

一一五 M203

（一）墓葬形制

该墓位于第⑤层下，长方形竖穴土坑石椁墓。方向280°（图一九四；彩版六〇，1）。墓口距地表深1.1米。墓圹长3.0、宽1.3、深1.35米。椁室盖板用三块石板铺盖，破损严重。椁室内长2.1、宽0.68、深0.76米。墓壁用四块石板扣合，底和顶分别用三块石板铺盖。椁室内发现人骨1具，腐朽较严重，墓主葬式、性别均不明。头向西。器物箱位于椁室东端，未见砖砌，石板盖顶，长0.94、宽0.42、深0.28米。器物箱内出土陶罐3件。

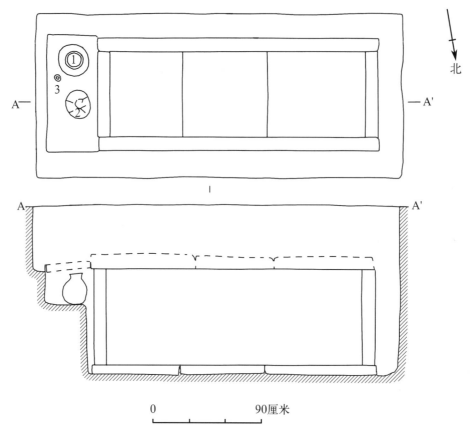

0　　　　　　　90厘米

图一九四　汉墓M203平、剖面图
1～3. 陶罐

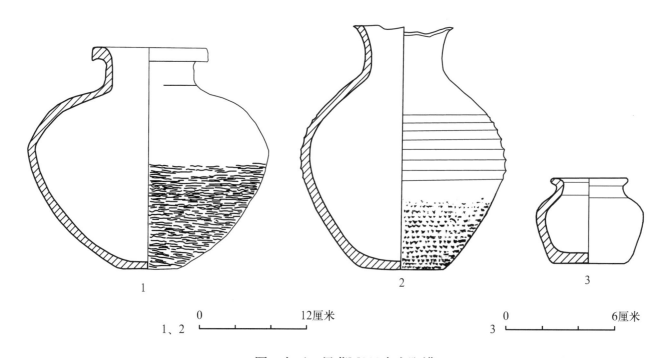

1　　　　　　　　　　　2　　　　　　　　　　　3

0　　　　　　　12厘米　　　　　　　　0　　　　　　　6厘米
1、2　　　　　　　　　　　　　　　3

图一九五　汉墓M203出土陶罐
1～3. 陶罐M203：1、M203：2、M203：3

（二）随葬品

随葬品出土陶罐3件。

陶罐　3件。泥质灰陶。标本M203：1，平沿，方唇，鼓腹微折，小平底。下腹部及底饰绳纹。口径9.7、腹径27、底径6.8、高23.4、壁厚0.8厘米（图一九五，1）。标本M203：2，口残，长束颈，鼓腹，平底。腹饰七周粗凹弦纹，下腹部及底饰中绳纹。腹径22.3、底径8.4、残高25.5、壁厚0.5～1厘米（图一九五，2）。标本M203：3，尖唇，卷沿，鼓腹，大平底。形体较小。口径3.2、底径4、高4.5厘米（图一九五，3）。

一一六　M204

（一）墓葬形制

该墓位于第⑤层下，长方形竖穴土坑砖椁墓。方向278°（图一九六；彩版六〇，2）。墓口距地表深2.45米。墓圹长3.5、宽1.6、深1.34米。椁室盖板采用平砖叠涩内收，上部已经垮塌。椁室四壁为单砖错缝平砌，铺地砖对缝平铺。内长3.18、宽1.16、存深0.92米。椁室内发现人骨1具，

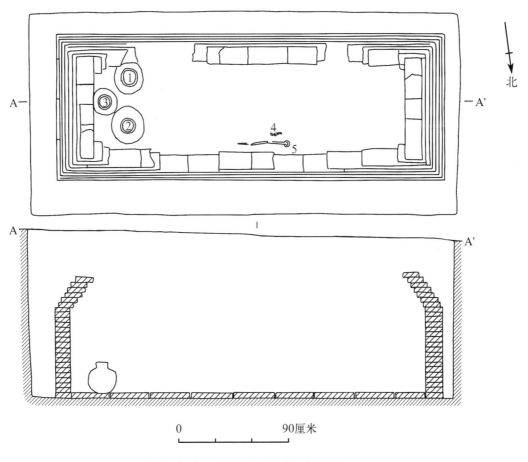

0　　　　　　　　90厘米

图一九六　汉墓M204平、剖面图

1、2. 陶瓮　3. 陶罐　4. 铜钱　5. 铁刀

腐朽，葬式、性别不明。头向西。墓室内中部北侧发现五铢铜钱 10 枚、大泉五十 9 枚、铁刀 1 件。椁室南端放置陶罐 1 件、陶瓮 2 件。

（二）随葬品

随葬品出土陶罐 1 件、陶瓮 2 件、五铢 10 枚、大泉五十铜钱 9 枚、铁刀 1 件。

陶罐　1 件。泥质红褐陶。标本 M204:3，圆唇，卷沿，短颈，溜肩，折腹，平底。口径 13、腹径 20.6、底径 8.8、高 18.2 厘米（图一九七，3；彩版六一，1）。

陶瓮　2 件。泥质灰陶。标本 M204:1，口微敛，短颈内收，宽肩，收腹，平底。肩部饰两周凹弦纹，弦纹间饰水波纹，鼓腹部饰两周戳刺纹，下腹部及底饰横竖交错的中绳纹。口径 20.6、腹径 37.2、底径 12、高 28.1 厘米（图一九七，1；彩版六一，2）。标本 M204:2，形制基本与标本 M204:1 相同。肩部饰水波纹，鼓腹部饰三周戳刺纹，下腹部及底饰中绳纹。口径 15、腹径 29.4、底径 12、高 23 厘米（图一九七，2；彩版六一，3）。

五铢　10 枚。标本 M204:4a，直径 2.6、孔径 1、厚 0.15 厘米（图一九七，4）。

大泉五十　9 枚。标本 M204:4b，直径 2.6、孔径 0.9、厚 0.12 厘米（图一九七，5；彩版六一，4）。

铁刀　1 件。标本 M204:5，环首，锈蚀残断。宽 3、厚 1.2、环外径 1.6 厘米。

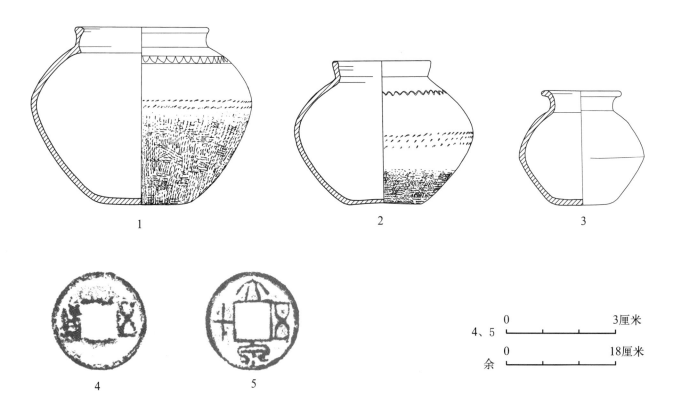

图一九七　汉墓M204出土随葬品

1、2. 陶瓮M204:1、M204:2　3. 陶罐M204:3　4. 五铢M204:4a　5. 大泉五十M204:4b

一一七　M205

（一）墓葬形制

该墓位于第⑤层下，长方形竖穴土坑石椁墓，破坏严重，方向283°（图一九八）。墓口距地表深3.4米。墓圹长2.9、宽1.5、存深0.72米。椁室被破坏，仅存三块墓底石。石块长0.96、宽0.94米。椁室内未发现人骨。

（二）随葬品

未发现随葬品。

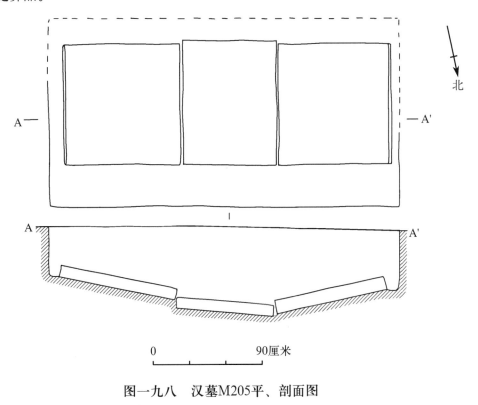

图一九八　汉墓M205平、剖面图

一一八　M207

（一）墓葬形制

该墓位于第⑤层下，长方形竖穴土坑石椁墓。方向2°（图一九九）。墓圹距地表深2.4米。墓圹长2.8、宽1.4、墓深1.48米。椁室盖板为三块石板，保存完好。椁室壁用四块石板扣合，顶盖三块石板。宽1.08米，长度分别为0.72、0.9、0.82米。椁室内长2.22、宽0.78、深0.78米。椁室内发现人骨1具，可见头骨轮廓及零星肢骨。墓主葬式不明，性别为女性。头向北。石椁内南端发现陶罐1件、陶壶1件、半两铜钱15枚。

（二）随葬品

随葬品出土陶罐1件、陶壶1件、半两铜钱15枚。

陶罐　1件。泥质灰陶。标本M207：1，斜平沿，束颈，圆腹，小平底。上腹部饰数周弦纹，下腹部及底饰绳纹。口径11、腹径26、底径11、高26厘米（图二〇〇，1；彩版六二，1）。

陶壶　1件。泥质灰褐陶。标本M207：2，形体较小，喇叭口，平沿，束颈，鼓腹，平底外撇。口径6.4、腹径9.6、底径6.7、高13厘米（图二〇〇，2；彩版六二，2）。

半两　15枚。尺寸不一，直径2.2～2.4、孔径0.6～1、厚0.07～0.09厘米。标本M207：3，直径2.2、孔径0.9、厚0.08厘米（图二〇〇，3；彩版六二，3）。

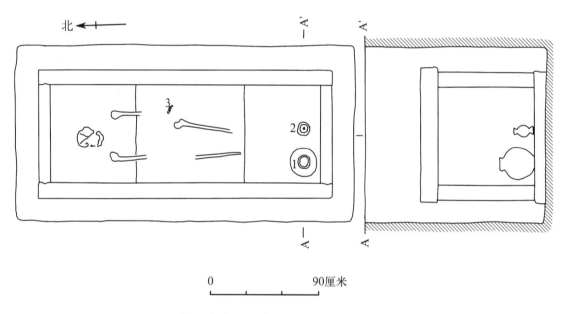

0　　　　　　　　90厘米

图一九九　汉墓M207平、剖面图

1. 陶罐　2. 陶壶　3. 半两

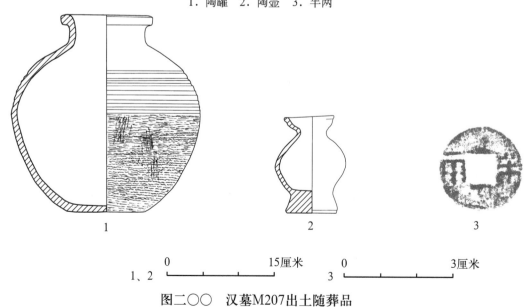

1、2　0　　　　15厘米　　3　0　　　3厘米

图二〇〇　汉墓M207出土随葬品

1. 陶罐M207：1　2. 陶壶M207：2　3. 半两M207：3

一一九　M208

（一）墓葬形制

该墓位于第⑤层下，长方形竖穴土坑砖椁墓。方向265°（图二〇一）。墓口距地表深2.4米。墓圹长3.3、宽1.2、墓深1.06米。椁室盖板不存。椁室采用单砖错缝平砌，墓底青砖对缝平铺。椁室内长2.04、宽0.6、存深0.5米。椁室内发现人骨1具，腐朽，葬式、性别均不明。头向西。墓室东端设器物箱，长0.74、宽0.68、存深0.5米。器物箱壁采用单砖错缝平砌，无铺地砖和盖顶。器物箱内出土陶罐4件、陶奁1件。

（二）随葬品

随葬品出土陶罐4件、陶奁1件。

陶罐　4件。泥质灰陶。标本M208：1，盘口，尖唇，鼓腹下折，平底。上腹部饰数周弦纹，下腹部及底饰绳纹。口径14、腹径25.4、底径7.8、高27.2厘米（图二〇二，1；彩版六二，4）。标本M208：2，形制与标本M208：1相同，腹部饰一周戳刺纹，底残。口径13.5、腹径25.5、残高26厘米（图二〇二，2；彩版六二，5）。标本M208：3，尖唇，卷沿，鼓腹，大平底。口径11.8、腹径22.2、底径14.6、高18.3厘米（图二〇二，3）。标本M208：4，残破未修复。

陶奁　1件。泥质灰陶。标本M208：5，直口，直腹，呈圆柱形，底部有三兽蹄形足。口径25.5、底径23.6、通高16.9厘米（图二〇二，4；彩版六二，6）。

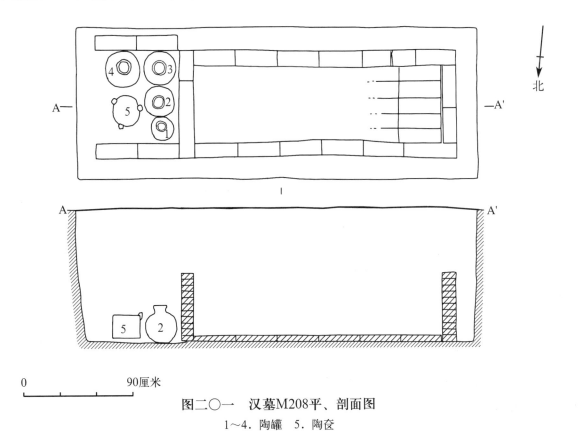

图二〇一　汉墓M208平、剖面图

1～4. 陶罐　5. 陶奁

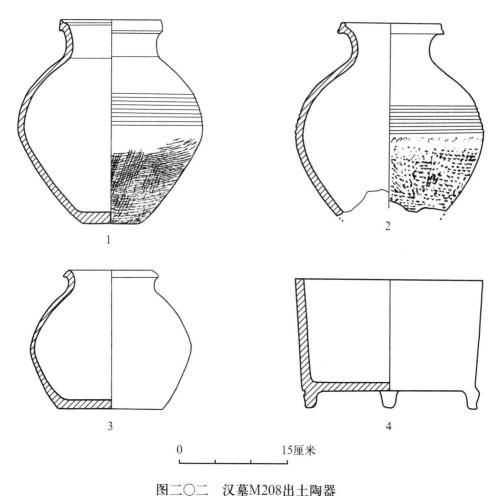

图二〇二　汉墓M208出土陶器

1～3. 陶罐M208：1、M208：2、M208：3　4. 陶奁M208：5

一二〇　M209

（一）墓葬形制

该墓位于第⑤层下，长方形竖穴土坑石椁墓。方向95°或275°（图二〇三）。墓口距地表深2.5米。墓圹长3.6、宽1.5、存深0.70米。椁室盖板不存。椁室破坏严重，仅存三块墓底石和南端砖砌器物箱。墓底石长2.24、宽1～1.04、厚0.06～0.08米。椁室范围内未发现人骨，葬式、性别不明。椁室南端设砖砌器物箱，南北长1、东西宽1.1、存深0.52米。壁单砖错缝平砌，无铺地砖和盖顶。器物箱发现陶罐3件。

（二）随葬品

随葬品出土陶罐3件。

陶罐　3件。泥质灰陶。标本M209：1，卷沿，方唇，短颈，圆腹，平底。上腹部饰数周凹弦纹，下腹部及底饰绳纹。口径12.8、腹径28、底径8.4、高26.5厘米（图二〇四，1；彩版六三，1）。

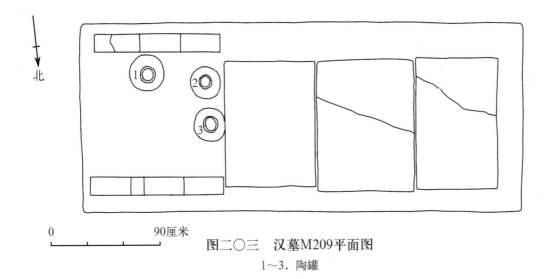

0 90厘米

图二〇三 汉墓M209平面图

1~3. 陶罐

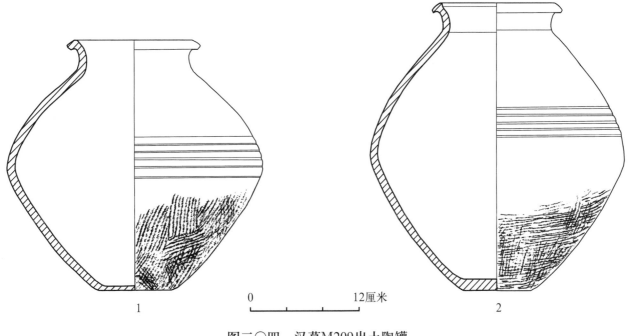

1 0 12厘米 2

图二〇四 汉墓M209出土陶罐

1、2. 陶罐M209：1、M209：2

标本 M209：2，形制与标本 M209：1 同。口径 12.2、腹径 28.2、底径 7.8、高 30.4 厘米（图二〇四，2；彩版六三，2）。标本 M209：3，侈口，卷沿，圆腹，平底。腹部饰弦纹，腹下部及底部饰绳纹。口径 12.4、腹径 29、底径 10.6、高 28.8 厘米（彩版六三，3）。

一二一 M210

（一）墓葬形制

该墓位于第⑤层下，长方形竖穴土坑石椁墓。方向 283°（图二〇五）。墓口距地表深 2.4 米。墓

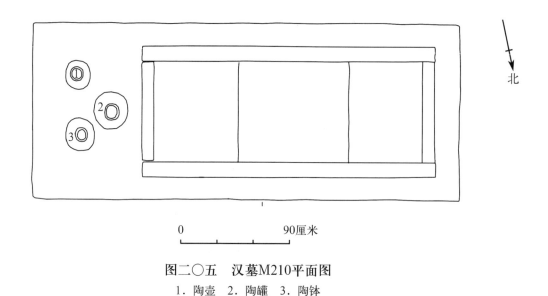

图二〇五　汉墓M210平面图
1. 陶壶　2. 陶罐　3. 陶钵

圹长 3.5、宽 1.4、深 1.6 米。椁室盖板用三块石板铺盖。自东向西长分别为 0.72、0.8、0.94 米，宽为 1.1、1.2、1.15 米，厚 0.08、0.08、0.1 米。椁室用四块石板扣合，顶和底各用三块石板铺盖。椁室内长 2.2、宽 0.8、深 0.78 米。椁室内发现人骨 1 具，腐朽，葬式、性别不明。头向西。椁室东部有生土二层台，台上放置陶器 3 件。

（二）随葬品

随葬品出土陶罐 1 件、陶壶 1 件、陶钵 1 件。

陶罐　1 件。泥质灰陶。标本 M210：2，残破未修复。

陶壶　1 件。泥质灰陶。标本 M210：1，侈口，方唇，鼓腹，假圈足。口径 11.6、腹径 19、底径 12.2、高 18.2、壁厚 0.5～0.8 厘米（图二〇六，1）。

陶钵　1 件。泥质灰陶。标本 M210：3，敞口，腹微折，平底。口径 20.2、底径 9.4、高 9.5 厘米（图二〇六，2）。

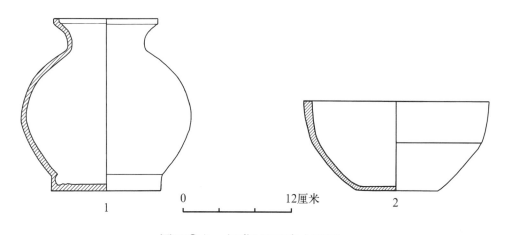

图二〇六　汉墓M210出土陶器
1. 陶壶M210：1　2. 陶钵M210：3

第四章　宋　墓

第一节　概述

宋代墓葬分布在 B、C、F 三个发掘区（图二○七），其中 B 发掘区发现 59 座，最为集中。从发掘情况看，这里的地貌在宋代时期属于山丘地形，因此墓葬埋藏集中。发掘区层位一致，可分七层。

第①层　耕土层，厚 0.5～0.6 米。

第②层　红褐色垫土层，厚 0.3～0.4 米。包含一定的泥沙和较多的碎石、陶片等，系挖掘运河时翻土所致。

第③层　回填垫土层，黄色淤土，厚 0.4～0.5 米。系挖掘运河时翻土所致。

第④层　红褐色黏土层，厚 0.5～0.6 米。质地紧密。

第⑤层　黄色淤土层，黄色沙土，厚 0.4～0.55 米。土质纯净，系黄河淤积而成。

第⑥层　灰褐色文化层，厚 0.1～0.2 米。夹杂红烧土块、陶片等。

第⑦层　深灰褐色生土层，土质纯净。

从地层堆积可以看到，耕土层下的垫土层是现代的生产活动造成的，其下第④层为淤土地层，宋代墓葬就开口于第④层下。

61 座宋代墓中，有 31 座墓的结构采用贴棺砌砖法，砖室的形状头宽脚窄，类同木棺的形状。砖室面积狭小，高度仅高于木棺，预先构建根本无法放置木棺，只有在木棺放置完成后，才能完成砖室尤其是顶部的构建。砖室一般在头端砖壁上砌有壁龛，供放置长明灯之用。砖室的顶部一种采用砖壁叠涩内收后平砖封闭的样式，另一种采用立砖交叉成"V"形封闭的样式。另外 30 座墓是儿童墓，面积狭小，结构简单，采用立砖相连接的方法，仅可容身，未发现葬具，绝大多数未发现随葬品。

宋代墓属小型墓和儿童墓，多为平民墓。随葬品发现很少，长明灯常见的组合是白瓷罐、碗，偶尔可见陶罐者，制作粗糙。除瓷器外仅见宋代铜钱，数量也不丰富，从铜钱年号看，多为北宋中晚期铜钱。另外，两座墓出土了实用的发簪，一为骨质，一为铜质，应为女性挽发髻的用具。儿童墓除 M100、M161 发现瓷罐、碗外，绝大多数墓葬未发现随葬品。

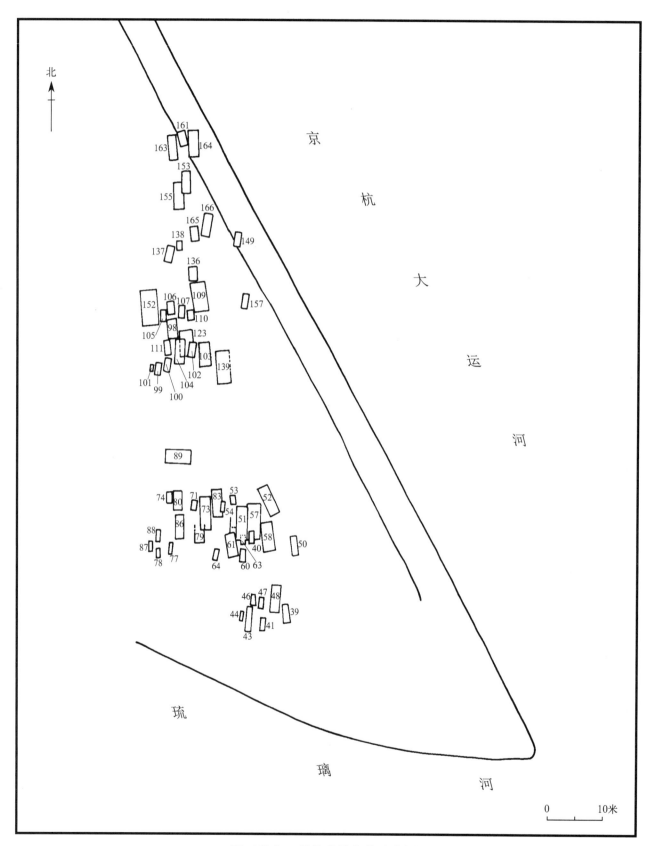

图二○七　薛垓墓地宋墓分布图

第二节　墓葬分述

一　M39

（一）墓葬形制

该墓位于第④层下，长方形竖穴土坑砖室墓。方向174°（彩版六四，1）。墓口距地表深1.8米。墓圹长1.7、宽0.6～0.78、深0.55米。墓室内长1.38、宽0.3～0.48、存深0.2～0.35米，墓室内填灰褐色花土。墓室狭窄，采用贴棺起砌砖壁法，青砖随木棺的弧度逐渐叠涩内收，在棺顶上面使用立砖交叉成"V"字形券顶。立砖、平砖交叉摆放。墓砖长30、宽14、厚5厘米。木棺朽腐不存，墓室内发现人骨1具，保存差，仅见头骨轮廓及零星肢骨。头向南。

（二）随葬品

未发现随葬品。

二　M40

（一）墓葬形制

该墓位于第④层下，长方形竖穴土坑砖室墓。方向180°。墓口距地表深约1.8米。墓室采用八块长方形立砖组成墓室，墓圹长1.1、宽0.45、深0.55米。墓室狭窄。墓室内长0.93、宽0.18～0.23、深0.14～0.24米。墓室内发现人骨1具，保存较完整。头骨轮廓较清晰，躯干部分留存肋骨和椎骨，骨盆部分也可见。上肢尺骨及肱骨还有保存，两下肢可见股骨及腓骨。从骨架长度及骨骼粗细程度判断为儿童墓。葬式为单人仰身直肢葬。头向南。墓砖长30、宽14、厚5厘米。

（二）随葬品

未发现随葬品。

三　M41

（一）墓葬形制

该墓位于第④层下，长方形竖穴土坑砖室墓。方向185°。墓口距地表深约1.8米。墓圹长1.2、宽0.7、深0.3米。墓室狭窄，内长0.98、宽0.3、深0.05米。墓室内未发现木棺痕迹，发现人骨1具，头骨仅见轮廓，躯干部分可见肋骨，上肢尺骨及肱骨还有保存，两下肢可见股骨及腓骨。单人仰身直肢葬。头向南。

（二）随葬品

未发现随葬品。

四 M43

（一）墓葬形制

该墓位于第④层下，长方形竖穴土坑墓。方向 50°。墓口距地表深约 1.8 米。墓圹长 2.3、宽 0.56、深 0.4 米。墓室内未发现木棺痕迹，人骨可见头骨轮廓及肢骨。从骨架长度及骨骼粗细程度判断为儿童墓。葬式为单人仰身直肢葬。头向北。墓主头骨下枕一块陶瓦。

（二）随葬品

未发现随葬品。

五 M44

（一）墓葬形制

该墓位于第④层下，长方形竖穴土坑墓。方向 190°。墓口距地表深 1.8 米。墓圹长 0.86、宽 0.3、深 0.4 米。墓室内发现人骨 1 具，仅见零星肢骨。

（二）随葬品

未发现随葬品。

六 M46

（一）墓葬形制

该墓位于第④层下，长方形竖穴土坑砖室墓。方向 182°。墓口距地表深 1.85 米。墓圹长 1.14、宽 0.4～0.5、深 0.25 米。墓室简陋，使用单砖垒砌，仅可容身。墓室内长 0.84、宽 0.1～0.2、深 0.2 米。砖长 28、宽 13、厚 5 厘米。墓室内发现人骨 1 具，保存较完整，头部轮廓较清晰，上肢尺骨及肱骨还有保存，两下肢可见股骨及腓骨。从骨架长度及骨骼粗细程度判断为儿童墓。单人仰身直肢葬。头向南。

（二）随葬品

未发现随葬品。

七 M47

（一）墓葬形制

该墓位于第④层下，长方形竖穴土坑砖室墓。方向 185°。墓口距地表深 1.8 米。墓圹长 1.12、宽 0.35～0.56、深 0.25 米。墓室简陋，使用单砖垒砌，仅可容身。墓室内长 0.84、宽 0.16～0.26、深 0.20 米。砖长 28、宽 13、厚 5 厘米。墓室内发现人骨 1 具，头骨仅见轮廓，躯干部分留存肋骨和椎骨，上肢尺骨及肱骨还有保存，两下肢可见股骨及腓骨。从骨架长度及骨骼粗细程度判断为儿童墓。头向南。

（二）随葬品

未发现随葬品。

八　M48

（一）墓葬形制

该墓位于第④层下，长方形竖穴土坑砖室墓。方向185°。墓口距地表深1.8米。墓圹长2.5、宽0.82、深0.75米。墓室为砖砌结构，墓室内长1.51、宽0.4～0.55、存深0.4米。墓室依木棺形状垒砌，顶部使用平砖覆盖。砖长28、宽13、厚5厘米。墓室中部发现棺钉。发现人骨1具，仅见头骨轮廓及零星肢骨。头向南。墓主人头部两侧发现陶罐2件。

（二）随葬品

随葬品出土陶罐2件。

陶罐　2件。泥质灰陶。标本M48∶1，圆唇，口微侈，溜肩，素面，平底。口径5、腹径7、底径3.6、高4.8厘米。标本M48∶2，敛口，鼓腹，平底。腹外饰倒梯形耳。口径5、腹径8.9、底径3.5、高4.6厘米。

九　M50

（一）墓葬形制

该墓位于第④层下，长方形竖穴土坑墓。方向172°（图二〇八）。墓口距地表深1.8米。墓圹长1.7、宽0.6、深0.65米。墓室内未发现木棺痕迹，发现人骨1具，头骨仅见轮廓，躯干部分可见肋骨、上肢尺骨及肱骨，两下肢可见股骨及腓骨。单人仰身直肢葬。头向南。在墓主人头侧发现白釉碗1件。

（二）随葬品

随葬品出土白釉碗1件。

白釉碗　1件。标本M50∶1，侈口，斜壁，圈足，腹部有凹弦纹，施釉不及底。口径15.2、足径4.8、高5.5厘米（图二〇八，1）。

一〇　M51

（一）墓葬形制

该墓位于第④层下，长方形竖穴土坑砖室墓。方向180°（图二〇九；彩版六五，1）。墓口距地表深1.8米。墓圹长3.0、宽1.0、深0.82米。墓室平砖垒砌，到达一定高度后使用立砖交叉成"V"

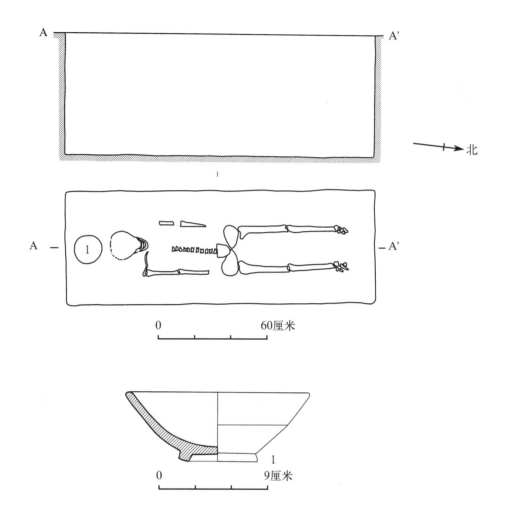

图二〇八　宋墓M50平、剖面及出土白釉碗
1. 白釉碗

字形顶（彩版六四，2）。砖室内长2.01、宽0.36～0.55、深0.37米。墓室内未发现木棺痕迹，发现人骨1具，仰身直肢葬。头向南。墓室内随葬白釉碗4件、铜钱1枚。

（二）随葬品

随葬品出土白釉碗4件、铜钱1枚。

白釉碗　4件。标本M51：1，敞口，斜壁，圈足，腹下及底不施釉。口径11.8、底径4.4、高3.4厘米（图二〇九，1；彩版六五，2）。标本M51：2，形制同标本M51：1。口径17.5、底径5.8、高6.2厘米（图二〇九，2；彩版六五，3）。标本M51：3，大敞口，折腹，圈足，底不施釉。口径16.6、底径6.6、高4.3厘米（图二〇九，3；彩版六五，4）。标本M51：4，敞口，斜壁，圈足，腹下及底不施釉。口径12、底径4.4、高3.6厘米（图二〇九，4；彩版六五，5）。

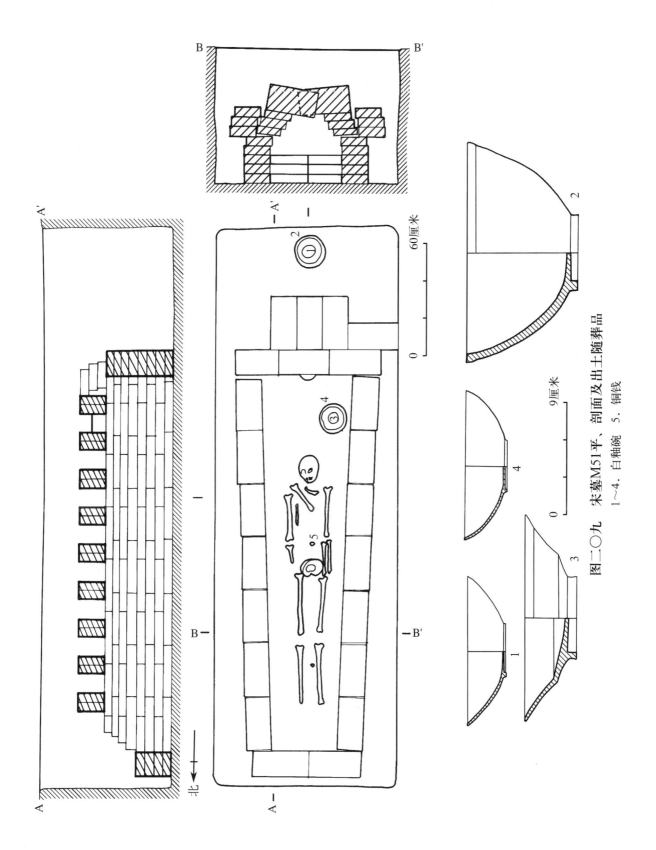

图二〇九 宋墓M51平、剖面及出土随葬品
1～4. 白釉碗 5. 铜钱

一一　M52

（一）墓葬形制

该墓位于第④层下，长方形竖穴土坑砖室墓。方向165°（彩版六六，1、2）。墓口距地表深1.8米。墓圹长2.78、宽1.0、深0.82米。墓室内长2.0、宽0.6～0.68、存深0.4米。墓室狭窄，采用贴棺起砌砖法，随木棺的弧度逐渐叠涩内收，在棺上使用立砖交叉成"V"字形券顶。墓砖长30、宽14、厚5厘米。墓室内出土棺钉30余枚，但未见朽木痕迹。发现人骨1具，头骨仅见轮廓，躯干部分可见肋骨，上肢尺骨及肱骨还有保存，两下肢排列零乱，可见股骨及腓骨。单人仰身直肢葬。头向南。墓室南壁壁龛内发现白釉罐1件。

（二）随葬品

随葬品出土白釉罐1件。

白釉罐　1件。标本M52∶1，直口，圆腹，圈足，肩部有对称的双耳，均残。口径9.1、腹径11.1、底径6.2、高7.5厘米（图二一〇，1；彩版六七，1）。

一二　M53

（一）墓葬形制

该墓位于第④层下，长方形竖穴土坑砖室墓。方向175°。墓口距地表深1.9米。墓圹长0.75、宽0.45、深0.4米。墓室简陋，由6块长方形立砖组成，墓室内长0.58、宽0.19、深0.14米。墓室内发现人骨1具，保存较差，仅见头骨轮廓及零星肢骨。从骨架长度及骨骼粗细程度看判断为儿童墓，头向南。

（二）随葬品

未发现随葬品。

一三　M54

（一）墓葬形制

该墓位于第④层下，长方形竖穴土坑砖室墓。方向172°（图二一一）。墓口距地表深1.9米。墓圹长0.95、宽0.4、深0.44米。墓室由8块青砖组成，内长0.76、宽0.25、深0.14米。墓室内发现人骨1具，头骨仅见轮廓，躯干部分可见肋骨，上肢尺骨及肱骨还有保存，两下肢排列零乱，可见股骨及腓骨。从骨架长度及骨骼粗细程度看判断为儿童墓，单人仰身直肢葬。头向南。

（二）随葬品

未发现随葬品。

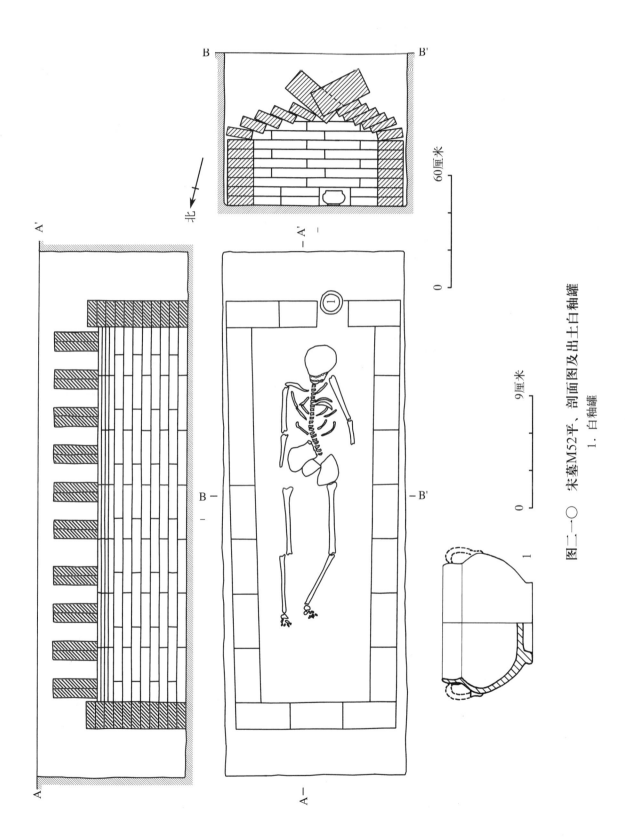

图二一〇 宋墓M52平、剖面图及出土白釉罐

1. 白釉罐

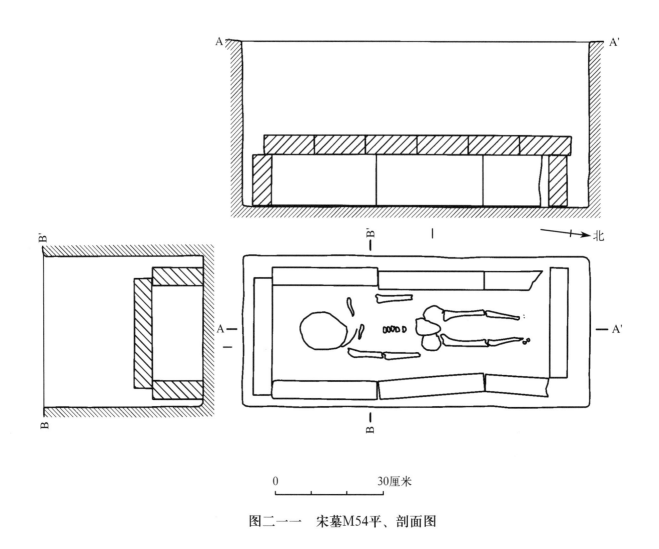

图二一一　宋墓M54平、剖面图

一四　M57

（一）墓葬形制

该墓位于第④层下，被M51打破，打破M58、M64。长方形竖穴土坑砖室墓。方向0°或者180°（图二一二）。墓口距地表深1.8米。墓圹长3.22、宽1.2、深0.54米。墓室内长2.14、宽0.7、深0.4米。墓室内发现人骨2具，头向一南一北，头向南者保存较好，向北者保存较差。仰身直肢葬。在头向朝南的死者头部南侧发现白釉碗1件。

（二）随葬品

随葬品出土白釉碗1件。

白釉碗　1件。标本M57:1，敞口，弧腹，高圈足。口径11、底径4.6、高6.1厘米（图二一二，1；彩版六七，2）。

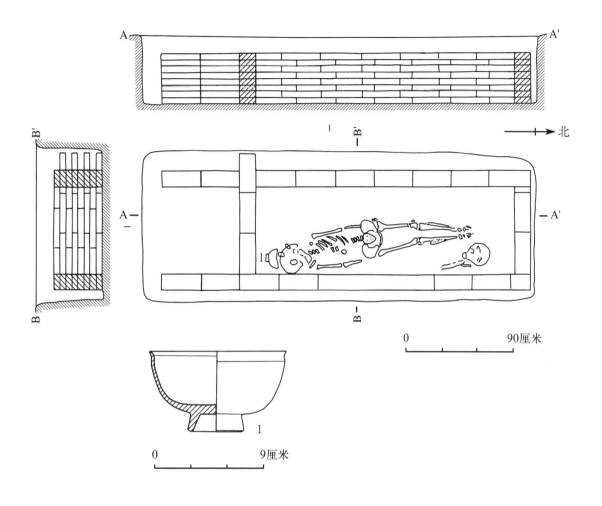

图二一二　宋墓M57平、剖面图及出土白釉碗

1. 白釉碗

一五　M58

（一）墓葬形制

该墓位于第④层下，长方形竖穴土坑砖室墓。方向172°（图二一三）。墓口距地表深0.54米。墓圹长2.02、宽0.98、深0.8米。砖砌椁室完整，内长1.86、南部宽0.62、北部宽0.46、椁室深度残存0.58米。砖砌椁室在近顶处叠涩内收，顶部为立砖交叉构成"V"字形。墓室内发现零星人骨，头向南。在墓室南侧墙壁上的壁龛中发现白釉罐1件。

（二）随葬品

随葬品出土白釉罐1件。

白釉罐　1件。标本M58：1，直领，鼓腹，圈足，施黑釉。口径9、腹径12.8、底径6.8、高8.1厘米（图二一三，1；彩版六七，3）。

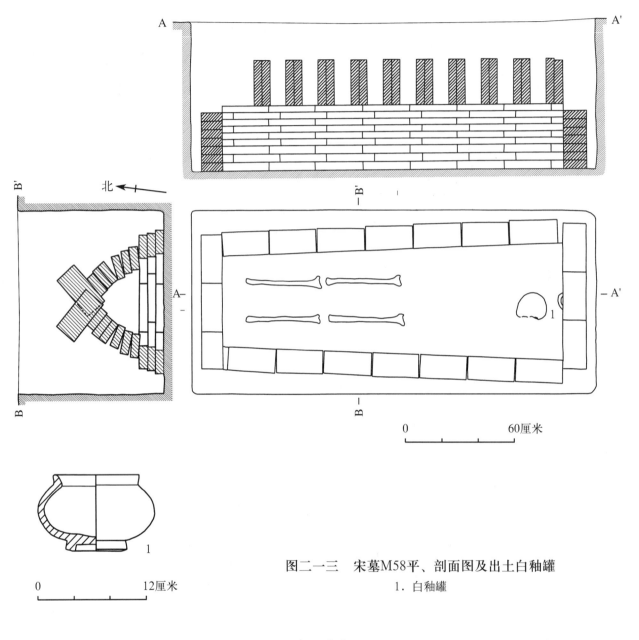

图二一三　宋墓M58平、剖面图及出土白釉罐
1. 白釉罐

一六　M60

（一）墓葬形制

该墓位于第④层下，长方形竖穴土坑墓。方向182°。墓口距地表深1.8米。长方形墓室在土坑的四周使用一块立砖垒砌，东、西两壁三块，南、北两壁一块，构造简单。墓圹长1.1、宽0.5、深0.64米。砖室内长0.97、宽0.26~0.36、深0.14米。墓室内发现的人骨腐朽较严重，头向南。可能是儿童墓。

（二）随葬品

未发现随葬品。

一七　M61

（一）墓葬形制

该墓位于第④层下，长方形竖穴土坑砖室墓。方向170°。墓口距地表深1.8米。墓圹长2.2、宽1.0、深0.8米。墓葬填土为红褐色五花土。砖砌椁室完整，采用贴棺起砌砖法，随着木棺的形状叠涩内收，上面使用平砖封顶。砖室内长1.74、宽0.32~0.6、存深0.35~0.45米。墓室内残存零星人骨，单人仰身直肢葬，头向南。墓室南端墓主人头部发现白釉罐1件。

（二）随葬品

随葬品出土白釉罐1件。

白釉罐　1件。标本M61：1，敛口，直颈，鼓腹，下腹内收，矮圈足，腹部两环形耳（其一残缺）。口径8.2、腹径12.5、底径6.3、高11厘米（彩版六七，4）。

一八　M63

（一）墓葬形制

该墓位于第④层下，长方形竖穴土坑砖室墓。方向178°。墓口距地表深1.8米。墓圹长0.87、宽0.36~0.47、深0.26米。墓室在南、北两端各放一块砖。墓室内长0.78、宽0.36~0.47、深0.14米。发现人骨1具，仰身直肢葬，头向南。应为儿童墓。

（二）随葬品

未发现随葬品。

一九　M64

（一）墓葬形制

该墓位于第④层下，长方形竖穴土坑砖室墓。方向190°（图二一四）。墓口距地表深1.8米。墓圹长0.94、宽0.34、深0.25米。砖室内长0.76、宽0.2、存深0.14米。采用单行立砖垒砌墓圹，长壁三块，短壁一块。砖室顶部采用平砖封顶。发现人骨1具，腐朽较严重，头向南。

（二）随葬品

未发现随葬品。

二〇　M71

（一）墓葬形制

该墓位于第④层下，长方形竖穴土坑砖室墓。方向182°。墓口距地表深1.8米。墓圹长0.9、宽0.5、

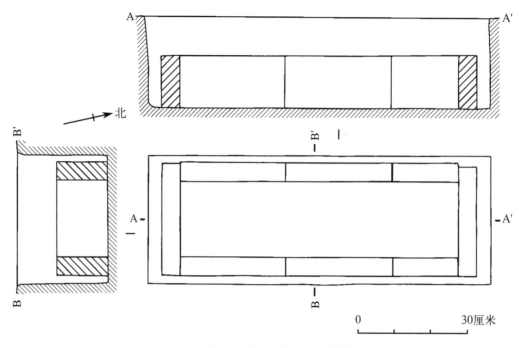

图二一四　宋墓M64平、剖面图

存深 0.2 米。墓葬填土为黄褐色五花土，平砖组成椁室，内长 0.73、宽 0.18～0.24、存深 0.14 米。墓室内积水，未发现人骨。

（二）随葬品

未发现随葬品。

二一　M74

（一）墓葬形制

该墓位于第④层下，长方形竖穴土坑砖室墓。方向 358°。墓口距地表深 1.8 米。墓圹长 0.94、宽 0.45、深 0.3 米。使用单砖垒砌墓室，结构简陋。墓室内长 0.78、宽 0.17～0.26、深 0.28 米。墓室内人骨保存差，仰身直肢葬。墓室狭小，骨架较小，应为儿童墓。

（二）随葬品

未发现随葬品。

二二　M77

（一）墓葬形制

该墓位于第④层下，长方形竖穴土坑砖室墓。方向 176°。墓口距地表深 1.8 米。墓圹长 1.1、宽 0.41、深 0.4 米。平面呈梯形，用 10 块青砖砌成墓室，墓室内长 0.96、南宽 0.3、北宽 0.25、深 0.15 米。

墓室内人骨保存较完整，单人仰身直肢葬。头向南。应为儿童墓。

（二）随葬品

未发现随葬品。

二三　M78

（一）墓葬形制

该墓位于第④层下，墓葬形制为竖穴土坑砖室墓，平面呈梯形，方向178°。墓口距地表深1.8米。墓圹长0.74、宽0.35、深0.39米。墓室采用5块青砖砌成椁室，内长0.6、宽0.1～0.22、深0.14米。发现人骨1具，腐朽较严重，头向南。应为儿童墓。

（二）随葬品

未发现随葬品。

二四　M79

（一）墓葬形制

该墓位于第④层下，被M73打破。长方形竖穴土坑砖室墓。方向194°。墓口距地表深1.8米。墓室破坏严重，仅保存墓室南部一部分，残长0.7、宽0.86、存深0.3米。墓室内人骨保存较完整，单人仰身直肢葬，头向南。位于墓室内墓主人头部上方的墓壁内有壁龛，龛内放置白釉罐。

（二）随葬品

随葬品出土白釉罐1件。

白釉罐　1件。标本M79：1，直口，矮领，圆腹，矮圈足，足下部微外撇，施白釉，釉不及底。口径8.7、腹径13.4、底径7.2、高9.2厘米。

二五　M80

（一）墓葬形制

该墓位于第④层下，长方形竖穴土坑砖室墓。方向180°（图二一五；彩版六八，1、2）。墓口距地表深1.8米。墓圹长1.84、宽0.8、深0.5米。墓室内长1.42、宽0.32～0.4、深0.14米。砖砌结构类同于M58，“V”字形墓顶。墓室内人骨保存较差，头向南。单人仰身直肢葬。墓主人头侧砖壁上有壁龛，龛内放置白釉碗、陶罐。

（二）随葬品

随葬品出土陶罐1件、白釉碗1件。

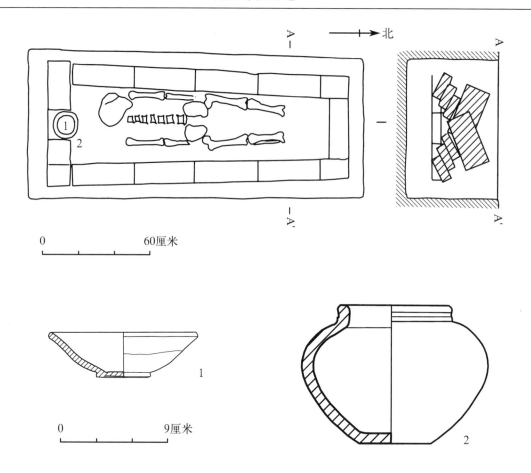

图二一五　宋墓M80平、剖面图及出随葬品
1. 白釉碗　2. 陶罐

陶罐　1件。泥质灰陶。标本M80：2，直口，矮领，收腹，平底。施黑陶衣。口径8.4、腹径15.3、底径5.8、高11厘米（图二一五，2；彩版六九，1）。

白釉碗　1件。标本M80：1，敞口，斜壁，矮圈足，施白釉，釉不及底。口径12.1、底径4.5、高3.6厘米（图二一五，1；彩版六九，2）。

二六　M83

（一）墓葬形制

该墓位于第④层下，长方形竖穴土坑砖室墓。方向173°（图二一六）。墓圹距地表深1.8米。墓圹长2.5、宽1.14、深0.7米。砖室内长2.1、南宽0.75、北宽0.55、深0.25米。墓室内发现棺钉。人骨保存程度较好，单人仰身直肢葬。头向南。墓主人头部砖壁上有壁龛，内放置白釉碗。头部东北侧出土陶罐1件，应系从壁龛中掉落。

（二）随葬品

随葬品出土陶罐1件、白釉碗1件。

　　陶罐　　1件。泥质灰陶。标本 M83：2，直口，矮直领，鼓腹微折，平底。口径 8.8、腹径 14.2、底径 5.6、高 9.8 厘米（图二一六，2）。

　　白釉碗　　1件。标本 M83：1，敞口，斜壁，矮圈足，器施白釉，釉不及底。口径 11.4、底径 3.8、高 3.8 厘米（图二一六，1）。

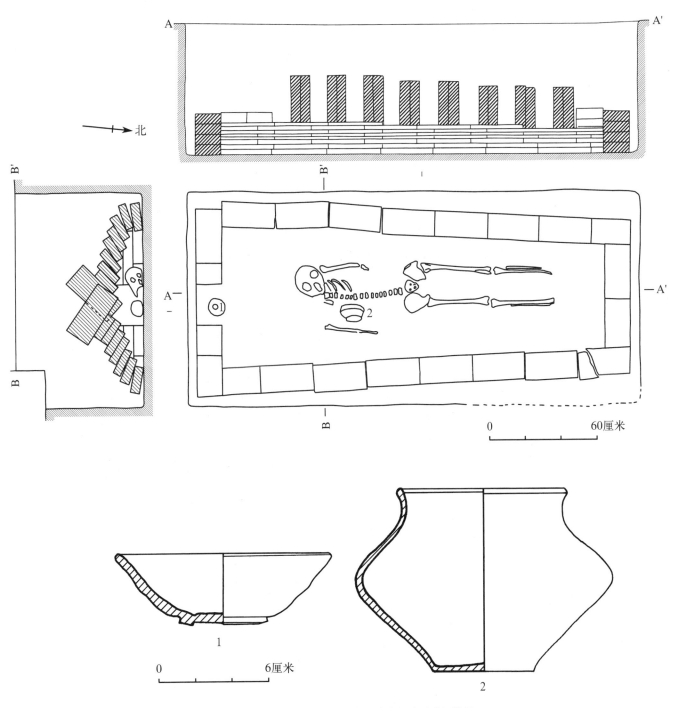

图二一六　宋墓M83平、剖面图及出土随葬品

1. 白釉碗　2. 陶罐

二七　M86

（一）墓葬形制

该墓位于第④层下，长方形竖穴土坑砖室墓。方向 0°（图二一七）。墓口距地表深 1.6 米。墓圹长 2.38、宽 0.76、深 0.5 米。墓室用青砖按照木棺的形状垒砌而成，顶部用平砖盖顶。砖室内长 1.8、宽 0.3～0.48、深 0.22 米。墓室内积水，无葬具痕迹。人骨保存较好，单人仰身直肢葬，头向北。在墓主人头部附近发现陶罐 1 件。

（二）随葬品

随葬品出土陶罐 1 件。

陶罐　1 件。泥质灰陶。标本 M86：1，敛口，鼓腹，腹下部急剧斜内收而稍长，小平底。肩饰一圈凹弦纹。口径 8.4、腹径 14、底径 4.6、高 10.7 厘米（图二一七，1）。

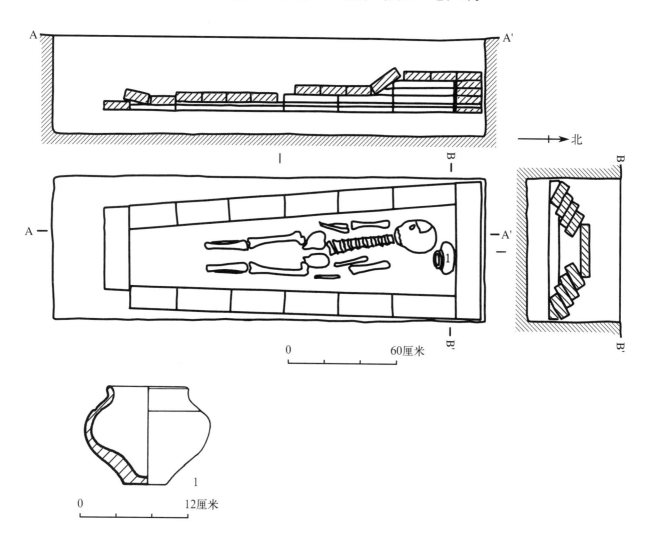

图二一七　宋墓M86平、剖面图及出土陶罐
1. 陶罐

二八　M87

（一）墓葬形制

该墓位于第④层下，长方形竖穴土坑砖室墓。方向178°。墓口距地表深1.6米。墓圹长0.89、宽0.36、深0.4米。砖室内长0.78、宽0.12～0.24、深0.14米。墓室内人骨保存程度一般，墓室狭小，骨架较小，仰身直肢，应为儿童墓。

（二）随葬品

未发现随葬品。

二九　M88

（一）墓葬形制

该墓位于第④层下，长方形竖穴土坑砖室墓。方向185°。墓口距地表深1.85米。墓圹长1.02、宽0.4、深0.35米。墓葬填土为黑褐色五花土。砖室内长0.84、宽0.18～0.25、深0.14米。墓室内人骨保存较差，单人仰身直肢葬。骨架较小，应为儿童墓。

（二）随葬品

未发现随葬品。

三〇　M89

（一）墓葬形制

该墓位于第④层下，长方形竖穴土坑砖室墓。方向272°（图二一八）。墓口距地表深1.8米。墓圹长2.4、宽1.3、深0.96米。墓葬填土为灰褐色五花土。砖室内长2.02、宽0.72、深0.6米。有铺地砖。墓室内人骨保存程度较好，单人仰身直肢葬。头向西。墓主人脚端随葬陶罐1件。

（二）随葬品

随葬品出土陶罐1件。

陶罐　1件。泥质灰陶。标本M89：1，直领，领部有左右对称两穿孔，扁球形腹，平底。肩、腹中及下腹各饰凸棱纹。口径10.8、腹径18.2、底径9.8、高12.7厘米（图二一八，1）。

三一　M98

（一）墓葬形制

该墓位于第④层下，长方形竖穴土坑砖室墓。方向175°。墓口距地表深1.4米。墓圹长1.75、

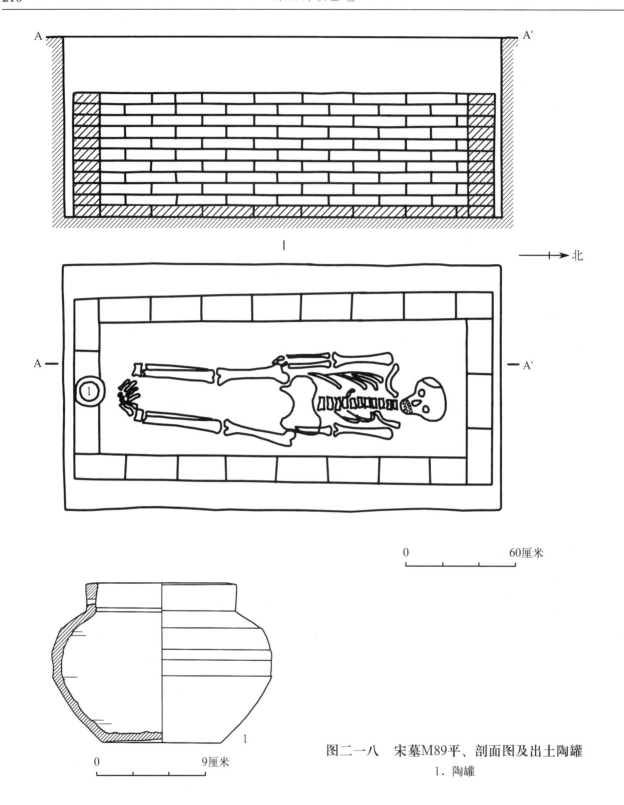

图二一八　宋墓M89平、剖面图及出土陶罐
1. 陶罐

宽 0.95、深 0.5 米。砖室内长 1.3、宽 0.22 ～ 0.34、深 0.29 米。墓室用砖构筑，底部以横立砖起砌，上层以平砖斜面垒砌。墓室顶部保存较好，以砖平砌而成。墓室内出土人骨 1 具，躯干部分保存较差，肋骨仅见三根，骨盆保存较为完整，头向南，应为儿童墓。

（二）随葬品

未发现随葬品。

三二　M99

（一）墓葬形制

该墓位于第④层下，长方形竖穴土坑砖室墓。方向184°。墓口距地表深1.4米。墓圹长1.15、宽0.58、深0.45米。砖室内长0.78、宽0.17、深0.15米。墓室主室共三层，均采用长方形青砖垒砌，砖长29、宽14、厚5厘米。在主室上部由8块同样规格的青砖做盖板，盖板分两层，其中上层2块，下层6块。墓室内发现人骨1具，单人仰身直肢葬。从骨架大小及骨骼粗细程度判断墓主为儿童。

（二）随葬品

未发现随葬品。

三三　M100

（一）墓葬形制

该墓位于第④层下，长方形竖穴土坑砖室墓。方向188°（图二一九）。墓口距地表深1米。墓圹长1.3、宽0.6、深0.42米。主室均采用长方形青砖垒成，砖长30、宽15、厚5厘米。主室上部由同样规格的青砖做盖板，共9块，分上、下两层，上层3块，下层6块。墓室内长1.05、宽0.22、深0.15米。墓室内人骨保存较差，单人仰身直肢葬，头向南，应为儿童墓。墓主人头部上方南端砖壁上有壁龛。墓主人头部及墓室南壁处清理出白釉碗1件、白釉罐1件（彩版七〇，1、2）。

（二）随葬品

随葬品出土白釉碗1件、白釉罐1件。

白釉碗　1件。标本M100：1，敞口，斜壁，矮圈足，器表施白釉，釉不及底。口径12、底径4.2、高4.2厘米（图二一九，1；彩版七一，1）。

白釉罐　1件。标本M100：2，侈口，卷沿，鼓腹，腹中间以下内收，矮圈足，器表施白釉，釉不及底。口径8.4、腹径9.3、底径4.6、高6.8厘米（图二一九，2；彩版七一，2）。

三四　M101

（一）墓葬形制

该墓位于第④层下，长方形竖穴土坑砖室墓。方向186°。墓口距地表深0.9米。墓圹长0.63、宽0.35、深0.35米。墓室长0.6、宽0.27、深0.14米。砖室的墙体仅残存3块立砖，其中东部1块，

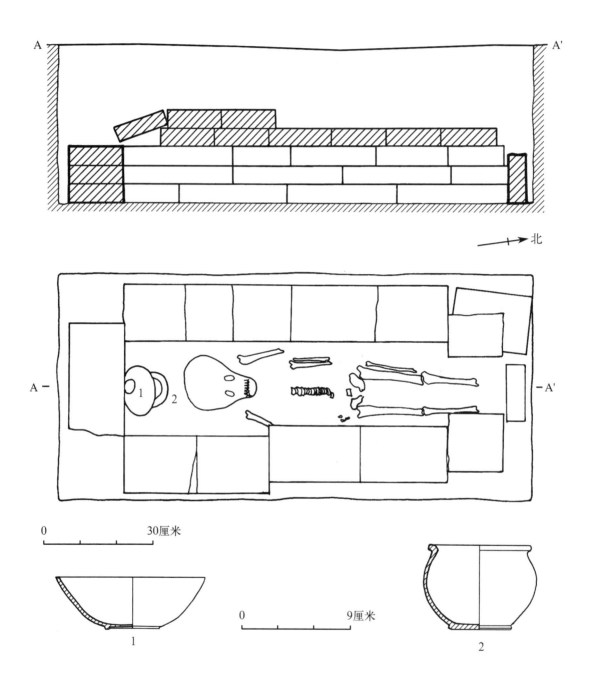

0   30厘米

0   9厘米

图二一九　宋墓M100平、剖面图及出土随葬品

1. 白釉碗　2. 白釉罐

西侧2块。砖长29、宽14、厚5厘米。墓室内出土人骨1具，葬式为单人仰身屈肢葬。骨架保存极差，颅骨仅可见轮廓，中间躯干部分只留存一段脊椎骨，两上肢只见较大的关节骨，且排列零乱。两下肢稍好，出土时均成弯曲状排列。头向南。从骨架长度及骨骼粗细程度看应为儿童墓。

（二）随葬品

未发现随葬品。

三五 M102

（一）墓葬形制

该墓位于第④层下，长方形竖穴土坑砖室墓。方向185°。墓口距地表深1米。墓圹长1.4、宽0.7、深0.35米。墓室长1.24、宽0.3、存深0.15～0.25米。墓室由两层青砖平砌而成，但不规整。墓室西壁砖墙被破坏。墓室内人骨保存较差，颅骨仅见轮廓，另有4块较大的关节骨。头向南。从骨架长度及骨骼粗细程度看，墓主为儿童。

（二）随葬品

未发现随葬品。

三六 M103

（一）墓葬形制

该墓位于第④层下，长方形竖穴土坑砖室墓。方向176°。墓口距地表深1.4米。墓圹长2.2、宽1.0、深0.4米。墓室内长1.5、宽0.24～0.42、存深0.26米。墓室东西两壁青砖叠涩内收垒砌而成，顶部使用平砖封顶。墓室内骨架保存较好，躯干部分可见一段脊椎骨，骨盆保存稍好，两下肢留存有较大的关节骨，但不见趾骨，单人仰身直肢葬。头向南。墓主人头部砖壁上有壁龛。

（二）随葬品

未发现随葬品。

三七 M104

（一）墓葬形制

该墓位于第④层下，长方形竖穴土坑砖室墓。方向182°。墓口距地表深1米。墓圹长2.27、宽0.95、深0.52米。采用青砖叠涩垒砌墓室，顶部立砖交叉成"V"字形。墓室内长1.9、宽0.38～0.53、存深0.29米。墓室内发现人骨1具，单人仰身直肢葬。头向南。墓主人头部砖壁上有壁龛。壁龛内发现陶碗1件。

（二）随葬品

随葬品出土陶碗1件。

陶碗 1件。泥质灰陶。标本M104：1，敞口，平沿，半球形壁，圈足下部微外撇。口径14.9、底径 6.2、高 6.4 厘米。

三八　M105

（一）墓葬形制

该墓位于第④层下，长方形竖穴土坑墓。方向 178°。墓口距地表深 0.9 米。墓圹长 1.1、宽 0.5、深 0.08～0.12 米。墓室顶部有 3 块盖砖。墓室内发现人骨 1 具，保存较好，单人仰身直肢葬。头向南。

（二）随葬品

未发现随葬品。

三九　M106

（一）墓葬形制

该墓位于第④层下，长方形竖穴土坑砖室墓。方向 175°。墓口距地表深 0.9 米。墓圹长 1.15、宽 0.7、深 0.3 米。墓室内长 0.81、宽 0.29、存深 0.1 米。墓顶由 7 块整砖封顶。四周由 8 块砖组成墓室。室内人骨 1 具，头骨只见轮廓，下肢存股骨及腓骨。葬式为单人仰身直肢葬，头向南。为儿童墓。

（二）随葬品

未发现随葬品。

四○　M107

（一）墓葬形制

该墓位于第④层下，长方形竖穴土坑砖室墓。方向 182°。墓口距地表深 0.9 米。墓圹长 1.05、宽 0.5、深 0.25 米。墓室由 7 块立砖组成，脚端立砖缺失。墓室长 0.85、宽 0.28、存深 0.14 米。墓室内出土人骨 1 具，头部只见轮廓，躯干部分留存肋骨及一小段胸椎骨，上肢尺骨及肱骨、下肢股骨及腓骨可见。葬式为单人仰身直肢葬，头向南。应为儿童墓。

（二）随葬品

未发现随葬品。

四一　M109

（一）墓葬形制

该墓位于第④层下，长方形竖穴土坑砖室墓。方向 172°（图二二○）。墓口距地表深 0.9 米。墓圹长 2.5、宽 1.34、深 0.64 米。墓室内长 1.94、宽 0.86、深 0.5 米。东、西两侧均为单砖平砌而成，

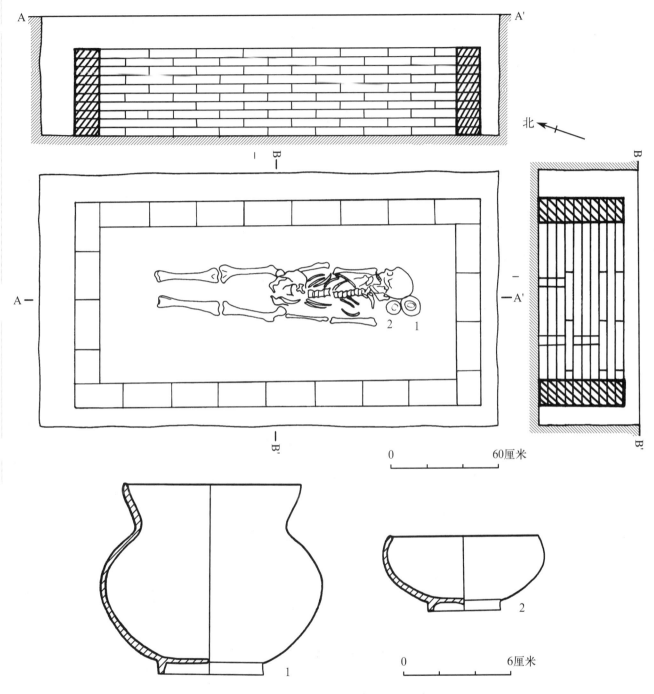

图二二〇 宋墓M109平、剖面图及出土随葬品
1. 白釉罐 2. 白釉碗

南北两侧底部由两层砖砌成，上面为三层单砖，墓室无铺地砖。人骨1具，保存较好，单人仰身直肢葬。头向南。墓室内出土白釉罐、白釉碗各1件。

（二）随葬品

随葬品出土白釉碗1件、白釉罐1件。

白釉碗 1件。标本M109∶2，敛口，圆唇，下腹斜收，矮圈足，圈足以上施白釉。口径8、底径3.8、高 4.0 厘米（图二二〇, 2）。

白釉罐　1 件。标本 M109：1, 侈口, 矮束颈, 扁球腹, 腹壁饰凸棱, 矮圈足, 器施白釉, 釉不及底。口径 9.5、腹径 12.3、底径 5.7、高 9.8 厘米（图二二〇, 1）。

四二　M110

（一）墓葬形制

该墓位于第④层下, 长方形竖穴土坑砖室墓。方向 173°。墓口距地表深 0.9 米。墓圹长 0.95、宽 0.65、深 0.35 米。墓室长 0.83、宽 0.28、深 0.13 米。墓室由大小不均的 8 块青砖组成。墓室内发现人骨 1 具, 头骨仅见轮廓, 躯干部分留存肋骨和椎骨, 上肢尺骨及肱骨还有保存, 两下肢可见股骨及腓骨, 成弯曲状排列。单人侧身曲肢葬, 头向南。从骨架长度及骨骼粗细程度判断为儿童。

（二）随葬品

未发现随葬品。

四三　M111

（一）墓葬形制

该墓位于第④层下。长方形竖穴土坑砖室墓。方向 175°。墓口距地表深 1.2 米。墓圹长 1.35、宽 0.65、深 0.25 米。墓室内长 0.93、宽 0.24、深 0.2 米。墓室由平砖简单垒砌而成, 顶部以平砖封顶, 构造简单。墓室内发现人骨 1 具, 头骨仅见轮廓, 肋骨、椎骨、上肢骨、下肢骨均部分留存。单人仰身直肢葬, 头向南。从骨架长度及骨骼粗细程度判断为儿童。

（二）随葬品

未发现随葬品。

四四　M114

（一）墓葬形制

该墓位于第④层下, 长方形竖穴土坑砖室墓。方向 95° 或者 275°。墓口距地表深 0.9 米。墓圹长 2.18、宽 0.95、深 0.55 米。墓室内长 1.95、宽 0.58～0.66、深 0.12～0.36 米。墓室四周采用立砖垒砌, 残留 1～3 层。青砖长 38、宽 12、厚 6 厘米。墓室底部用同样规格的青砖作铺地砖, 从现存部分看为中间横向, 两侧纵向铺成。墓室内未发现人骨。

（二）随葬品

未发现随葬品。

四五 M123

（一）墓葬形制

该墓位于第④层下，被 M102、M104 打破。长方形竖穴土坑砖室墓。方向 176°或者 356°（彩版七一，4）。墓口距地表深 1.3 米。墓室长 2.04、宽 0.88、存深 0.4 米。墓室顶部已被破坏。东、西、南三壁残余五层砖，南壁设龛，长 16、高 16 厘米。北壁为单层立砖构成。墓砖长 28、宽 12、厚 5 厘米。墓室内未发现人骨。壁龛内发现双耳白釉罐 1 件。

（二）随葬品

随葬品出土白釉罐 1 件。

白釉罐 1 件。标本 M123：1，直口，矮立领，扁球形腹，矮圈足，肩有双系，器施白釉，釉不及底。口径 9.7、腹径 12.5、底径 6.7、高 8 厘米（彩版七一，3）。

四六 M136

（一）墓葬形制

该墓位于第④层下，长方形竖穴土坑砖室墓。方向 178°。墓口距地表深 1.2 米。墓圹长 1.35、宽 0.8、深 0.25 米。墓室结构简单，8 块平砖组成墓室，其上用平砖盖顶。墓室长 0.92、宽 0.35、深 0.05 米。墓室内发现人骨 1 具，仅保存零星肢骨。头向南。从骨架长度及骨骼粗细程度判断为儿童墓。

（二）随葬品

未发现随葬品。

四七 M137

（一）墓葬形制

该墓位于第④层下，长方形竖穴土坑砖室墓。方向 191°。墓口距地表深 0.9 米。墓圹长 1.5、宽 0.7、深 0.25 米。墓室结构简单，5 块立砖组成砖室，其上用两块平砖覆盖，墓室长 0.85、宽 0.14～0.23、存深 0.15 米。墓砖长 55、宽 18、厚 10 厘米。墓室内发现人骨 1 具，头骨仅见轮廓，躯干部分留存骨盆，上肢尺骨及肱骨还有保存，两下肢可见股骨及腓骨。单人仰身直肢。头向南。从骨架长度及骨骼粗细程度判断为儿童墓。

（二）随葬品

未发现随葬品。

四八　M138

（一）墓葬形制

该墓位于第④层下，长方形竖穴土坑砖室墓。方向176°。墓口距地表深0.9米。墓圹长0.85、宽0.5、深0.25米。墓室长0.57、宽0.15、存深0.14米。墓室简单，由碎砖组成墓壁，只有一层砖，无盖顶，构造简单。墓室内发现人骨1具，头骨仅见轮廓，躯干部分留存骨盆，上肢尺骨及肱骨还有保存，两下肢可见股骨及腓骨。单人仰身直肢葬。头向南。从骨架长度及骨骼粗细程度判断为儿童墓。

（二）随葬品

未发现随葬品。

四九　M139

（一）墓葬形制

该墓位于第④层下，长方形竖穴土坑砖室墓。方向356°（图二二一）。墓口距地表深0.7米。墓圹长2.5、宽1.0、深1.0米。墓室内长2.05、宽0.6、存深0.65米。墓室顶部盖板被破坏不存，

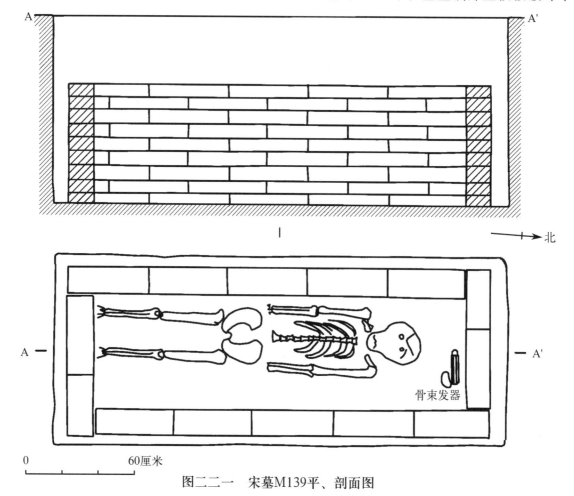

图二二一　宋墓M139平、剖面图

四壁及底部用单砖平砌，较整齐。墓砖长44、宽14、厚7厘米。墓室内出土人骨1具，头骨仅见轮廓，躯干部分留存肋骨和椎骨，上肢尺骨及肱骨还有保存，两下肢可见股骨及腓骨。从头骨、耻骨联合及骨架光滑程度上判断为女性，葬式为单人仰身直肢葬。头向北。墓主人头部北侧发现束发器1件。

（二）随葬品

随葬品出土骨束发器1件。

骨束发器　1件。标本M139：1，采用骨片加工而成，形制类似栉而窄。残长12、宽1.2、厚0.4厘米（彩版七一，5）。

五〇　M149

（一）墓葬形制

该墓位于第④层下，长方形竖穴土坑砖室墓。方向182°（图二二二）。墓口距地表深0.9米。墓

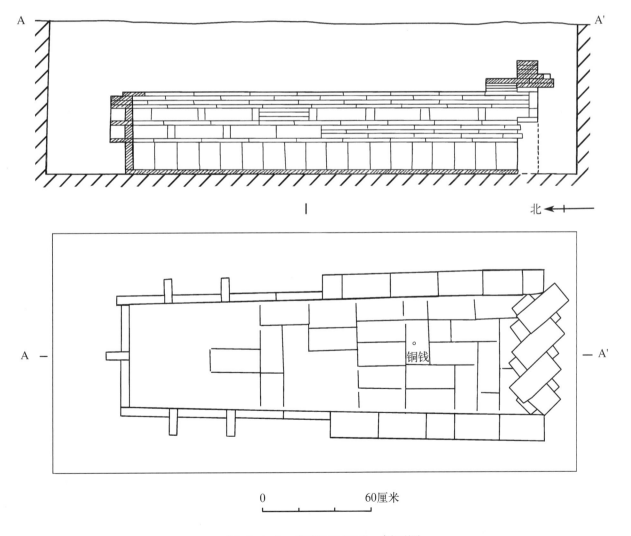

图二二二　宋墓M149平、剖面图

圹长 2.9、宽 1.26、深 0.8 米。墓室内长 2.10、宽 0.6、深 0.4 米。顶部单砖平铺封顶，墓室南部宽，北部急收，依木棺的形状砌成梯形。墓室东西两壁底部为单砖竖立一层，其上平砌与立砖交错，叠涩内收。南部墓门直接连接墓室，墓门顶部单砖平券，券上单砖平砌一墙，墓门封门为人字形封门。墓底有铺地砖。墓砖长 28、宽 14、厚 6 厘米。墓室内发现人骨 1 具，单人仰身直肢葬。头向南。墓室出土宋代年号铜钱 4 枚。

（二）随葬品

随葬品出土铜钱 4 枚。

铜钱　4 枚。标本 M149：1，锈蚀较重，年号分别为"景德元宝"、"皇宋通宝"、"至和元宝"、"元丰通宝"，年代在 1004～1085 年之间，宋真宗至宋仁宗时期，属于北宋早中期阶段。直径 2.4、厚 0.1 厘米。

五一　M152

（一）墓葬形制

该墓位于第④层下，长方形竖穴土坑砖室墓。方向 175°（图二二三）。墓口距地表深 0.9 米。墓圹长 2.46、宽 1.08、深 0.5 米。顶部为立砖交叉成券，遭到破坏，墓室结构为单砖平砌，顶部叠涩内收，墓室内长 1.9、宽 0.4～0.56、深 0.14 米。南部有壁龛，长 0.2、宽 0.14、高 0.1 米。墓砖长 28、宽 14、厚 5 厘米。墓室内发现人骨 1 具，单人仰身直肢葬。头向南。发现铜钗 1 件，位于头骨西侧。器物脱落于头部西侧，白釉碗、陶罐各 1 件。

（二）随葬品

随葬品出土陶罐 1 件、白釉碗 1 件、铜钗 1 件。

陶罐　1 件。泥质灰陶。标本 M152：1，侈口，卷沿，鼓腹，下腹斜收较长，最大径位于上腹部，小平底。肩部饰对称双系。口径 9.2、腹径 15.6、底径 5.7、高 12.4 厘米（图二二三，1）。

白釉碗　1 件。标本 M152：2，大敞口，斜直壁，小底，矮圈足，施白釉，足部露灰胎。口径 12.6、底径 4.2、高 3.4 厘米（图二二三，2）。

铜钗　1 件。标本 M152：3，细圆柱状，对折成 U 形。直径 0.2、残长 10.8 厘米。

五二　M153

（一）墓葬形制

该墓位于第④层下，长方形竖穴土坑砖室墓。方向 180°（图二二四）。墓口距地表深 0.9 米。墓圹长 2.18、宽 0.75、深 0.65 米。墓室平面头部宽，脚部窄，呈梯形，内长 1.66、头部宽 0.43、脚部宽 0.3、深 0.35 米。顶部立砖交叉成"V"字形顶，墓砖长 29、宽 14、厚 5 厘米，墓壁采用单砖平砌。

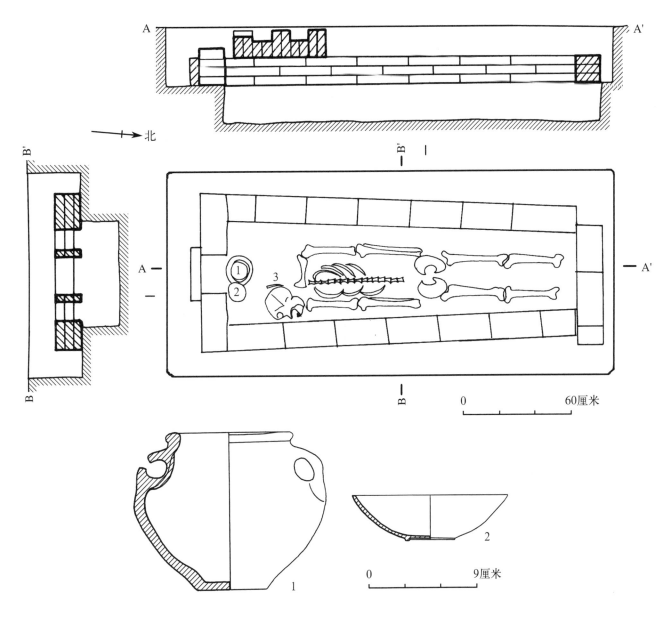

图二二三 宋墓M152平、剖面图及出土随葬品
1. 陶罐 2. 白釉碗 3. 铜钗

墓室内发现人骨1具，头骨可见轮廓，躯干部分留存肋骨和椎骨及骨盆，上肢尺骨及肱骨还有保存，两下肢可见股骨及腓骨。单人仰身直肢葬，面向东，头向南。墓室南部外侧清理出白釉罐1件。

（二）随葬品

随葬品出土白釉罐1件。

白釉罐 1件。标本 M153：1，大直口，矮立领，扁球腹，矮圈足，肩饰双系（已残）。器施白釉，釉不及底。口径9.4、腹径11.2、底径5.8、高6.5厘米（图二二四，1；彩版七二，1）。

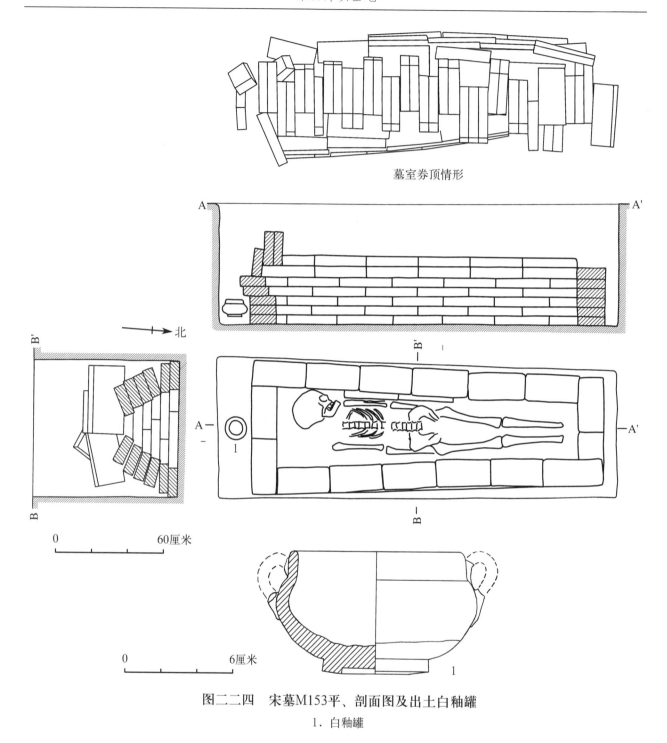

墓室券顶情形

北

0　　　　　　60厘米

0　　　　　6厘米

图二二四　宋墓M153平、剖面图及出土白釉罐
1. 白釉罐

五三　M155

（一）墓葬形制

该墓位于第④层下，被 M153 打破，长方形竖穴土坑砖室墓。方向175°（图二二五）。墓口距地表深0.7米。墓圹长2.62、宽1.0、深0.72米。墓室平面为前宽后窄的梯形，内长1.98、头部宽0.54、

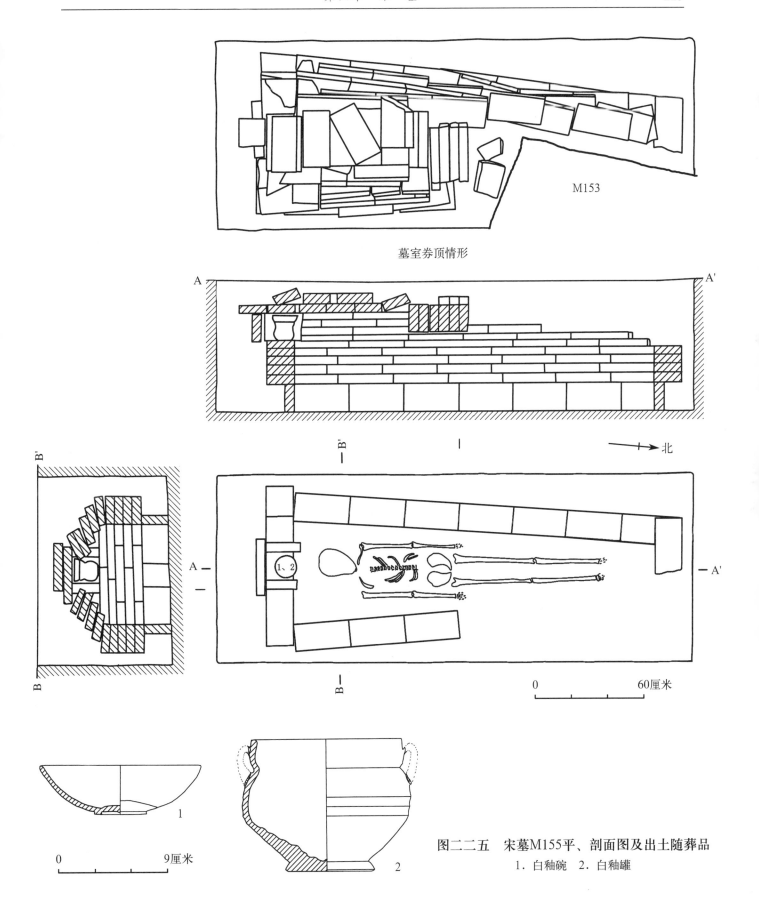

M153

墓室券顶情形

图二二五 宋墓M155平、剖面图及出土随葬品
1. 白釉碗 2. 白釉罐

脚端残宽 0.15 米。墓室两壁叠涩内收，平砖封顶，墓室结构最底部为一层单立砖，其上为单砖平砌。墓砖长 30、宽 15、厚 5 厘米。墓室南壁上有壁龛，高 0.15、宽 0.15、深 0.19 米。墓室内发现人骨 1 具，头骨仅见轮廓，躯干部分留存肋骨、椎骨及骨盆。上肢尺骨及肱骨还有保存，两下肢可见股骨及腓骨。单人仰身直肢葬。头向南。壁龛内置白釉罐 1 件，墓室内出土白釉碗 1 件。

（二）随葬品

随葬品出土白釉罐 1 件、白釉碗 1 件。

白釉碗　1 件。标本 M155：1，大敞口，斜直壁，矮圈足，器施白釉，釉不及底。口径 13、底径 4.2、高 3.8 厘米（图二二五，1；彩版七二，3）。

白釉罐　1 件。标本 M155：2，大直口，高直领，上腹壁直，下腹壁斜收，矮圈足，领及颈部饰对称双系（已残），器施白釉，釉不及底。口径 12.3、腹径 13.8、底径 6.7、高 10.4 厘米（图二二五，2；彩版七二，2）。

五四　M157

（一）墓葬形制

该墓位于第④层下，长方形竖穴土坑墓。方向 187°（图二二六）。墓口距地表深 0.9 米。墓圹长 1.35、宽 0.6、深 0.6 米。墓室内发现人骨 1 具，单人仰身直肢葬，头向南。在墓主人头骨南侧发现白釉罐和青白釉高足杯各 1 件，在墓主人盆骨附近发现铜钱。

（二）随葬品

随葬品出土白釉罐 1 件、青白釉高足杯 1 件、铜钱 13 枚。

白釉罐　1 件。标本 M157：1，大直口，矮立领，扁球腹，矮圈足，肩饰双系，器施白釉，釉不及底。口径 9.3、腹径 13、底径 6、高 10 厘米（图二二六，1；彩版七二，4）。

青白釉高足杯　1 件。标本 M157：2，敞口呈花瓣状，折沿，斜壁深腹，高圈足。口径 9.8、底径 3.8、高 5.7 厘米（图二二六，2；彩版七二，5）。

铜钱　13 枚。完整者 9 枚，其余残破。标本 M157：3，锈蚀，9 枚中只有 4 枚年号可辨，是"天圣元宝"、"至和通宝"、"嘉祐通宝"、"治平元宝"，为北宋仁宗、英宗时期（1023～1067 年）铸造。直径 2.4～2.6、厚 0.1～0.12 厘米。

五五　M161

（一）墓葬形制

该墓位于第④层下，长方形竖穴土坑砖室墓。方向 167°。墓口距地表深 1 米。墓圹长 1.48、宽 0.8、深 0.4 米。墓室平面前部宽后部窄，内长 1.12、脚部宽 0.38、头部宽 0.47、存深 0.25 米。顶部用

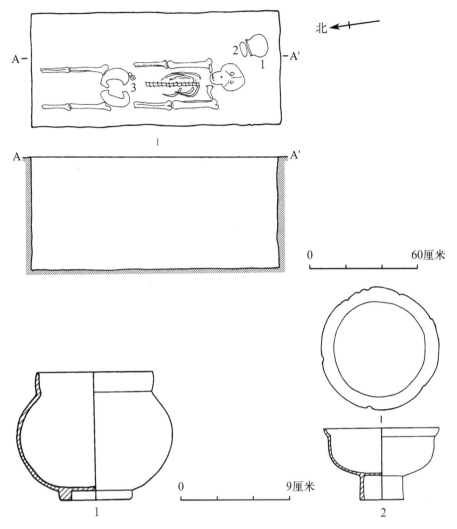

图二二六 宋墓M157平、剖面图及出土随葬品
1. 白釉罐 2. 青白釉高足杯 3. 铜钱

一块厚约0.07米的不规则椭圆形石板做盖板，墓室结构为单砖平砌，墓砖长35、宽14、厚5厘米。
墓室内发现人骨1具，仅见头骨轮廓及零星肢骨。从骨架长度及骨骼粗细程度看应为儿童墓。单人
仰身直肢葬，头向南。墓室南壁第四层砖东部放置随葬白釉罐1件。

（二）随葬品

随葬品出土白釉罐1件。

白釉罐 1件。标本M161：1，直口，鼓腹，矮圈足，肩饰对称双系，器施白釉，釉不及底。口
径9.6、腹径11.5、底径7、高7.5厘米。

五六 M163

（一）墓葬形制

该墓位于第④层下，长方形竖穴土坑砖室墓。方向175°。墓口距地表深1.2米。墓圹长2.30、

宽 0.82、深 0.5 米。墓室南部宽北部窄，内长 1.92、宽 0.35～0.54、存深 0.1～0.15 米。顶部为墓砖叠涩内收后，顶部立砖交叉封顶，后半部遭破坏。墓室结构为单砖平砌，墓砖长 27、宽 13、厚 5 厘米。墓室内发现人骨 1 具，腐朽，面向东，单人仰身直肢葬。头向南。

（二）随葬品

未发现随葬品。

五七　M164

（一）墓葬形制

该墓位于第④层下，长方形竖穴土坑砖室墓。方向 178°。墓口距地表深 1.2 米。墓圹长 2.5、宽 1.0、深 0.6 米。墓葬填土为灰褐色五花土。墓室前部略宽，后部略窄，内长 1.9、宽 0.48～0.6、存深 0.4 米。顶部为叠涩内收，平铺封顶，墓室结构为单砖平砌，墓砖长 30、宽 16、厚 5 厘米。墓室内发现人骨 1 具，单人仰身直肢，头向南。墓主人头部南侧发现瓷瓶 1 件。

（二）随葬品

随葬品出土白釉瓶 1 件。

白釉瓶　1 件。标本 M164：1，侈口，细长颈，肩微折，矮圈足。肩腹部施白釉，足部露灰白胎。口径 3、底径 2.4、高 6.9 厘米（彩版七二，6）。

五八　M165

（一）墓葬形制

该墓位于第④层下，长方形竖穴土坑砖室墓。方向 175°。墓口距地表深 1.3 米。墓圹长 1.3、宽 0.75、深 0.41 米。墓室平面呈弧角长方形，内长 0.9、宽 0.3、存深 0.1 米。顶部破坏不存，墓室结构为碎砖和碎石混合平砌。墓室内发现人骨 1 具，腐朽，仅见头骨轮廓及零星肢骨。单人仰身直肢葬。头向南。从骨架长度及骨骼粗细程度判断为儿童墓。

（二）随葬品

未发现随葬品。

五九　M166

（一）墓葬形制

该墓位于第④层下，长方形竖穴土坑砖室墓。方向 188°。墓口距地表深 1.2 米。墓圹长 2.1、宽 0.8、深 0.6 米。墓室内长 1.80、宽 0.58、深 0.45 米。顶部部分为竖砖交叉封顶，部分平铺封顶，为支撑顶部，边壁内又以横立砖垒砌。墓室底部有石灰痕迹。墓室结构为四壁内部单砖竖立，外部单砖侧立垒砌，墓砖长28、宽15、厚6厘米。墓室内出土几枚棺钉。墓室内发现人骨1具，腐朽，头向南。

（二）随葬品

除在墓土人头骨下有一陶板瓦外，未发现其他随葬品。

六〇　M206

（一）墓葬形制

该墓位于第④层下，长方形竖穴土坑墓。方向173°（图二二七）。墓口距地表深2.45米。墓圹长1.8、宽0.78、深0.26米。墓室内发现木棺痕迹，因在水位下，尺寸不明。发现人骨1具，保存

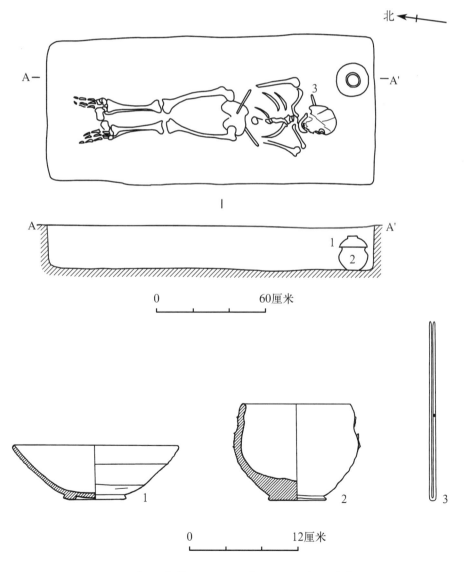

图二二七　宋墓M206平、剖面图及出土随葬品
1. 白釉碗　2. 白釉罐　3. 铜钗

尚好，头部轮廓较清晰，躯干留存部分肋骨、上肢尺骨及肱骨、下肢股骨、腓骨及趾骨。单人仰身直肢葬。头向南。墓室内出土白釉碗1件、白釉罐1件、铜钗1件。

（二）随葬品

随葬品出土白釉罐1件、白釉碗1件、铜钗1件。

白釉碗　1件。标本M206：1，敞口，斜腹，圈足，内外施白色釉，内底有支钉痕迹。口径18、底径6.8、高5.3厘米（图二二七，1）。

白釉罐　1件。标本M206：2，口微敛，鼓腹，饼形底外凸，内壁施浅棕色釉，外壁施白釉，腹下部及底无釉。口沿下饰对称的双耳，已残缺。口径11.6、腹径13.8、底径6、高10厘米（图二二七，2）。

铜钗　1件。标本M206：3，细圆柱体，弯折成"U"形。长18.8、直径0.3厘米（图二二七，3）。

第五章　分期与年代

第一节　汉　墓

一　随葬品

梁山薛垓汉代墓地规模较大，延续时间较长，但是出土随葬品等未发现明确的纪年题记或者其他有价值的文字资料，其分期与年代只有从墓葬形制结合出土物的特征来进行分析确定。

这批汉代墓葬分布有序，打破关系较少，存在打破关系的多系夫妻异穴合葬墓。墓向基本一致，部分墓向为正北，或者偏差不超过5°。墓向的一致和较少的打破关系，反映出这处汉代墓地是曾经过选择和认真规划的，应该是一处汉代家族墓地。

在126座汉墓之中，有106座墓出土随葬品，共682件（组），按质地分为陶器、铜器、铁器、铅器、玉器、石器等。整座墓地盗扰严重，椁室内多被盗扰，残存随葬品有铜带钩、铁剑、铁刀、铅车马明器、玉璧等。陶器多放置在器物箱内，多数保存较好，未被扰动。

（一）陶器

薛垓墓地汉墓出土的陶器形制比较单一，器形主要是陶罐、壶、奁、钵、盆等，还有陶模型。陶器全部为泥质灰陶，可能为专门制作的随葬明器，器形规整一致，很多器物可能出自同一作坊。随葬陶器数量存在一定的规律性，以单数陶罐（3件）居多，达到54座，陶壶多为2件。陶器装饰简单，多为素面，个别陶罐的肩部刻划有人面纹和鱼纹，腹部拍印绳纹。

陶器共出土324件，其中陶罐245件，约占陶器总数76%，陶壶43件，占总数的13%，陶瓮17件，占5%，其他器类和数量很少。器物组合比较稳定，主要是陶罐、陶壶、陶瓮3种。其他可见釉陶壶、陶碗、陶奁、陶钵、陶模型等。

1. 陶罐

共245件。以泥质灰陶为主，其他陶色少见。制作规整，装饰简单，多为弦纹和细绳纹，个别罐体上发现了刻划纹样、符号等。根据陶罐的形态可分为四型（图二二八、二二九）。

A型　93件。小口高领罐。泥质灰陶。分为三个亚型。

Aa 型　25 件。折沿或卷沿，方唇，鼓腹，小平底，个别的圜底近平，器形较大。分三式。

Aa 型 I 式　13 件。侈口，高斜领，腹部圆鼓，最大腹径居中，圜底近平。标本 M7：4、M22：2、M27：3、M33：3、M70：3、M132：2、M184：1、M184：2、M184：3、M199：3、M200：4、7、M207：1。

Aa 型 II 式　6 件。侈口，广肩，下腹斜收，平底较大。标本 M129：2、M196：5、M196：6、M209：1、M209：2、M209：3。

Aa 型 III 式　6 件。直口，溜肩，下腹斜收。标本 M159：1、M159：3、M159：4、M159：5、M167：2、M185：1。

Ab 型　33 件。整体浑圆，折沿或卷沿，凹底或小平底。分三式。

Ab 型 I 式　24 件。直口，卷沿，斜肩，腹部缓收，平底微凹。标本 M4：1、M4：2、M6：1、M8：1、M8：2、M10：2、M10：3、M10：4、M10：5、M11：5、M15：4、M15：5、M16：4、M16：7、M18：2、M18：3、M22：1、M25：3、M67：1、M132：3、M132：4、M143：1、M179：1、M191：5。

Ab 型 II 式　7 件。直口，折沿，圆肩，腹部斜收，平底。标本 M3：1、M128：1、M185：2、M194：7、M194：9、M200：6、M203：1。

Ab 型 III 式　2 件。侈口，斜肩，下腹内收明显，平底。标本 M186：5、M186：6。

Ac 型　35 件。卷沿，内沿高于外沿，领稍高，鼓腹，平底。肩饰弦纹，下腹部饰绳纹。分三式。

Ac 型 I 式　30 件。腹部外鼓，最大腹径在肩腹结合处。标本 M11：2、M11：3、M11：4、M13：1、M13：2、M17：2、M21：1、M21：3、M21：4、M21：5、M25：2、M26：1、M26：2、M55：1、M55：2、M66：1、M66：3、M68：1、M68：4、M68：5、M69：1、M69：3、M76：1、M173：2、M188：1、M188：2、M192：5、M192：9、M192：11、M198：5。

Ac 型 II 式　3 件。形体略瘦。标本 M200：8、M200：9、M201：2。

Ac 型 III 式　2 件。领稍高，最大腹径在腹部。标本 M182：1、M182：2。

B 型　54 件。大平底罐。泥质灰陶。小口。分三式。

B 型 I 式　40 件。领较高，最大腹径偏上部。标本 M13：3、M19：1、M20：2、M23：3、M27：1、M32：1、M32：2、M33：2、M45：1、M45：2、M45：3、M49：1、M49：2、M49：3、M55：3、M70：2、M168：2、M168：3、M169：1、M169：2、M169：3、M169：4、M169：5、M170：1、M170：2、M170：3、M171：1、M171：3、M173：1、M175：2、M175：3、M179：3、M184：6、M184：7、M192：3、M192：7、M192：10、M197：1、M198：8、M199：2。

B 型 II 式　11 件。口略外侈，卷沿，领稍高，腹略浅，最大腹径在中部，底微内凹。标本 M1：1、M1：2、M1：3、M2：2、M37：2、M59：2、M127：1、M129：1、M129：3、M194：4、M194：5。

B 型 III 式　3 件。侈口，卷沿，最大腹径下移，平底更大。标本 M108：2、M159：1、M167：3。

C 型　71 件。盘口罐。泥质灰陶。分三式。

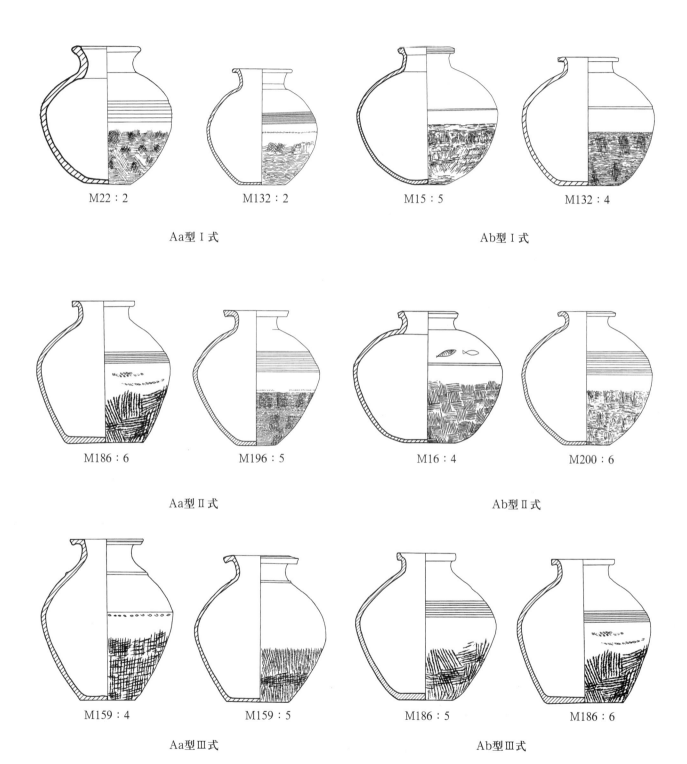

M22 : 2　　　　　M132 : 2　　　　　M15 : 5　　　　　M132 : 4

Aa型Ⅰ式　　　　　　　　　　Ab型Ⅰ式

M186 : 6　　　　　M196 : 5　　　　　M16 : 4　　　　　M200 : 6

Aa型Ⅱ式　　　　　　　　　　Ab型Ⅱ式

M159 : 4　　　　　M159 : 5　　　　　M186 : 5　　　　　M186 : 6

Aa型Ⅲ式　　　　　　　　　　Ab型Ⅲ式

图二二八　陶罐分型分式图

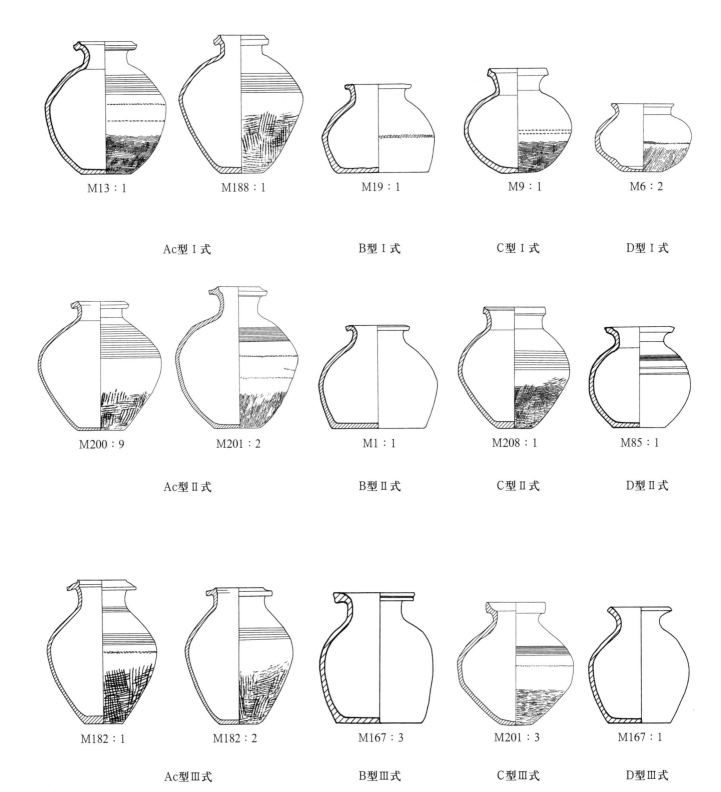

M13：1　　M188：1　　M19：1　　M9：1　　M6：2

Ac型Ⅰ式　　　　B型Ⅰ式　　C型Ⅰ式　　D型Ⅰ式

M200：9　　M201：2　　M1：1　　M208：1　　M85：1

Ac型Ⅱ式　　　　B型Ⅱ式　　C型Ⅱ式　　D型Ⅱ式

M182：1　　M182：2　　M167：3　　M201：3　　M167：1

Ac型Ⅲ式　　　　B型Ⅲ式　　C型Ⅲ式　　D型Ⅲ式

图二二九　陶罐分型分式图

C 型 I 式 59 件。口外侈，颈较长，鼓腹。标本 M6：3、M6：4、M6：5、M7：2、M7：5、M9：1、M9：12、M9：13、M17：1、M17：3、M20：1、M20：3、M21：2、M23：1、M23：2、M25：1、M28：1、M28：2、M30：1、M30：2、M30：3、M31：1、M32：3、M33：1、M34：1、M34：2、M34：3、M35：1、M67：2、M68：3、M70：1、M72：1、M72：2、M72：3、M76：3、M82：1、M82：2、M121：4、M143：2、M168：4、M175：1、M177：1、M177：2、M179：2、M179：4、M179：6、M180：1、M188：4、M188：6、M192：2、M192：6、M195：3、M195：4、M195：5、M197：2、M199：1、M202：1、M202：2、M202：3。

C 型 II 式 10 件。口外侈更甚，颈较短。标本 M3：2、M3：3、M127：2、M127：3、M127：4、M127：5、M186：4、M196：4、M208：1、M208：2。

C 型 III 式 2 件。口部盘口不明显，短颈。标本 M201：1、M201：3。

D 型 27 件。小罐。分三式。

D 型 I 式 15 件。泥质灰陶为主，少量为泥质红陶。敛口，扁鼓腹，平底。标本 M6：2、M10：6、M26：3、M38：1、M38：2、M38：3、M59：1、M59：3、M82：3、M179：5、M188：5、M192：8、M198：6、M198：7、M203：3。

D 型 II 式 5 件。侈口，口沿外翻，下腹内收，平底。标本 M2：1、M2：3、M37：1、M37：3、M85：1。

D 型 III 式 7 件。侈口，束颈，平底。标本 M108：1、M160：1、M160：2、M160：3、M167：1、M185：3、M204：3。

2. 陶壶

共 43 件。泥质灰陶。装饰简洁，多为弦纹和铺首衔环。分三型（图二三〇）。

A 型 19 件。圈足壶。分两式。

A 型 I 式 17 件。盘口，颈较长较直，腹部浑圆，圈足。标本 M7：3、M7：6、M12：2、M12：3、M12：4、M12：5、M12：6、M14：2、M14：4、M14：6、M24：1、M24：2、M191：6、M191：7、M191：8、M191：9、M191：10。

A 型 II 式 2 件。盘口，束颈，扁鼓腹，矮圈足。标本 M16：5、M16：6。

B 型 7 件。假圈足壶。侈口，束颈明显，鼓腹趋扁，假圈足较高。标本 M49：4、M92：1、M122：1、M122：2、M158：1、M207：2、M210：1。

C 型 15 件。平底壶。口微侈，粗颈稍长，下腹略内收。标本 M5：1、M5：2、M5：3、M26：4、M26：5、M27：2、M27：4、M68：2、M69：6、M177：3、M180：2、M180：3、M182：3、M184：8、M198：4。

D 型 2 件。小口双系壶。小口，直颈，宽肩，肩上双系，平底。标本 M11：1、M73：1。

3. 釉陶壶

4 件。盘口，束颈，鼓腹，圈足。肩饰对称铺首，器表施釉。标本 M189：1、M189：2、M191：3、

陶 壶　　　　　　　　　　　　　　　　　　　　　陶 瓮

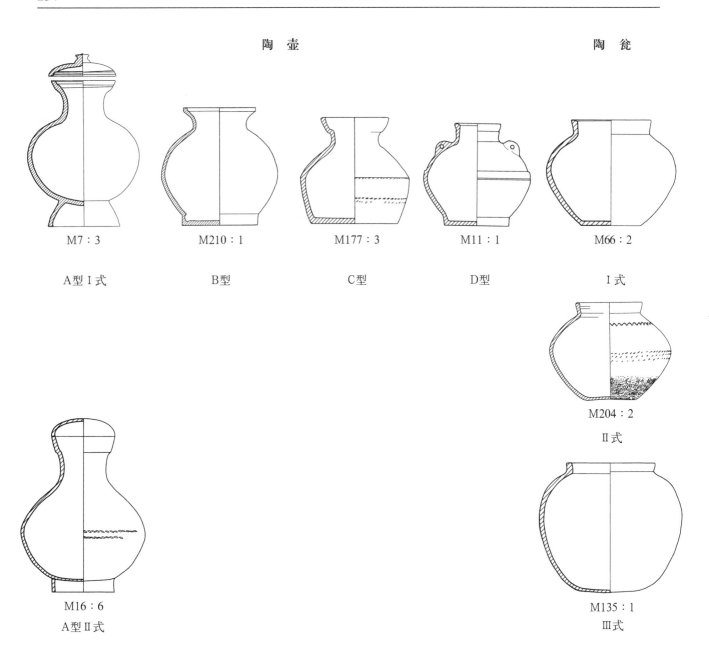

图二三〇　陶壶与陶瓮分型分式图

M191：4。未分型式。

4．陶瓮

17件。泥质灰陶。直领，圆腹，圜底近平。分三式。

Ⅰ式　9件。直口，短颈，鼓腹，圜底近平。标本 M16：3、M18：4、M66：2、M121：2、M125：1、M173：3、M174：1、M174：2、M197：3。

Ⅱ式　4件。直口，扁腹，平底微凹。标本 M194：6、M196：7、M200：5、M204：2。

Ⅲ式　4件。侈口，领较高，鼓腹，下腹斜收，平底。标本 M135 : 1、M186 : 3、M200 : 10、M204 : 1。

5．陶碗

1件。泥质灰陶。敞口，斜壁，平底。标本 M104 : 1。

6．陶盆

1件。泥质灰陶。敞口，平沿，斜壁，平底。标本 M121 : 3。

7．陶盉

4件。泥质灰陶。大口，直壁，平底，有的有三足。标本 M22 : 3、M28 : 3、M188 : 7、M208 : 5。

8．陶钵

5件。泥质灰陶。标本 M14 : 1、M14 : 5、M14 : 8、M14 : 9、M132 : 1。

9．釉陶模型明器

4件。釉陶器。标本 M192 : 12（猪圈）、M192 : 13（楼）、M192 : 14～16（灶）、M192 : 17（勺）。

（二）铜器

铜器分为容器和装饰品与铜钱。

容器发现铜洗 3件，分别出土于 M15、M67 和 M121 中，出土时与陶罐放置在器物箱内，由于铜器壁较薄，锈蚀后破碎致使无法修复。

装饰品发现铜带钩、铺首饰件等。铜带钩发现 2件，出土于 M134、M191 椁室内。形制简单，形状一致，均为"S"形，M191 发现的较粗大。铺首饰件出土于 M196 中，应为漆木器的附属装饰物。

汉墓中发现铜钱的有 44座。大部分墓葬因遭扰乱，椁室内铜钱多寡不一，单枚或数枚可能是劫后的残余。未扰动墓葬中发现的铜钱在椁室中的位置相对固定，大部分放置在墓主人的身侧或手边。铜钱种类常见半两、五铢、货泉、大泉五十等。

1．半两

半两钱仅见于 M4 与 M207 中，M4 发现 1枚，M207 发现 15枚。钱无外郭，直径 2.1～2.5、孔径 0.6～1、厚 0.05～0.09 厘米，尺寸、大小不一，应为汉文帝时期始铸的四铢半两。

2．五铢

因常年浸泡水中，锈蚀较重，个别由于铜质较好，保存尚可，"五铢"字样尚清晰。

第一种："五"字交笔直，"铢"字金字头较尖，朱字第一笔画方折。在 M5、M7、M10、M16、M17、M55、M117、M134、M192、M195、M201 中发现。

第二种："五"字交笔略弯曲，"铢"字金字头较尖，"朱"字第一笔画方折。在 M1、M3、M5、M7、M10、M15、M18、M55、M66、M127、M188、M200 中出土。在出土此类五铢的墓葬中，伴出磨郭五铢，字体一致，只是周郭被磨掉，在 M55 中发现。

第三种："五"字交笔略弯曲，金字四点较长，"朱"字第一笔画圆折。在 M3、M19、M70、

M108、M127、M134、M135、M167、M179、M183、M184、M202、M204 中出土。

第四种："五"字交笔略弯曲，"朱"字第一笔画圆折，略向外撇。M135 中发现。

另外，在 M55、M66、M183、M184、M189 中发现剪轮五铢。M55、M66 中出土的铜钱孔中还发现尚未完全朽腐的穿钱物，应为编织的棉布。

3．新莽钱

发现货泉和大泉五十铜钱。货泉发现于 M160、M196 中。M160 发现 2 枚，M196 出土 16 枚，未伴出其他铜钱。大泉五十铜钱发现于 M182、M194、M204 中，其中 M182 发现 15 枚，M194 发现 55 枚，M204 发现 9 枚，除 M204 与五铢同出外，其余未伴出其他货币。

（三）铁器

铁器包括铁剑、铁刀、铁削等。

铁器发现数量较多，均位于椁室内墓主人身侧，但是因为常年浸泡在水中，锈蚀严重，无完整者，多为残段，只能根据断面形状判断其为刀或剑。

1．铁剑

15 件。分别在 M4、M9、M11、M15、M17、M21、M26、M29、M38、M186、M187、M188、M194、M196、M198 椁室内发现。出土时均位于椁室内墓主人身体的一侧。M9、M11、M15、M21、M186、M187、M188、M198 在左侧，M29、M38、M194、M196 在右侧。因水浸锈蚀过重，加上盗扰破坏，未发现完整者，均为残段。从残段的形制看为铁剑，其中部分铁剑上尚保留有铜剑格。

2．铁刀

16 把。分别发现于 M16、M55、M59、M108、M134、M160、M167、M168、M186、M187、M191、M194、M197、M199、M200、M204 椁室内。发现时个别经过扰动，M16、M55、M59、M167、M194 在墓主人右侧，M160、M186、M187、M197、M199、M200、M204 在墓主人左侧。锈蚀过重，无形制完整者。M160 出土的铁刀尚存残环首，其余只能从残存铁器的纵断面呈楔形来判断为铁刀。

3．铁削

3 件。分别发现于 M4、M195、M198 椁室内。

（四）铅器

铅器主要是铅车马明器。

M7、M12 器物箱中出土，两墓为石椁墓，M7 石椁上发现画像。这些铅器尺寸极小，是专门为墓主人制作的明器。在 M7、M12 出土的铅盖弓帽的内面，都发现了"尚氏"铸铭，这应该是制作铅制明器家族的名号。这些铅器经过氧化锈蚀，呈黑灰色，而且破碎不全，车的其他木制部分已经腐朽不存，只有一些铅质构件尚存。

1．铅盖弓帽

15 件。M7 发现 3 件，M12 发现 12 件。M7 出土盖弓帽顶部呈四叶花瓣形，每瓣内有卷云纹，因残破尺寸不明。盖弓帽内侧有"尚氏"二字铸铭，"尚"字在右，"氏"字在左。在 M12 中出土盖弓帽较完整，顶部呈四叶花瓣形，花蕾突出。顶部花瓣短径 2、长径 2.5、花柄孔径 0.7、通高 2.4 厘米。盖弓帽内侧有"尚氏"二字铸铭，"尚"字在左，"氏"字在右。从铸铭上看，两座墓中发现的铅质车马明器应为同一作坊——尚氏作坊所制作。

2. 铅衡末

2 件。M7 发现 1 件，M12 发现 1 件。圆柱形，中空，一端封闭，高度均残。M7 出土的直径 0.8 厘米，M12 出土的直径 1 厘米。

3. 铅泡饰

8 件。M7 和 M12 两墓各 4 件。圆形，中间突出，边缘饰纵向短条密纹，背面有半环。直径 1.8、半环高 0.9、厚 0.2 厘米。

4. 铅车軎

1 件。M12 出土。呈上小下大的圆柱形。小端直径 1.1、大端直径 2.4、残高 1.8 厘米。

5. 铅当卢

3 件。M7 出土 1 件，M12 出土 2 件。M7 发现的已残破，呈"8"字形，中间起脊，边缘饰连珠纹。M12 发现的个体更小，呈水滴形，两端有小孔，边缘饰密条纹。

6. 铅车盖

1 件。M7 出土。圆形薄片，中有两孔，以细铅丝固定羊头形扣，羊头肖形，羊角两个，扣在羊嘴处。盖径 5.5、通高 1.2 厘米。

7. 铅马衔

1 件。M7 出土。残破，圆环扣合，三节相连。残长 8.4、环径 0.8 厘米。

8. 铅马镳

1 件。尖叶形，柄残断。残长 2.5、宽 2、厚 0.1 厘米。

9. 铅饰件

4 件。圆形，有柄，因残断形制不明。残长 4、直径 1.9 厘米。

（五）玉器

玉器发现玉璧 1 件。

玉璧在 M15 椁室内发现，位于墓主人的手臂处。玉璧呈青黄色，两边各有一道明显的绺裂，因沁色导致两侧的颜色差别明显，从红黑黄向青色过渡。璧加工精致，满饰穀纹。经鉴定玉料为和田玉。

除玉璧外，整座墓地未发现其他玉器，应与椁室多数被盗扰有关。

二　分期与年代

薛垓墓地汉墓未发现明确纪年器物，通过与周围地区已经确定明确年代的墓葬及出土随葬品比对，可以初步推断这些墓葬的时代约为西汉时期。

　　汉墓中多出土有成组陶器，为分期提供了一定依据。根据存在明显器形差异的陶器组合可将汉墓初步分为前、后两期。存在打破关系的14组墓葬中，墓葬存在先后关系，器形变化并不明显，无法作为分期依据。在墓葬形制方面，墓葬砖、石椁墓与砖室墓存在明显差异，正与器物前后两期相对应。另外在墓葬方向上，墓葬分化较大，显示出明显差异，据此将前期墓葬分为两期。根据上述分析，薛垓墓地可分为三期：

　　第一期：A 区 M4 ～ M15、M17 ～ M28、M30 ～ M35、M38、M42，B 区 M45、M49、M55、M56、M66 ～ M70、M72、M76、M82、M84，C 区 M121、M124、M125、M132、M134、M143，E 区 M168、M169、M171 ～ M175、M177 ～ M180、M183、M184、M187 ～ M193、M195、M197 ～ M199，F 区 M202、M207。这些墓葬形制均为砖、石椁墓，墓葬开口层位、墓口大小、墓室构建方法、墓向基本相同，出土器物组合包括陶罐、壶、奁等基本一致，其墓葬形制、器物形制与济宁地区已发现的西汉中期墓葬类同，时代亦应大体相当。所以第一期应为西汉中期。

　　第 二 期：A 区 M1 ～ M3、M16、M29、M36、M37，B 区 M59、M85、M90、M92、M93、M130、M131、M156，C 区 M94、M122、M127、M128、M143，D 区 M129，E 区 M194、M196，F 区 M203、M205、M208 ～ M210。这批墓葬形制亦为砖、石椁墓，出土器物与第一期基本一致，但是墓葬方向出现变化，墓葬的方向从南北向改变为东西向。参考其墓葬形制和随葬器物形制的变化，第二期墓葬较第一期略晚，应为西汉晚期。

　　第三期：D 区 M97、M108、M113、M119、M120、M135、M158 ～ M160、M167，E 区 M170、M176、M181、M182、M185、M186，F 区 M200、M201、M204 等，这些墓葬的墓葬形制产生变化，这种变化从已经发现的考古资料看，是一种普遍的变化，应该与社会意识形态出现变化从而影响到平民的丧葬习俗有关。表现在墓葬形制上，砖、石椁的墓葬营造方式消失或不见，墓室虽然仍为砖、石结构，但是规模变大，墓室变得狭长，随葬器物直接放置在墓室内，不再设器物箱。墓室顶部不再使用盖板，演变为券顶墓，个别的墓葬开始垒砌规模较大的石室。墓室面积增加后，夫妻同穴合葬成为可能。墓室出现了墓门，出现了简单的装饰花纹。在随葬器物方面，器物组合未出现大的改变，主要的变化在于器物形制变大、变厚重，随葬模型明器增加。第三期墓葬无论从墓葬形制还是随葬器物方面，均与前两期产生了明显变化，其时代晚于第二期墓葬，参考墓葬形制及随葬品形制，第三期应为王莽至东汉初年。

　　从目前已经发表的汉代墓葬资料看，砖、石椁墓时代普遍偏早。目前山东鲁中南地区的考古资料表明，砖、石椁墓均为汉墓的早中期形态。薛垓墓地发现的126座墓葬中，砖、石椁墓共发现111座，占到发现汉墓数量的88%以上，证明薛垓墓地发现的汉墓时代偏早。根据最新的考古发掘资料表明，山东东平发现的汉墓形制为石椁与券顶砖室墓结合，根据墓室的建构打破关系，石椁构建时间早于券顶砖室，该报告将墓地的年代定为东汉早期，可据此将砖、石椁墓的使用年代确定为西汉中期至晚期，至迟在东汉早期，砖、石椁墓演化为砖室券顶墓和石室墓。另外，薛垓墓地中M7发现的石椁画像雕刻在椁板外侧，内容简单，雕刻技法朴拙。根据最新研究成果，石椁画像中穿璧纹和柏树纹样是早期石椁画像的特点，这些元素在 M7 的石椁画像中同样可以看到；M7 石椁的画像位于石椁的外侧，也符合早期石椁画像的特点，其时代应为西汉中期，与目前发现的早期汉代石椁画像时代相若。另外在 M25 的石椁前、后挡板内侧发现穿璧纹，M200 石椁外侧发现穿璧纹，这两座墓葬的年代应与 M7 时代相差不远。

从墓葬中发现的随葬器物看，砖、石椁墓中虽然被盗现象严重，仍然发现了铁剑、陶罐、五铢铜钱等遗物，参照邻近地区汉墓的形制和出土遗物，出土陶器与济宁师专西汉墓群[1]、济宁玉皇顶西汉墓[2]、济宁潘庙汉墓[3]发现的陶罐形制相同，可以推断第一期墓葬时代为西汉中期。墓地近中心区的墓葬，其形制和随葬品与第一期墓葬差别不大，出现了模型明器等更丰富的随葬品，其时代略晚于第一期，应为西汉晚期。在靠近墓地边缘的第三期墓葬形制、出土器物与中心区汉墓存在明显差异，M97 的墓葬形制与济宁越河北路[4]发现的墓葬形制接近，其年代为东汉初，可以推断墓地北部边缘的第三期墓葬为王莽至东汉初期。据此推断，薛垓汉代墓地年代应为西汉中期延续到东汉初年。

第二节　宋　墓

薛垓墓地中部偏北，还发现了一批埋藏较浅的宋墓，随葬品主要为瓷器，墓向多为东西向，大多使用长方形青砖平砌。其中成人墓 31 座，儿童墓 30 座。出土器物以白釉瓷器和铜钱为主。随葬器物发现数量较少，墓室内偶尔可见铜钱，瓷器有瓷罐、瓷碗等，还有少量陶器以及装饰品。

（一）陶器

陶器有陶罐、碗和壶。

陶罐　6 件。其中灰陶罐 5 件，红陶罐 1 件。罐体较小，陶质细腻，应为实用器。

陶碗　1 件。泥质灰陶。敞口，圈足。

陶壶　1 件。小口，肩上双系，表面通体磨光，肩上刻暗花，制作精美。

（二）瓷器

瓷器有瓷罐、碗、瓶、高足杯等。

白釉罐　11 件。口较大，直领，宽肩，小平底。肩上多有双系。白釉不及底。

白釉碗　9 件。壁较斜，小圈足底。

瓶　1 件。出土于 M164 中，模型明器，形体很小。

青釉高足杯　1 件。出土于 M157 中，花口，高足，釉色晶莹，制作较精美。

[1]　济宁市博物馆：《山东济宁师专西汉墓群清理简报》，《文物》1992 年第 9 期。
[2]　济宁市文物考古研究室：《山东济宁玉皇顶西汉墓》，《考古》2006 年第 6 期。
[3]　国家文物局考古领队培训班：《山东济宁郊区潘庙汉代墓地》，《文物》1991 年第 12 期。
[4]　济宁市博物馆：《山东济宁发现一座东汉墓》，《考古》1994 年第 2 期。

（三）铜器

铜钗　2件。结构简单，是简易的绾发用具。

铜钱　M149 和 M157 出土。其中 M149 发现 4 枚，分别是"景德元宝"、"皇宋通宝"、"至和元宝"、"元丰通宝"。M157 发现 13 枚，存 9 枚，可以辨识钱文的是"天圣元宝"、"至和通宝"、"嘉祐通宝"、"治平元宝" 4 枚，其余钱文不清。

墓室内发现铜钱全部为北宋年号，可辨年号时代最早的是北宋真宗赵恒（997～1022年）的景德元宝，最晚的是北宋神宗赵顼（1067～1085年）的元丰通宝，未发现其他铜钱。从出土铜钱结合墓葬形制和出土器物的特征看，与山东长岛后沟[1]发现的宋墓出土的随葬器物相同，其时代也应大致相当，为北宋中晚期墓葬。

（四）骨器

束发器　1件。M139 出土，形制类栉而窄长，8 条长齿，骨质脆，易折。

第三节　结　语

薛垓墓地规模较大，埋藏集中，墓葬形制、时代比较清楚，是鲁西南地区一处重要的汉、宋墓地。

根据《汉书》记载，梁山县在西汉时分属东郡的范、须昌、寿良三县，东南部属东平国的东平陆县。东汉则分属兖州东郡范县、东平国的寿张、须昌县。汉代山东是富庶之地，不仅占据鱼盐之利，而且冶铁、丝织等手工业都十分发达。究其原因，在秦灭六国的战争和随后的楚汉争霸战争中，山东不是主要的战场，遭受的破坏不甚巨大。另外，汉高祖刘邦故里在江苏北部的沛县，地近山东鲁南和鲁西南地区，这里成为刘邦非常重要的根据地之一，加之西汉初年，汉代统治者采取了休养生息的政策，在这样的历史大背景下，山东地区成为汉代最为富庶的地区之一。当时的鲁西南地区沃野千里，人口密集，村落鸡犬相闻的膏腴之地，薛垓墓地发现的数量众多的平民墓印证了这样的推断。

薛垓墓地所处位置根据最新出版的《中国历史地理地图集》，隶属东平国，其地近大野泽，附近迄今未发现县级都邑所在。结合墓地数量众多，排列有序，方向一致的迹象来分析，薛垓墓地应为一处经过规划的汉代聚居村落的族葬墓地。

在发现的 126 座汉墓中，东西向墓 41 座，南北向墓 85 座，其中头向北 60 座，占全部汉墓的48%；墓葬为正南北向（误差不超过 ±5 度）者 52 座，从中可以了解西汉时期崇尚正方向的丧葬风俗和汉代风水师高超的确定方位的能力。东西向墓葬在二、三期中占到 90% 以上，反映出时代变迁对墓葬埋葬习俗尤其是墓向上的影响。这种丧葬习俗的变化来源于汉代社会人们的思想意识领域，西汉时期，人们在黄老思想"清静无为"和儒家道德规范的共同影响下，崇尚"天人合一"，遵循儒家道德规范，风水师在选择墓地时除了方位之外，更尊崇正方向，按照南北方向来确定墓穴。王莽时期特别是东汉早期以后，随着仙人世界的最终确立，西王母从"蓬发戴胜"的怪物化身为西方仙

[1]　长岛县博物馆：《山东长岛县发现宋墓》，《考古》1998 年第 5 期。

人世界的神祇，以昆仑山和西王母为代表的西方成为人们死后灵魂的归宿和向往之地，正是在这种升仙思想的影响下，导致墓葬方向在东汉时期完全发生了改变。

薛垓墓地汉代墓葬中被盗现象十分普遍。除无法判断是否因被盗而失去盖顶的砖椁墓外，石椁墓被盗者达到 90% 以上。从盗洞的位置和手法看，多用重器砸碎石椁盖板，将石椁内贴身随葬的贵重物品洗劫一空。盗墓现象是汉代厚葬习俗衍生出的必然产物，考古发掘材料与史籍的记载是吻合的，加之梁山地处三国时期曹操屡次征战之地，史载曹操军中设"发丘中郎将"、"摸金校尉"等专门的盗墓机构和人员，因此遭受破坏尤为严重。薛垓墓地发现玉璧仅 1 件，未发现铜镜，更遑论金银装饰品，这些现象均系盗掘活动造成的，并非梁山汉墓椁室中原有的随葬品组合。

砖、石椁墓因为椁室狭小，仅可容身，无法放置大型随葬品，薛垓墓地发现的汉墓采取了在椁室一端用砖垒砌器物箱的形式。为节省建筑材料，砖砌器物箱借助椁壁垒砌，宽度与椁室相当或略宽，多数器物箱未封闭，反映出建筑材料——砖的贵重程度。器物箱内多随葬陶器，价值低廉，基本未遭到盗墓者的扰动，将汉代丧葬习俗在陶器上的使用制度完整的保存下来：薛垓墓地汉墓随葬陶罐个数以奇数为主，最常见 3 个，共 31 座墓。其他有 1 个或者 5 个，也有个别偶数的情况，陶罐个数反映汉代梁山地区以单数为上的丧葬习俗。陶罐的数量众多、形制一致，反映出汉代存在规模较大的陶器作坊，专门烧制供随葬使用的明器。丧家不再使用日常使用的实用器，而是在作坊中购买随葬用的陶制器具。家境较好购买随葬陶器的种类和数量略多，条件较差的丧家只购买 3 件陶罐。除遭到破坏的墓葬外，汉墓中未发现无随葬品者，反映出汉代重孝道厚埋葬的丧葬习俗。

梁山地处山前平原，县境内只有在县城南部分布少量低山，石材缺乏，为确定薛垓墓地大量汉墓石椁所用石材的来源，将 M7 石椁石材样本送国土资源部济南矿产资源监督检测中心进行检测（附录二），确定石椁石材为含海绿石生物碎屑灰岩，结合《山东省区域地层表》，在济宁小区里，只有凤山组有这种灰岩分布，而且埋藏较浅，只有 1.2 米，便于开采。凤山组分布在嘉祥南部以及邹城、滕州、微山三县交界处，薛垓墓地地处嘉祥南部分布区的北侧，直线距离不超过 50 千米，石椁来自嘉祥南部分布区是可以确定的。

薛垓墓地的石椁墓发现 51 座，占全部墓葬数量的 35%，除盖板外，椁板加工平整。另外，薛垓墓地的使用年代刚好跨越椁墓向室墓转变的时期，在墓地中发现的 M97，形制为双石椁向双室墓演变的形式。M176 在类砖椁的墓室一端设立画像石门、低矮的券顶都显示出椁墓的发展和室墓的原始形态。

薛垓墓地石椁上雕刻画像的并不多，仅在 M7、M25、M191、M200 的石椁上发现雕刻的画像。M7 石椁四面均有画像，采用凿纹地凹面阴线刻的雕刻技法，两侧板画像基本相同，两挡板画面相同。东侧板完整，中间为双层楼阁，有楼梯，墓主人凭几端坐楼上，上垂帷帐。楼阁两侧有对称的柏树，树两侧有对称的双阙。墓主人左侧有三人，戴冠佩剑，应为属吏。下方有小动物，第三者上方亦有小动物一只。墓主人右侧为穿璧纹。西侧板断为两截，中间画像大同小异，墓主人左侧有四人，第一人形体矮小，捧物以进；第二人高大，佩剑持板禀报；第三、四人正面站立，头顶酒食以进。下有一犬。挡板雕刻双层的对称双阙，两侧有树，阙下立一武士，拱手站立作迎谒状。在 M7 的一块盖板上也发现了画像，是线刻人物，线条简单流畅。在 M191 发现的画像中，西侧板上雕刻穿璧纹，中间有类似小祠堂的建筑，祠堂中一人端坐，祠堂两侧有对称的柏树；东侧板断为两截，雕刻穿璧纹，中间有双阙，阙下三人，中间一人形体高大，正面，戴冠佩剑，其左侧一人朝向墓主人，拱手捧物，右侧一人作跪禀状。在 M25、M200 发现的椁板上雕刻穿璧纹。

薛垓墓地发现的石椁画像，具备早期石椁画像的特点：一是凿纹地，技法比较原始。二是画像包含穿璧纹和柏树等画像，这些元素目前被证实为早期石椁画像的重要元素。三是画像雕刻在石椁外壁。目前学术界认为石椁墓最早出现在西汉中期或之前，目前发现的石椁墓集中发现在山东南部、江苏北部、河南南阳等地，这些地方在西汉时期大部分属于徐州刺史部和荆州刺史部，属于楚国的疆域。西汉时期山东南部和江苏北部同属徐州，结合西汉时期彭城（今江苏徐州）是最重要的城市之一，各种思潮在这一地区非常活跃，加之这里是汉高祖的帝乡，受到上层社会的影响也较早，石椁墓首先出现在鲁南苏北区是可能的，目前的考古发掘资料也证实这种观点，代表的例证是山东临沂庆云山石椁和枣庄小山石椁。梁山地区不出产石材，也不具备石雕传统，其石椁是受到周边地区影响和流行的丧葬习俗的约束出现的。

另外在东汉初期的 M159、M176 石门上发现了铺首衔环画像，这类画像与石椁画像不同，已经属于室墓石刻画像的范畴了，室墓出现后，墓葬规模不断扩大，装饰精美程度不断提高，出现了以安丘董家庄汉墓、沂南汉墓等为代表的大型画像石墓葬。

薛垓墓地发现的夫妻合葬墓多为异穴合葬墓，符合西汉时期的墓葬习俗。如 M14/M15、M4/M12、M7/M8、M19/M21、M22/M23、M24/M25、M34/M35、M33/M38、M36/M37、M116/M117，这些墓葬都出现了墓葬土圹打破的情形，但是其中的砖、石椁完好，应该是不同时间下葬的夫妻合葬。至迟到西汉晚期，虽然继续流行异穴合葬，但是椁室的构建可能是同时进行的，并列整齐，未发现打破现象，如 M66/M69/M70，三墓东西并列，男性墓主人居中，两侧为配偶。东汉早期，砖、石椁墓向砖、石室墓演化，墓室面积的扩大使夫妻同穴合葬成为可能，东汉中晚期出现的大型砖、石室墓和多代夫妻合葬的现象在薛垓墓地没有发现，这说明薛垓墓地使用年代的下限迄于东汉初期。

五代时期，梁山县境因疏于治理，黄河屡次决口，水系的变迁导致境内淤积为水泊，称为梁山泺，水泊最广时南到巨野，西接郓城，东至汶上县境，北到梁山，水面非常大。薛垓墓地所处位置位于水泊之南，同样处于深受水灾之害的地区，发现宋墓的数量不多，尤其是夭折儿童的墓葬占到了墓葬总数量的 50%，反映出宋代这一地区生活状况的落后，即使是成人墓葬，规模也不大，除了民俗中常见的长明灯组合外，只有零星铜钱随葬，反映了宋代这一地区经济生活的低下和窘迫。

与汉代墓葬相比，在上层发现的宋代成人墓砖室垒砌方法简单，即根据木棺的外壁形状平砖起砌，随木棺外形内收，放置木棺后在超过木棺顶部时两壁间隔剩余大约 20～30 厘米，然后以立砖交叉成 "V" 字形或者直接平砖封盖墓顶。"V" 字形墓顶形制特殊，体现出北宋时期特殊的丧葬观念。这些墓葬多在头端砖壁上设龛，其中放置罐、碗等器物，二者组合一起，常常罐在下，碗在上，器物多为白瓷，也有陶质的，在 M104 中发现的白釉碗中发现了明显的烟炱痕迹，应该为燃烧的痕迹。从这种固定组合以及烟炱痕迹判断，罐和碗组合应为灯盏的功用，是为照亮死者地下世界的长明灯，此丧葬习俗延续甚远，直到明清时期山东地区墓葬中仍然存在。

梁山薛垓墓地范围大，墓葬分布密集，是鲁西南地区一处十分重要的汉代墓地和北宋墓地，为山东地区的汉代与宋代丧葬习俗和社会生活研究提供了新资料。

附表 梁山薛垓墓地墓葬登记表

（单位：米）

墓号	发掘区	墓室形制	墓向	墓圹（长×宽-深）	墓室（长×宽-深）	结构	随葬器物	期别	备注
M1	A	砖椁墓	270°	2.64×0.9-0.6	1.76×0.58-存深（0.3~0.46）	顶部盖板不存，墓砖内侧模印菱形纹。墓室东端有砖砌器物箱	陶罐BII3，五铢1	汉二期	
M2	A	土坑墓	265°	2.73×0.65-（0.77~0.4）			陶罐BII2，陶罐DII2	汉二期	上部残
M3	A	砖椁墓	265°	3.2×1.36-1.38	2.06×0.64-存深0.4	椁室盖板为5块加工不规整的石板，墓室东端有砖砌器物箱	陶罐AbII1，陶罐CII2，五铢1	汉二期	
M4	A	砖椁墓	355°	3.06×（1.02~1.12）-（0.96~1.4）	2.86×0.68-存深0.54	顶部盖板不存，墓室结构为单砖平砌	陶罐AbI2，"半两"1，铁剑1，铁削1	汉一期	
M5	A	砖椁墓	0°	3.1×（1.24~1.31）-1.26	2.8×0.68-存深0.5	墓室结构为单砖平砌	陶壶C3，五铢9	汉一期	
M6	A	砖椁墓	356°	2.81×1.02-0.96	1.68×（0.42~0.50）-存深0.32	墓室结构为单砖平砌	陶罐AbI1，陶罐CI3，陶罐DII1	汉一期	
M7	A	石椁墓	185°	4.9×2.3-2.0	2.18×0.72-存深0.76	上盖四块石质盖板，墓室南端（头端）有砖砌器物箱，器物箱借助墓室南壁、砖砌南、东、西三壁而成。石椁外侧有线刻画像，中间一块刻画像，顶部盖板刻画像，侧板挡板刻墓主人画图，另外还有宾客、动物画像	陶壶AI2，陶罐CI1，陶罐CI2，五铢1，铅车马明器1组	汉一期	
M8	A	石椁墓	176°	3.6×1.3-1.48	2.3×0.74-存深0.7	墓室为石椁，南端有器物坑，未见砖砌	陶罐AbI2	汉一期	

续表

墓号	发掘区	墓室形制	墓向	墓圹（长×宽一深）	墓室（长×宽×深）	结构	随葬器物	期别	备注
M9	A	石椁墓	4°	3.3×1.42-1.06	2.3×0.74-0.7	上盖3块石质盖板，中间一块已被破坏。墓室南端（脚端）有器物箱	陶罐CI3，铁剑1	汉一期	
M10	A	石椁墓	356°	3.7×1.4-0.8	2.2×0.77-0.7	上盖3块石盖板，中间和南部2块已被破坏。墓室南端有器物箱	陶罐AbI4，陶罐DI1，五铢7	汉一期	
M11	A	石椁墓	5°	3.58×1.42-1.1	2.14×0.72-0.7	上盖2块石质盖板，已被破坏。墓室南端有器物箱	陶罐AbI1，陶罐AcI3，陶壶D1，铁剑1	汉一期	
M12	A	石椁墓	0/180°	4.5×1.9-1.8	2.4×0.84-0.72	上盖石质盖板，已被破坏，仅存一块。墓室南端有器物箱	陶壶AI5，铅车马明器1	汉一期	
M13	A	石椁墓	175°/355°	3.9×1.42-1.6		墓室为石椁，仅存底板。墓室南端有器物箱	陶罐AcI2，陶罐BI1	汉一期	
M14	A	石椁墓	175°/355°	4.2×1.8-1.4		墓室为石椁，仅存底板（脚端）有器物箱	陶壶AI3，陶钵4，陶壶2（残破）	汉一期	
M15	A	砖椁墓	10°	3.5×1.48-2.54	2.43×0.84 -存深0.65	墓室南端（脚端）有砖砌器物箱	陶罐AbI2，五铢11，玉璧1；铜洗1，铁剑1	汉一期	
M16	A	石椁墓	265°	3.9×1.7-1.2	2.20×0.75-0.76	墓室为石椁，顶部有2块石质盖板，东部一块被破坏，厚14厘米。墓室东端（脚端）有器物箱	陶罐AII2，陶罐AbI2，陶瓮I1，五铢1，铁刀1	汉二期	
M17	A	石椁墓	356°	4.1×1.56-1.2	2.15×0.72-0.8	墓室为石椁，顶部有2块石质盖板，厚12/18厘米。墓室南端（脚端）有器物箱	陶罐AcI1，陶罐CI2，铁剑1，五铢1	汉一期	
M18	A	石椁墓	4°	3.7×1.6-2.98	2.1×0.76-0.76	墓室为石椁，顶部有1块石质盖板，厚10厘米。墓室南端有器物箱	陶罐AbI2，陶瓮I1，五铢3	汉一期	

续表

墓号	发掘区	墓室形制	墓向	墓圹（长×宽-深）	墓室（长×宽-深）	结构	随葬器物	期别	备注
M19	A	石椁墓	5°/185°	3.9×2.2-1.24	2.28×0.78-0.76	墓室为石椁，顶部有5块石质盖板，厚14厘米，侧板厚10厘米。椁室南端（脚端）有器物箱，顶部有3块石质盖板，厚14厘米	陶罐BⅠ，五铢1	汉一期	
M20	A	砖椁墓	5°/185°	3.22×1.28-1.1	2.06×0.54-存深0.36	椁室南端有砖砌器物箱	陶罐BⅠ1，陶罐CⅠ2	汉一期	
M21	A	石椁墓	5°/185°	5×2.3-1.6	3.3×0.8-0.8	墓室为石椁，顶部有2块石质盖板，椁室北端有石质器物箱	陶罐AcⅠ4，陶罐CⅠ1，铁剑1	汉一期	
M22	A	砖椁墓	2°	3.3×1.3-1.8	2.1×0.6-存深（0.3~0.4）	椁室南端（脚端）有器物坑	陶罐AaⅠ1，陶罐AbⅠ1，陶豆1	汉一期	
M23	A	砖椁墓	2°	3.26×1.5-1.3	2.1×0.62-存深0.4	椁室南端（脚端）有砖砌器物箱	陶罐BⅠ1，陶罐CⅠ2	汉一期	
M24	A	石椁墓	178°/358°	4×2.28-1.86	2.42×0.8-0.78（西）3.15×（0.78~1.76）-0.8（东）	石椁双室。西室较高，借助东室壁建成，底板叠压东室底板，盖板东室较低，从东、南两侧形成对西室的半包围结构	陶壶AⅠ2	汉一期	
M25	A	石椁墓	6°	4.0×1.4-2.2	2.2×0.78-0.72	顶部有两块石质盖板，南部有一器物坑，被M24破坏一角	陶罐AbⅠ1，陶罐AcⅠ1，陶罐CⅠ1	汉一期	
M26	A	石椁墓	356°	3.9×1.5-1.4	2.2×0.82-0.78	石质盖板3块，椁室南端有砖砌器物箱	陶罐AcⅠ1，陶壶C2，陶罐D	汉一期	
M27	A	石椁墓	355°	3.7×1.5-2.56	2.1×0.75-0.64	顶部有2块石质盖板，墓室南端有砖砌器物箱	陶罐AaⅠ1，陶壶C2，陶罐B	汉一期	

续表

墓号	发掘区	墓室形制	墓向	墓圹（长×宽-深）	墓室（长×宽-深）	结构	随葬器物	期别	备注
M28	A	土坑墓	5°	2.5×1.1-2.0		有东、西二层台	陶罐C I 2，陶鋬1	汉一期	
M29	A	砖椁墓	94°	2.6×1.12-2.8	2.04×0.52-存深0.45		铁剑1	汉二期	
M30	A	砖椁墓	355°	2.8×1.0-1.56	2.0×0.6-存深0.46	墓室使用平砖垒砌，盖顶不存。南端有砖砌器物箱	陶罐C I 3	汉一期	
M31	A	砖椁墓	357°	2.5×1.1-1.7	1.5×0.44-存深0.42	墓室结构为单砖平砌，墓室南端有砖砌器物箱	陶罐C I 1	汉一期	
M32	A	石椁墓	355°	3.1×1.3-1.8	2.1×0.7-0.62	顶部有3块石质盖板，墓室南端有砖砌器物箱	陶罐B I 2，陶罐C I 1	汉一期	
M33	A	砖椁墓	1°	3.18×1.16-2.1	2.16×0.6-存深0.4	墓室结构为单砖平砌，墓室南端有砖砌器物箱	陶罐Aa I 1，陶罐B I 1，陶罐C I 1	汉一期	
M34	A	砖椁墓	18°	2.85×1.1-1.9	2.04×0.6-存深0.4	墓室结构为单砖平砌，墓室南端（脚端）有砖砌器物箱	陶罐C I 3	汉一期	
M35	A	砖椁墓	15°	2.6×（0.88~1）-存深1.5			陶罐C I 1	汉一期	M34打破
M36	A	砖椁墓	85°/265°	3.0×0.98-1.2	2.20×？-存深0.6	墓室结构为单砖平砌，墓砖内侧模印菱形纹	无	汉二期	
M37	A	土坑墓	86°/266°	2.7×0.8-1.2		墓室破坏严重	陶罐B II 1，陶罐D II 2	汉二期	
M38	A	土坑墓	9°/189°	2.94×（0.5~0.9）-1.3			陶罐D I 3，铁剑1	汉一期	
M39	B	砖室墓	174°	1.7×（0.6~0.78）-0.55	1.38×（0.3~0.48）-存深（0.2~0.35）		无	宋	
M40	B	砖室墓	180°	1.1×0.45-0.55	0.93×（0.18~0.23）-（0.14~0.24）		无	宋	儿童墓

续表

墓号	发掘区	墓室形制	墓向	墓圹（长×宽−深）	墓室（长×宽−深）	结构	随葬器物	期别	备注
M41	B	砖室墓	185°	1.2×0.7−0.3	0.98×0.3−0.05	墓室狭窄	无	宋	儿童墓
M42	B	砖椁墓	85°/175°	2.6×1.2−1.36	2.1×0.7−0.66	底部有铺地砖	无	汉一期	
M43	B	土坑墓	50°	2.3×0.56−0.4			无	宋	头下枕陶瓦
M44	B	土坑墓	190°	0.86×0.3−0.4			无	宋	
M45	B	砖椁墓	13°	3.4×2.04−0.8	2.0×0.63−0.6（东）1.89×0.69−0.6（西）	双室	陶罐BⅠ3	汉一期	
M46	B	砖室墓	182°	1.14×（0.4~0.5）−0.25	0.84×（0.1~0.2）−0.2	墓室简陋，仅可容身	无	宋	儿童墓
M47	B	砖室墓	185°	1.12×（0.35~0.56）−0.25	0.84×（0.16~0.26）−0.2	墓室简陋	无	宋	儿童墓
M48	B	砖室墓	185°	2.5×0.82−0.75	1.51×（0.4~0.55）−存深0.4	墓室依木棺形状垒砌，顶部使用平砖盖顶	陶罐2	宋	
M49	B	砖椁墓	5°	2.98×1.12−0.56		椁室不存	陶罐BⅠ3，陶壶B1	汉一期	
M50	B	土坑墓	172°	1.7×0.6−0.65		砖室平砖垒砌，墓室狭窄	白釉碗1	宋	
M51	B	砖室墓	180°	3.0×1.0−0.82	2.01×（0.36~0.55）−0.37	平砖叠涩组成墓室，其上使用立砖交叉成"V"字形券顶	白釉碗4，铜钱1	宋	
M52	B	砖室墓	165°	2.78×1.0−0.82	2.0×（0.6~0.68）−存深0.4	墓室狭窄。南壁上有壁龛	白釉罐1	宋	
M53	B	砖室墓	175°	0.75×0.45−0.4	0.58×0.19−0.14	6块长方形砖组成	无	宋	儿童墓
M54	B	砖室墓	172°	0.95×0.4−0.44	0.76×0.25−0.14	8块青砖组成	无	宋	儿童墓

续表

墓号	发掘区	墓室形制	墓向	墓圹（长×宽－深）	墓室（长×宽－深）	结构	随葬器物	期别	备注
M55	B	砖椁墓	5°/185°	3.05×1.3-0.55	2.06×0.66-0.45	南部有器物箱，略宽于墓室	陶罐Ac I 2、陶罐B I 1、五铢30、铁刀1、石黛板1	汉一期	
M56	B	砖椁墓	2°/182°	2.98×（0.6~0.76）-0.5	2.08×（0.32~0.42）-0.3	仅残留两堵砖墙	陶罐1（口残）	汉一期	
M57	B	砖室墓	0°/180°	3.22×1.2-0.54	2.14×0.7-0.4		白釉碗1	宋	
M58	B	砖室墓	172°	2.02×0.98-0.8	1.86×（0.46~0.62）-0.58		白釉罐1	宋	
M59	B	砖椁墓	98°	2.8×1.2-0.78	2.09×（0.56~0.72）-0.36	砖室仅存顶部一层砖。西部有脚箱，没有用砖垒砌四壁	陶罐B II 1、陶罐D I 2、铁刀1、五铢1	汉二期	
M60	B	土坑墓	182°	1.1×0.5-0.64	0.97×（0.26~0.36）-0.14	砖室由8块砖组成	无	宋	儿童墓
M61	B	砖室墓	170°	2.2×1.0-0.8	1.74×（0.32~0.6）-（0.35~0.45）	上部使用平砖纵向垒砌封顶	无	宋	
M62	B	砖室墓	175°	残1.6×0.86-0.15	残0.88×0.62-0.1	砖室破坏严重	无	宋	形制不明
M63	B	砖室墓	178°	0.87×（0.36~0.47）-0.26	0.78×（0.36~0.47）-0.14	南北两端各1块砖	无	宋	儿童墓
M64	B	砖室墓	190°	0.94×0.34-0.25	0.76×0.2-存深0.14	砖室采用单砖垒砌	无	宋	儿童墓
M65	B	砖室墓	2°/182°	3.2×1.2-0.4	残长1.0×残宽1.0×0.18~0.36	砖室破坏严重，仅发现小段残留砖墙	无	宋	
M66	B	石椁墓	6°/186°	3.6×3.24-1.2	2.24×0.72-0.75	盖顶中部有盗洞。南端有砖砌器物箱	陶瓮 I 1、五铢7	汉一期	M66、69、70异穴合葬墓
M67	B	砖椁墓	356°	3.0×1.3-0.78	2.36×0.76-存深0.62	盖板不存，砖室采用单砖平砌。有砖砌脚箱	陶罐Ab I 1、陶罐C I 1、铜洗1（残）	汉一期	

续表

墓号	发掘区	墓室形制	墓向	墓圹（长×宽－深）	墓室（长×宽－深）	结构	随葬器物	期别	备注
M68	B	砖、石椁双室墓	3°	4.2×2.7-1.3	2.18×0.9-0.8（西）2.18×0.7-0.72（东）	双室墓。西侧盖顶由4块石板组成，石板已经断裂，石椁采用加工平整的5块石板使用榫卯结构构组成，十分稳固。南端盖有砖砌器物箱：东室盖顶不存，砖室采用平砖全砌，其中东壁使用平行的两行砖	陶罐Ac I 3，陶罐C I 1，陶壶C1	汉一期	异穴合葬
M69	B	砖椁墓	6°/186°	3.6×3.24-1.2	2.14×0.66-存深0.48	三墓并列，东部是M69，墓室使用平砖垒砌南端有砖砌器物箱	陶罐Ac I 2，陶壶C1	汉一期	
M70	B	砖椁墓	6°/186°	3.6×3.24-1.2	2.14×0.8-存深0.76	三墓并列，西部是M70，墓室使用平砖全砌，南端有砖砌器物箱	陶罐Aa I 1，陶罐B I 1，陶罐C I 1，五铢1	汉一期	
M71	B	砖室墓	182°	0.9×0.5-0.2	0.73×（0.18~0.24）-存深0.14	平砖组成墓室	无	宋	儿童墓
M72	B	砖室墓	2°	2.9×1.1-0.6	2.13×0.63-（0.45~0.5）	墓室采用单砖平砌，端有砖砌器物箱	陶罐C I 3	汉一期	
M73	B	砖室墓	181°	3.02×1.1-0.64	2.04×0.66-0.5	盖顶不存，墓室采用单砖平砌，有部分铺地砖	陶壶D1	汉一期	
M74	B	砖室墓	358°	0.94×0.45-0.3	0.78×（0.17~0.26）-0.28	立砖简单构筑	无	宋	儿童墓
M75	B	土坑墓	6°/186°	2.8×1.16-1.1	2.2×0.8-2.38		无	不明	
M76	B	砖室墓	0°			被M72打破	陶罐Ac I 1，铅泡1	汉一期	
M77	B	砖室墓	176°	1.1×0.41-0.4	0.96×（0.25~0.3）-0.15	平面呈梯形，10块青砖砌成椁室	无	宋	儿童墓
M78	B	砖室墓	178°	0.74×0.35-0.39	0.6×（0.1~0.22）-0.14	平面呈梯形，由5块青砖砌成椁室	无	宋	儿童墓
M79	B	砖室墓	194°		0.7×0.86-存深0.3	破坏严重，残留墙仅余两块砖的长度	白釉罐1	宋	

续表

墓号	发掘区	墓室形制	墓向	墓圹（长×宽—深）	墓室（长×宽—深）	结构	随葬器物	期别	备注
M80	B	砖室墓	180°	1.84×0.8-0.5	1.42×（0.32~0.4）-0.14	采用逐层叠涩全砌法，上部使用立砖交叉成"V"字形。头部有壁龛	陶罐1，白釉碗1	宋	
M81	B	土坑墓	95°	2.8×1.6-2.06		四壁平整	无	不明	
M82	B	砖椁墓	0°	2.89×0.9-1.12	2.1×0.58-0.41	南端有砖砌器物箱	陶罐CⅠ2，陶罐DⅠⅠ1，骨状物1	汉一期	
M83	B	砖室墓	173°	2.5×1.14-0.7	2.1×（0.55~0.75）-0.25		陶罐1，白釉碗1	宋	
M84	B	石椁墓	180°	2.82×1.38-1.72	2.1×0.8-0.8		无	汉一期	
M85	B	石椁墓	276°	2.18×0.91-1.51	2.08×0.75-0.77	三块底板，盖板被破坏	陶罐DⅡ1	汉二期	
M86	B	砖室墓	0°	2.38×0.76-0.5	1.8×（0.3~0.48）-0.22	侧壁砖稍倾斜收缩排列，由南端往北逐层减砖。顶砖纵向平铺	陶罐1	宋	
M87	B	砖室墓	178°	0.89×0.36-0.4	0.78×0.12-0.24-0.14	上盖板石	无	宋	儿童墓
M88	B	砖室墓	185°	1.02×0.4-0.35	0.84×（0.18~0.25）-0.14	用石块或残完整的青砖组成	无	宋	儿童墓
M89	B	砖室墓	272°	2.4×1.3-0.96	2.02×0.72-0.6	墓口未发现盖板，墓室底部铺一层底砖	陶罐1	宋	
M90	B	土坑墓	275°	2.7×1.4-2.0		四边有二层台	无	不明	
M91	B	土坑墓	9°	2.6×1.8-1.8		有生土二层台	无	不明	
M92	B	石椁墓	276°	3.0×1.6-1.72	2.22×0.9-0.92	底部铺一块长方形石板	陶壶B1	汉二期	

续表

墓号	发掘区	墓室形制	墓向	墓圹（长×宽-深）	墓室（长×宽-深）	结构	随葬器物	期别	备注
M93	B	石椁墓	95°/275°	2.7×1.6-1.1	2.2×0.86-（0.88~0.89）	墓底由三块石板铺底组成，墓口盖石板	无	汉二期	
M94	C	石椁墓	264°	4.2×2.6-1.06	2.16×0.92-存深0.8	顶部有盖板3块，椁板厚12厘米	无	汉二期	
M97	D	石室墓	276°	6.6×4.2-1.14	2.6×2.15-存深0.9	墓室使用条石砌，前室为砖砌，后室共为两室南北并列，两室顶被破环，用一壁，券顶被破砖，有铺地砖，发现残门轴	早期被盗，未发现随葬品	汉三期	石室墓
M98	B	砖室墓	175°	1.75×0.95-0.5	1.3×（0.22~0.34）-存深0.29	墙在底部以砖立起垒砌，上层以平砖呈斜面垒砌。顶部被保存较好，以平砖平砌而成	无	宋	儿童墓
M99	B	砖室墓	184°	1.15×0.58-0.45	0.78×0.17-0.15	主室共三层，均采用长方形青砖垒成，主室上部由8块同样规格的青砖做盖板，共两层，上层2块，下层6块	无	宋	儿童墓
M100	B	砖室墓	188°	1.3×0.6-0.42	1.05×0.22-0.15	墓室采用长方形青砖垒砌。主室上部用同样规格的青砖做盖板，共9块，分上下两层，上层3块，下层6块	白釉碗1，白釉罐1	宋	儿童墓
M101	B	砖室墓	186°	0.63×0.35-0.35	0.6×0.27-0.14	残存3块立砖，东侧一块，西侧两块	无	宋	儿童墓
M102	B	砖室墓	185°	1.4×0.7-0.35	1.24×0.3-存深（0.15~0.25）	单砖平砌而成。东壁保存较多，共残存5块，西壁残留三层半段	无	宋	儿童墓
M103	B	砖室墓	176°	2.2×1.0-0.4	1.5×（0.24~0.42）-0.26	单砖平砌而成，东西两壁平砌叠涩，头部有壁龛，无随葬品	无	宋	
M104	B	砖室墓	182°	2.27×0.95-0.52	1.9×（0.38~0.53）-存深0.29	叠涩起券，立砖交叉成"V"字形，头端有壁龛	陶碗1	宋	

续表

墓号	发掘区	墓室形制	墓向	墓圹（长×宽-深）	墓室（长×宽-深）	结构	随葬器物	期别	备注
M105	B	土坑墓	178°	1.1×0.5-（0.08～0.12）		顶部有三块盖砖	无	宋	儿童墓
M106	B	砖室墓	175°	1.15×0.7-0.3	0.81×0.29-存深0.1	顶部保存较好没有被破坏，由七块整砖封顶	无	宋	儿童墓
M107	B	砖室墓	182°	1.05×0.5-0.25	0.85×（0.24～0.28）-存深0.14	顶部由3块整砖封顶	无	宋	儿童墓
M108	D	砖室墓	95°/275°	3.54×1.26-0.96	2.85×0.78-0.6	墓被破坏，为单砖平砌而成，从顶保存状况判断，应为券顶墓，有铺底砖	陶罐BIII1，陶罐DIII1，五铢2，石黛板1，铁刀1，残陶器1	汉三期	
M109	B	砖室墓	172°	2.5×1.34-0.64	1.94×0.86-0.5	保存较好。东西两侧均为单砖平砌而成，南北两侧由两层砖砌成，上面为三层单砖，墓室无铺底砖	白釉罐1，白釉碗1	宋	
M110	B	砖室墓	173°	0.95×0.65-0.35	0.83×0.28-存深0.13	墓室简单，由大小不等的砖块组成	无	宋	儿童墓
M111	B	砖室墓	175°	1.35×0.65-0.25	0.93×0.24-存深0.2	墓室由大小不等砖组成	无	宋	儿童墓
M112	B	形制不明	5°/185°	1.65×0.7-0.25	1.44×0.3-0.14	该墓破坏严重	无		
M113	D	土坑墓	275°	3.6×2.6-0.5	2.85×2.07-0.4	墓为双室，单砖平砌而成，两墓室之间由砖墙隔开，砖墙上留有小窗。均有铺地砖	陶器残片1，五铢残片	汉三期	
M114	C	砖室墓	95°/275°	2.18×0.95-0.55	1.95×（0.58～0.66）-（0.12～0.36）	四周采用长方形青砖立筑，共残留1～3层，底部用同样规格的青砖做铺底砖，从现存部分看为中间横向，两侧纵向铺成	无	宋	

续表

墓号	发掘区	墓室形制	墓向	墓圹（长×宽-深）	墓室（长×宽-深）	结构	随葬器物	期别	备注
M115	C	砖椁墓	276°	2.8×1.03-0.5	2.04×0.72-（0.2~0.4）	采用长方形青砖垒筑，底部用同样规格的青砖做铺底砖。墓室东部有器物土坑	陶罐1（残）	汉二期	
M116	C	石椁墓	185°	3.2×1.46-1.28	2.4×0.88-0.88	上部用三块石板做盖板，椁室两侧用挡板和两块侧板组成，厚度均为12厘米，底部用三块厚10厘米的长方形石板铺底	无	汉一期	
M117	C	石椁墓	186°	3.0×1.4-1.54	2.28×0.88-0.9	上部用三块厚17厘米的长方形石板做盖，椁室两侧分别用挡板和两块侧板组成。两侧板内侧带有凹槽，与盖板相吻合。底部用三块厚10厘米的长方形石板铺底	五铢10	汉一期	
M118	B	石椁墓	93°/273°	3.0×1.7-1.1	2.22×0.78-0.80	上盖板石厚约10~12厘米，挡板石厚约10~14厘米	无	汉二期	
M119	D	砖室墓	275°	4.2×2.3-0.4	2.96×1.2-存深0.12	墓室破坏严重	五铢5	汉三期	
M120	D	砖室墓	95°/275°	4.4×2.3-0.8	3.15×0.96-存深0.36	墓室结构为单砖平砌	无	汉二期	
M121	B	砖椁墓	176°		1.95×0.67-0.5	墓室结构为单砖平砌	陶罐CⅠ1、陶瓮Ⅰ1、陶盆1、铜洗1	汉一期	
M122	C	砖椁墓	106°/286°	1.75×0.9-0.6	1.72×0.62-存深0.48	墓室结构为单砖平砌，自下往上向外倾斜微张	陶壶B2	汉二期	
M123	B	砖室墓	176°/356°		2.04×0.88-存深0.4	墓室结构为单砖平砌，墓室南壁中间有一壁龛。墓葬被M102、M104打破	白釉罐1	宋	
M124	B	石椁墓	176°/356°	2.4×1.3-1.0	2.4×1.3-1.4	仅存西侧板	无	汉一期	

续表

墓号	发掘区	墓室形制	墓向	墓圹（长×宽-深）	墓室（长×宽-深）	结构	随葬器物	期别	备注
M125	B	土坑墓	173°	2×1.2-0.4			陶瓿Ⅰ1	汉一期	
M126	B	土坑墓	176°	1.1×0.7-0.3		东壁与北壁被破坏	无	不明	
M127	C	砖椁墓	99°	2.9×1.56-0.6	2.06×1.05-存深（0.14~0.5）	墓室结构为单砖平砌，墓室西端（脚端）有砖砌器物箱	陶罐BⅡ1，陶罐CⅡ4，五铢3	汉二期	
M128	C	石椁墓	274°	2.8×1.46-1.2	2.07×0.75-0.74	顶部盖板保存完整，为3块长方形石板。椁室由2块侧板、2块盖板和3块底板构成。东侧盖板外侧有器物坑	陶罐AbⅡ1	汉二期	
M129	D	砖椁墓	90°/270°	5.0×2.8-0.8	残长2.85×1.02-存深0.72	墓室结构为单砖平砌，墓室西端有砖砌器物箱	陶罐AaⅡ1，陶罐BⅡ2	汉二期	
M130	B	石椁墓	90°/270°	2.8×1.3-1.2		上部被破坏掉，只剩下墓室底板	无	汉二期	
M131	B	石椁墓	90°/270°	3.0×1.5-0.16	2.48×1	上部被M130破坏，只剩下墓底石板3块	无	汉二期	
M132	C	砖椁墓	4°/184°	1.25×1.05-0.6		墓室已经全部破坏，仅残留器物箱	陶罐AaⅠ1，陶罐AbⅠ2，陶钵1	汉一期	
M133	B	形制不明	不明			墓室东南部被M126打破	无		
M134	C	石椁墓	15°	2.8×1.5-1.3	1.8×0.9-存深0.4	顶部盖板为3块长方形石板，椁室为2块侧板、2盖板和3块底板构成	铜带钩1，五铢2，铁环1	汉一期	
M135	D	砖室墓	90°/270°	4.5×2.8-1.3	2.54×0.88-存深1.0	券顶墓，平砖叠涩组成墓室，其上使用立砖成券顶，东部、西部有铺地砖，东部用平砖封门，底部平砖改板呈"人"字形封门，上部改用平砖封门	陶瓮Ⅲ1，五铢3	汉三期	

续表

墓号	发掘区	墓室形制	墓 向	墓圹（长×宽–深）	墓室（长×宽–深）	结 构	随葬器物	期别	备注
M136	B	砖室墓	178°	1.35×0.8–0.25	0.92×0.35–0.05	结构简单，墓室只用零碎青砖铺成	无	宋	儿童墓
M137	B	砖室墓	191°	1.5×0.7–0.25	0.85×（0.14～0.23）–存深0.15	墓室结构简单，5块立砖组成砖室，其上用两块平砖覆盖	无	宋	儿童墓
M138	B	砖室墓	176°	0.85×0.5–0.25	0.57×0.15–0.14	墓室简单，由碎砖组成墓壁，只有1层砖，无盖顶，构造简单	无	宋	儿童墓
M139	B	砖室墓	356°	2.5×1.0–1.0	2.05×0.6–存深0.65	墓室顶部盖板被破坏不存，四壁及底部用单砖平砌，较整齐	骨束发器1	宋	
M140	C	形制不明	不明	2.5×1.4–0.4	不明	墓底被破坏严重。只残存有少量凌乱的青砖	无	不明	
M141	B	形制不明	不明	2.2×1.3–1.2	不明	填五花土，有夯打痕迹	无	不明	
M143	C	砖椁墓	90°/270°	4.6×2.6–1.0	2.15×0.69–存深0.55	主室东西两壁共11层，每隔一层为青砖纟成，每隔一层为一行丁砖，外侧之间填土，最上层上下之间填大砖与丁砖。北端一块一块丁砖。东西两壁与主室相连，共13层，南面无砖，器物箱与主室和器物箱底部均用青砖铺底	陶罐Ab I 1，陶罐C I 1	汉二期	
M149	B	砖室墓	182°	2.9×1.26–0.8	2.10×0.6–存深0.4	顶部单砖平铺封顶，墓室南部宽，北部内收呈锐角。北端三角铺地砖。墓底有铺地砖。墓门封门为人字形封门	铜钱4	宋	

续表

墓号	发掘区	墓室形制	墓 向	墓圹（长×宽－深）	墓室（长×宽－深）	结 构	随葬器物	期别	备注
M152	B	砖室墓	175°	2.46×1.08-0.5	1.9×（0.4～0.56）-0.14	顶部立砖交叉成券，墓室结构为单砖平砌，顶部叠涩内收，南部有壁龛	陶罐1、白釉碗1、铜钱1	宋	
M153	B	砖室墓	180°	2.18×0.75-0.65	1.66×（0.3～0.43）-0.35	顶部立砖交叉成券，墓室东西两壁起券呈拱形	白釉罐1	宋	
M154	B	形制不明	175°		2.06×0.7-0.4		无	不明	
M155	B	砖室墓	175°	2.62×1.0-0.72	1.98×（0.15～0.54）	墓室平面为前宽后窄的梯形。墓室南壁有壁龛	白釉罐1、白釉碗1	宋	
M156	B	砖椁墓	90°/270°	3.6×2.2-1.7	7.14×0.74-0.94	墓东北角发现早期盗洞，为不规则椭圆形。顶部盖板破坏不存，墓室结构为单砖横向平砌一层与丁向平砌相间	无	汉三期	
M157	B	土坑墓	187°	1.35×0.6-0.6			白釉罐1，青瓷高足杯1，铜钱13	宋	儿童墓
M158	B	砖椁墓	271°	3.3×2.1-1.9	2.08×0.8-0.72		陶壶B1	汉三期	
M159	D	砖室墓	270°			该墓葬由墓道、墓门、前室、后室组成。墓道平面为东宽西窄的梯形，西高东低斜坡状，墓门石质，由一个门楣、两个门柱、两扇门和门础石组成，门楣及门柱上为简单的斜线纹和弧形纹装饰，墓门上为铺首衔环，前室平面为长方形，结构为单砖平砌，顶部破坏，顶部叠涩内收，有铺底砖，墓室平面为长方形，中间两层砖墙分其为南北两室	陶罐AaⅢ4、陶罐B　　ⅢⅠ	汉三期	

续表

墓号	发掘区	墓室形制	墓向	墓圹（长×宽－深）	墓室（长×宽－深）	结构	随葬器物	期别	备注
M160	D	砖室墓	90°/270°	3.6×1.5-0.7	2.71×0.6-存深0.44	墓室结构为单砖平砌	陶罐DⅢ3、铁刀1、货泉2	汉三期	
M161	B	砖室墓	167°	1.48×0.8-0.4	1.12×（0.38~0.47）-存深0.25	顶部为一块不规则椭圆形石板，墓室结构为单砖平砌	白釉罐1	宋	
M162	B	石椁墓	不明		不明	仅存铺底石板2块	无	不明	
M163	B	砖室墓	175°	2.30×0.82-0.5	1.92×（0.35~0.54）-存深（0.1~0.15）	墓室结构为单砖平砌	无	宋	
M164	B	砖室墓	178°	2.5×1.0-0.6	1.9×（0.48~0.6）-存深0.4	平铺封顶，墓室结构为宽后部略窄单砖平砌	瓷瓶1	宋	
M165	B	砖室墓	175°	1.3×0.75-0.41	0.9×0.3-存深0.1	墓室结构为碎石和碎石混合平砌	无	宋	儿童墓
M166	B	砖室墓	188°	2.1×0.8-0.6	1.80×0.58-0.45	墓室结构为四壁内部单砖侧立，外部单砖侧立垒砌	无	宋	
M167	D	砖室墓	275°	4.65×2.8-0.9	3.21×1.05-存深0.64	墓室结构为单砖平砌，墓室西端不见砖壁，紧靠铺地砖地发现石板一块	陶罐AaⅢ1、陶罐BⅢ1、陶罐DⅢ1、五铢3、铁刀1	汉三期	
M168	E	砖椁墓	10°	3.72×2.1-1.12	2.01×0.63-0.82	墓底对缝平砌，墓壁错缝，墓顶横砖盖顶。南部有器物箱	陶罐BⅠ2、陶罐CⅠ1、铁刀1	汉一期	
M169	E	砖椁墓	7°	3.7×2.2-0.7	残长（1.92~2.22）×0.57-深0.5	南端有器物箱，东侧有器物坑，墓壁错缝平砌	陶罐BⅠ5	汉一期	
M170	E	砖椁墓	5°	2.97×1.1-0.9	2.37×0.66-0.76	墓底平铺，墓壁错缝平砌，墓顶四壁内收，顶部塌陷	陶罐BⅠ3	汉一期	
M171	E	砖椁墓	354°	3.85×2.0-0.65	2.08×0.6-0.4	南端有器物箱，南北42、东西90厘米。墓底平铺，墓壁错缝平砌	陶罐BⅠ2、陶罐1	汉一期	

续表

墓号	发掘区	墓室形制	墓向	墓圹（长×宽-深）	墓室（长×宽-深）	结构	随葬器物	期别	备注
M172	E	砖椁墓	4°	4.1×2.0-0.64	2.5×0.72-0.16	底平铺，墓壁错缝平砌，上部破坏	无	汉一期	
M173	E	砖、石椁墓	8°	4.6×3.2-0.5	1.94×残宽（0.66~1.76）-存深0.4	石板铺底，错缝平砌，上部破坏，南部有器物箱	陶罐AcI1、陶罐BII1、陶瓮I1	汉一期	
M174	E	石椁墓	358°	4.9×3.8-0.76	2.30×0.98-存深0.41	双室均用石板扣合，共用一壁，石板铺底，上部破坏，西壁破坏，南侧双器物箱为砖砌，无铺地砖	陶瓮I2	汉一期	
M175	E	砖椁墓	10°	3.3×1.08-0.42	2.45×（0.56~0.66）-0.36		陶罐BI2、陶罐CI1	汉一期	
M176	E	砖室墓	185°	3.9×2.4-1.34	2.8×（0.84~0.96）-0.84	墓底两横一竖砖平铺，东壁及北壁平砖错缝平砌，西壁一头平砌，券顶，顶上平盖一层砖，南侧有墓门，下有过门石，两侧设门柱，双扇石门，门扇外开，上有画像，门前铺首衔环，门前有斜坡墓道	五铢3、画像石门2	汉三期	画像石墓门，斜坡墓道
M177	E	砖椁墓	10°	3.27×1.05-0.6	2.42×（0.48~0.6）-0.36		陶罐CI2、陶壶C1	汉一期	
M178	E	砖椁墓	3°	3.3×1.05-存深0.64	残长2.94×0.84-0.46		无	汉一期	
M179	E	双砖椁墓	358°	4.2×3.0-1.37	西室2.2×0.7-0.59 东室残长2.06×0.66-0.54	西室墓底横砖平铺，壁错缝平铺，南侧器物箱3件；内置陶罐3，壁错缝平砌，底，借用东壁，西壁无砌，东室用东壁，北壁破坏，南设器物箱	陶罐AbII1、陶罐BII1、陶罐CI3、陶罐DI1、五铢4	汉一期	
M180	E	砖椁墓	4°	3.2×1.03-0.84	2.56×0.52-0.34	南端设器物箱二横一竖平铺，铺地砖错缝，墓壁竖平铺，墓室与器物箱之间设单竖砖相隔	陶罐CI1、陶壶C2	汉一期	

续表

墓号	发掘区	墓室形制	墓向	墓圹（长×宽-深）	墓室（长×宽-深）	结构	随葬器物	期别	备注
M181	E	砖室墓	101°/281°	3.1×2.35-0.4	2.2×1.48-存深（0.16~0.32）	墓底对缝平铺、壁错缝平砌，上部破环	五铢2	汉三期	
M182	E	砖椁墓	6°	3.6×1.6-1.14	2.16×0.6-存深0.46	南端设器物箱，墓底对缝平铺	陶罐AcIII2、陶壶C1、大泉五十15	汉三期	
M183	E	石椁墓	185°	2.8×1.85-2.2	2.1×0.86-0.8	墓壁用四块石板拼合，顶与底各用三块石板铺盖	五铢10	汉一期	
M184	E	双砖椁墓	14°	3.75×2.7-1.06	西室2.1×0.54-0.66、东室2.1×（0.62-0.68）-存深0.38	墓壁错缝平铺，西室石板盖顶，东室被扰、无壁。两室共用一壁，南端设两器物箱，两器物箱共用一壁	陶罐AaI3、陶罐BI2、陶壶C1、五铢4	汉一期	
M185	E	砖椁墓	12°	3.4×1.9-1.32	2.2×0.86-0.8		陶罐AaIII1、陶罐AbII1、陶罐DIII1	汉三期	
M186	E	双石椁墓	355°	4.1×2.9-1.26	西室2.04×0.7-0.8、东室2.04×0.8-0.8	墓壁石板扣合、底、顶各三块板铺盖，墓室分东西两室，墓壁借用东壁14厘米。南端分设2器物箱，西器壁三块错缝平砌，无铺底，东器物箱石板盖顶，无铺底，器物箱无盖顶	陶罐AbIII2、陶罐CII1、陶瓮III1、铜五铢及大泉五十8、铁刀1、铁剑1	汉三期	
M187	E	石椁墓	358°	2.52×1.1-1.1	2.1×0.7-0.7	墓壁石板扣合、底、顶各三块板铺盖	五铢2、铁刀1、铁剑1	汉一期	
M188	E	石椁墓	4°	4.0×2.1-1.1	2.32×0.72-0.7	墓壁石板扣合、底、顶各三块板铺盖，墓南端缝平砌，壁用砖错缝平砌	陶罐AcI2、陶罐DI1、陶罐CI2、铜五铢27、残铁剑1、残罐1	汉一期	
M189	E	石椁墓	2°/182°	4.3×1.8-存深0.4	墓室不存	墓室只剩3块铺地石，墓室南端设器物箱	釉陶壶2、陶罐1、五铢1	汉一期	

续表

墓号	发掘区	墓室形制	墓向	墓扩（长×宽-深）	墓室（长×宽-深）	结构	随葬器物	期别	备注
M190	E	砖椁墓	172°/352°	2.0×0.68-存深0.1	1.92×（0.3~0.6）-存深0.2	墓底对缝平铺、残存墓底，厚4厘米	无	汉一期	
M191	E	三石椁墓	0°	4.6×3.8-1.6	西室2.1×0.74-0.72 中室2.45×0.88-0.84 东室2.28×0.75-0.7	中、西室南设器物箱，西室器物箱底、壁平砖错缝对缝平铺，中室器物箱错缝对缝平砌，东室壁单砖错缝平砌。三室底和顶各用三块石板铺盖	陶壶AⅠ7、铜带钩1、铁刀1、陶罐AbⅠ1、画像石3	汉一期	
M192	E	双石椁墓	5°	5.1×2.8-1.76	西室2.2×0.7-0.7 东室2.26×0.8-0.8	两室南端分别设器物箱，墓室分别用四块石板扣合，底和顶分别用三块石板铺盖。西室器物箱无铺底，壁单砖错缝平铺。东室内长226、宽80、深80厘米，东室器物箱上半部对单砖对缝平砌，下半部分错缝三块石平砌，无铺底，三块石板盖顶	陶罐AcⅠ3、陶罐BⅠ3、陶罐CⅠ2、陶罐DⅠ1、釉陶楼1、釉陶猪圈1、釉陶灶1、釉陶勺1、五铢3、残铁勺1、残罐1	汉一期	
M193	E	双石椁墓	3°/183°	4.0×2.9-0.36	残	只存部分墓底石	无	汉一期	
M194	E	石椁墓	4°	3.9×1.8-1.5	1.98×0.62-0.7	长方形土坑竖穴石椁墓，墓室用四块石板扣合，顶与底各用三块石板铺盖。南端设器物箱，壁用单砖错缝平砌，无铺底	陶罐AbⅡ2、陶罐BⅡ2、陶盉Ⅱ1、铜大泉五十55、铁刀1、铁剑1、残罐1	汉二期	
M195	E	石椁墓	6°	3.4×1.35-1.26	2.2×0.7-0.6	墓室用四块石板扣合，顶与底各用三块石板铺盖，壁用单砖错缝平砌，无铺底	陶罐CⅠ3、五铢1、铁削1	汉一期	

262　梁山薛垓墓地

续表

墓号	发掘区	墓室形制	墓向	墓扩（长×宽-深）	墓室（长×宽-深）	结构	随葬器物	期别	备注
M196	E	砖、石椁双室墓	356°	4.3×2.7-1.18	西室2.2×0.74-0.66 东室2.8×0.76-存深0.96	长方形土坑竖穴双室墓，西石室、东砖室，西室壁用7块石板扣合，东室壁有两块石板立对，二室中间有小门相通，底分别用三块石板铺盖，单砖缝错平铺，顶覆盖。东室西壁用块石覆顶借用西室西壁石，南半部借用西器物箱南北壁石，东北三面单壁用单砖铺底，无铺底，南壁用单砖缝错平砌，顶部结构不明	陶罐AaII2，陶罐CII1，陶瓮III1，铜饰件1，"货泉"16，铁剑1	汉二期	
M197	E	砖椁墓	5°	3.2×1.5-2.0	2.26×0.66-0.5	生土二层台，石板盖顶，墓室上口平砌二行单砖支撑器物箱，西壁用砖立砌，东室砖砌	陶罐BI1，陶罐CI1，陶瓮I1，五铢1，铁刀1	汉一期	
M198	E	双石椁墓	12°	4.1×3.7-1.4	西室2.34×0.84-0.82 东室2.38×0.86-0.80	长方形土坑竖穴双室石椁墓，墓室用四块石板分别用三块石板扣合，底石板铺盖，东室顶用石块扣合，南端用单砖缝错平砌，箱壁用单砖缝铺平砌，底对缝平铺，墓底平齐，无盖顶	陶罐AcI1，陶罐DI2，陶壶C1，五铢1，铁剑1，铁削1	汉一期	
M199	E	土坑墓	4°	2.9×1.38-1.2	尺寸不清	生土二层台，二层台宽28厘米	陶罐AaI1，陶罐CI1，陶罐BI1，五铢1，铁刀1	汉一期	

续表

墓号	发掘区	墓室形制	墓向	墓圹（长×宽—深）	墓室（长×宽—深）	结构	随葬器物	期别	备注
M200	F	砖、石椁墓	279°	4.1×2.6-1.4	南室 2.4×0.8-0.78 北室 2.4×0.74-0.74	南室为石室，墓壁用四块石板扣合，底和顶分别用二、三块石板铺盖，北室借用南室的北壁，其余三壁为单砖错缝平砌，顶用二块石板铺盖，两室东端设器物箱，底无铺，箱壁用单砖错缝平铺砌，无铺底与盖顶	陶罐AaI2，陶罐AbII1，陶罐AcII2，陶瓮II1，五铢50，铁刀1	汉三期	画像为壁穿纹
M201	F	砖、石椁墓	9°	3.7×2.6-1.5	西室2.24×0.66-0.62 东室 2.3×0.8-0.78	东室为石室，墓壁用四块石板扣合，底和顶分别用三块石板铺盖，西室为砖室，西室的东壁借用东室的西壁石，其余三壁为单砖错缝平砌，顶用三块石板铺盖，顶石压在东室石壁之上，底较东室高，东室南侧设器物箱，箱壁用单砖错缝平砌，无铺底与盖顶	陶罐AcII1，陶罐CIII2，五铢4	汉三期	
M202	F	砖椁墓	7°	3.1×1.5-0.85	2.1×0.7-0.6	壁为单砖错缝平砌，顶破坏，室南端设器物箱，箱壁用单砖错缝平砌，无铺底，底高于墓底24厘米	陶罐CI3，五铢11	汉一期	墓室东南角有红烧土面，可能为祭祀遗迹
M203	F	石椁墓	280°	3.0×1.3-1.35	2.1×0.68-0.76	墓壁用四块石板扣合，底和顶分别用三块石板铺盖，墓室东端设器物箱，石板盖顶	陶罐AbII1，陶罐DI1，残罐1	汉二期	
M204	F	砖椁墓	278°	3.5×1.6-1.34	3.18×1.16-0.92	壁为单砖错缝平砌，底对缝平铺，顶平砖叠涩内收	陶罐DIII1，陶瓮II1，五铢10，"大泉五十"9，铁刀1	汉三期	

续表

墓号	发掘区	墓室形制	墓向	墓圹（长×宽-深）	墓室（长×宽-深）	结构	随葬器物	期别	备注
M205	F	石椁墓	283°	2.9×1.5-0.72	椁室不存		无	汉二期	
M206	F	土坑墓	173°	1.8×0.78-0.26			白釉碗1、白釉罐1、铜钗1	宋	
M207	F	石椁墓	2°	2.8×1.4-1.48	2.22×0.78-0.78	壁用四块石板扣合，顶盖三块石板	陶罐Aa I 1、陶壶B1、"羊两"15	汉一期	
M208	F	砖椁墓	265°	3.3×1.2-1.06	2.04×0.6-存深0.5	壁用单砖错缝平砌，底对缝平铺。东端设器物箱，壁错缝平砌，无铺底，盖顶	陶罐C II 2（另2件残）、陶匜1	汉二期	
M209	F	石椁墓	95°/275°	3.6×1.5-0.70	椁室不存	仅存三块墓底石，南端设器物箱	陶罐Aa II 3	汉二期	破坏严重
M210	F	石椁墓	283°	3.5×1.4-1.6	2.2×0.8-0.78	椁室用四块石板扣合，顶和底各用三块石板铺盖，东部有生土二层台	陶壶B1、陶钵1、陶罐1	汉二期	生土二层台

附录一　梁山薛垓墓地M15出土玉璧鉴定报告

鉴定结果：

名　　称：和田玉玉璧

出土地点：薛垓墓地 M15

质　　量：123.92克

颜　　色：黄、红、绿

光性特征：非均质集合体

密　　度：2.96克／立方厘米

折 射 率：1.61（点测）

吸收光谱：不特征

放大检查：纤维交织结构

鉴定人：刘利星

检查人：李　津

山东省宝玉石测试研究中心

附录二　梁山薛垓墓地石椁石材鉴定报告

鉴定名称：含海绿石粒屑灰岩

采样编制号：LXSG001　　　采样地点：薛垓墓地

显微镜观察：变余粒屑结构，块状构造（层纹状构造）。

岩石主要由方解石组成，其次为海绿石，少量铁质等。岩石原岩主要由鲕粒、生物屑及分布于其间的泥晶和亮晶胶结物组成，后期岩石中的泥晶和鲕粒发生重结晶作用，岩石显示变余粒屑结构。

鲕粒：呈圆形及扁圆形，大小一般 0.2～0.5mm，均重结晶成变晶鲕。

生物碎屑：呈片状、钩状等形态，大小不等，一般 0.3～5mm，有的大于 5mm，有的有重结晶现象。根据其形态特征，应以三叶虫为主，需进一步确定。

胶结物：为晶粒状方解石，粒度一般 0.05～0.5mm，主要应为原岩中的泥晶重结晶而成，有些应为原岩中的亮晶胶结物。

海绿石：呈椭圆形及次棱角状颗粒，大小一般 0.01～0.3mm，在岩石中呈条纹状聚集分布。

铁质：呈粉末状，主要与海绿石分布在一起，有的分布于方解石粒间。

含量估计：

鲕粒：30%±　　　生物碎屑：25%±　　　海绿石：5%±

胶结物：40%±　　　铁质：少量

鉴定人：刘鹏瑞

检查人：郭宝奎

国土资源部济南矿产资源监督检测中心

附录三　梁山薛垓墓地出土动物骨骼鉴定报告

在薛垓墓地的 210 座墓葬中，4 座墓葬的器物箱内陶罐中发现禽、兽骨。经鉴定，共计禽类 1 种、兽类 2 种、鱼类 1 种。

鸡（肱骨等）

学名：*Gallus*

M12 陶罐中发现。

鸡蛋

发现时形状尚完整，移动即破碎。

M51 墓室内发现。

獾（头骨，牙齿缺失）

学名：*Meles*

M176 陶罐中发现。

小家鼠（头骨）

学名：*Mus musculus*

M176 陶罐中发现。

鱼（脊椎 1 段）

学名：*Teleostei*（真骨鱼次纲）

M176 陶罐中发现。

獾（肱骨、尺骨）

学名：*Meles*

M191 陶罐中发现。

鉴定人：张生

山东博物馆自然部

后　记

　　本报告的编写得到山东省文化厅、山东省文物局的领导以及山东省文化厅南水北调工程文物保护办公室的重视和支持，山东博物馆鲁文生馆长、杨波副馆长具体领导本报告的编写，山东省文物考古研究所郑同修所长、山东大学文化遗产研究院方辉院长对报告的编写提供了宝贵的写作、修改意见，济南市文化局崔大庸副局长亲自审定了铅车马器的名称并且审阅了文稿，对文章插图及彩版也提出了宝贵意见。济宁市文物局孙美荣局长为发掘工作提供了各方面的保障，并且在资料整理、报告编写等多方面给予了支持，使发掘报告得以顺利完成。谨在此向所有支持报告编写工作的领导、专家和所有参与薛垓墓地田野发掘、报告编写工作的同志们致以诚挚的谢意！

　　在报告成书的最后阶段，承蒙山东省文化厅、山东省文物局领导的支持，山东博物馆鲁文生馆长的多方协调，南水北调东线工程文物保护办公室王守功、张振国副主任的关照和督促，文物出版社编辑认真编辑，终于即将付梓，在此谨向所有为本报告提供支持和付出辛勤汗水的领导和工作人员表示崇高的敬意！

　　此外，山东大学宋艳波博士对薛垓墓地出土汉代人骨进行了鉴定，山东博物馆自然部张生副研究员对墓地发现的动物骨骼进行了鉴定，另外，石椁石材和玉璧送到国土资源部济南矿产资源监督检测中心进行了鉴定，鉴定结果放在附录中以供参考，这些附录作为报告内容的重要组成部分，为研究者提供了详实可靠的多方面信息，在此谨向参与鉴定工作的机构和个人致以诚挚的感谢！

　　参加此次考古发掘的有山东博物馆考古部、济宁市文物局考古研究室及梁山县文物管理所的同志。山东博物馆考古队执行领队杨波，副领队于秋伟、肖贵田，队员有惠夕平、卫松涛、梁国庆、杨爱国、杨三军、杨三晨、魏传刚、魏慎军、魏鑫等，济宁市文物局考古研究室王政玉、张骥、李德渠主持发掘了墓地的 E、F 两区。此外，梁山县文物管理所刘绍旺、李洪岭、田忠武、张爱民等参加了考古发掘工作。考古绘图由刘善沂、李德渠负责，杨三军、杨三晨、魏传刚、魏慎军等参与了绘图工作，摄影由于秋伟、张爱民完成。

　　梁山薛垓墓地考古报告编写工作从 2007 年 3 月开始，到 2010 年 10 月结束，期间因为其他野外考古发掘工作，整理工作断续进行。报告编写过程中，首先需要确定编写体例。山东博物馆专门召开了专家论证会，对报告编写的体例、内容编排等进行了论证，参加者包括山东省文化厅、山东省文物局、山东大学、山东省文物考古研究所、济南市文物局等单位的专家和学者 12 人，对报告的编写提出了建设性的意见。报告根据汉墓特点，本着方便研究者使用的原则，将墓葬的面貌全面、翔实的呈现在读者面前。

　　参加报告整理人员主要是山东博物馆考古部的同志，杨波同志总负责，于秋伟、肖贵田、卫松涛、梁国庆、李宁、张骥、李德渠、李洪岭参加了文物和资料的整理工作，朱华、宋爱平、李宁、丁品、卫松涛、徐波负责墓葬和器物线图的绘制，杨波、杨西辉对铜钱及画像石进行了拓印，于秋伟、卫松涛完成彩版的照相和编排。

　　发掘报告编写工作在 2010 年秋季结束，其中，肖贵田编写第一章，于秋伟编写报告的第二、三、五章，卫松涛编写第四章第二节，朱华编写第四章第一节，张骥、李宁、田洁、李洪岭参与了报告部分章节的编写工作。最后，由于秋伟完成报告的通稿。

Abstract

Xuegai Cemetery of Liangshan is located to the west of Xuegai Village in Liangshan, Ji'ning, Shandong. The new channel of the Great Canal, dug in 1958, bisects the cemetery north-to-south. In 2006, as part of the construction of Liangji Canal, the eastern route of the South-to-North Water Diversion, a joint archaeological team from Shandong Provincial Museum and Ji'ning Municipal Bureau of Cultural Relics carried out an eight-month excavation at this cemetery. The team excavated the one hundred and twenty-six Han tombs and sixty-one Song tombs reported in this book.

The Han tombs include sixty brick chamber tombs, fifty-one stone chamber tombs, five earthen pit tombs, nine brick tombs and one stone tomb. The brick chamber and stone chamber tombs were only large enough to accommodate a wooden coffin, with burial objects placed in a brick box or earthen pit at the end of the chamber. In the Western Han Dynasty, bricks, a new building material, were largely used in tombs, while the widespread use of iron tools allowed for the mining necessary to build stone tombs. The majority of the tombs at Xuegai cemetery were built with brick or stone, a reflection of both Han Dynasty burial customs and the production capacity of the time. The brick tombs appeared later than the brick chamber and stone chamber tombs. Between the Western and Eastern Han, building materials and tomb styles both changed dramatically. The brick chamber and stone chamber tombs disappeared. Brick chamber tombs were replaced by larger brick tombs or stone tombs, which afforded a larger amount of space for burial goods. In the later Eastern Han, both evolved into large-scale brick or stone tombs with complex architecture. The tombs at Xuegai cemetery are examples of middle or later Western Han tombs, and thus provide evidence for the evolution of tomb structure. Among the fifty stone chamber tombs of Xuegai, seven had walls with stone reliefs. Among them, the stone reliefs of Tomb No.7 are the most exquisite, depicting a pavilion, scenes of home and daily life, a double *que*（双阙）, jade *bi* with silk ribbons （穿璧）, evergreen trees, and so forth. Judging from the unsophisticated nature of the carving method, these reliefs are believed to show decorative features of earlier stone reliefs. Based on the carvings found on the outside of the stone chamber, the author argues that wooden coffins from an earlier period influenced the decorative method. Since the tomb had been looted, few valuable burial goods were unearthed from Xuegai. Various sorts of pottery were the main findings, along with a jade *bi*, some bronze *wuzhu* coins 五铢钱 , iron knives and swords, as well as other ordinary funeral goods. Stored in the boxes or pits meant to house the burial goods, the pottery was found largely undisturbed and well preserved. Jars, pots, and basins were arranged in commonly found sets, and jars found singly consist of the most common assemblages of burial objects. Additionally, a bronze basin and lead models of chariot teams were also unearthed. Jars, pots, and basins were arranged in sets common to the middle and late Western Han, while single jars were consistent with examples commonly found in other tombs.

Song tombs were found in the irrigated soil of the Yellow River, about 1.5 meters under the surface. The architecture of the Song tombs is relatively simple. Narrow brick chambers, topped by peaked v-shaped protrusions of interlocking bricks, lined the sides of the wooden coffins. Among the few burial items, bronze coins were often found in the coffin while ever-burning lamps, made of porcelain bowls and jars, were put in the niches of the tombs. The architecture of the children's tombs, rectangular in shape and also of brick construction, is much simpler. These tombs contained neither coffin nor burial items, except for ever-burning lamps.

The burial goods from the Song tombs are primarily porcelains such as bowls and jars, as well as some potteries and bronze coins with reign titles of the middle or later Northern Song.

This report consists of two sections. The first gives comprehensive overviews of the architecture and burial goods of each tomb, providing readers with detailed knowledge of the excavation. The second section offers research related to the cemetery, with studies that cover the styles of tomb architecture and typologies of burial goods and carving reliefs in the stone chambers.

彩版一　薛垓墓地发掘前地貌

1．M1形制

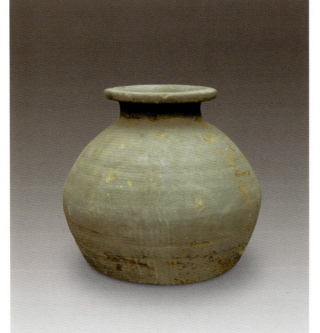

2．陶罐M1：1

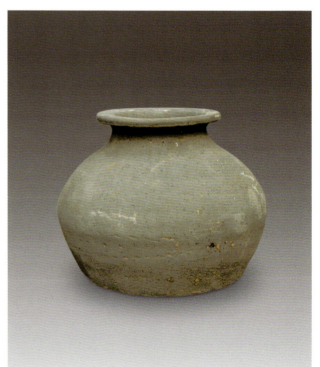

3．陶罐M1：2

4．陶罐M1：3

彩版二　汉墓M1及出土随葬品

1. M4形制

3. 陶罐M4：2

4. 半两M4：5

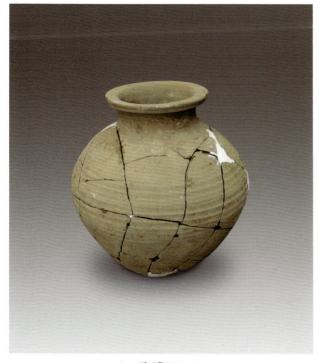

2. 陶罐M4：1

5. 铁削M4：4

彩版三　汉墓M4及出土随葬品

1. M6形制

3. 陶罐M6：2

4. 陶罐M6：3

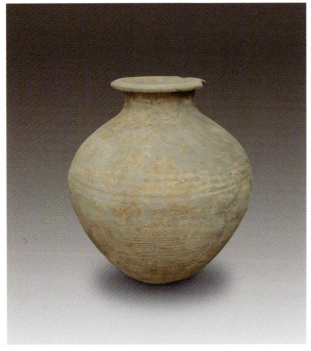

2. 陶罐M6：1

5. 陶罐M6：5

彩版四　汉墓M6及出土随葬品

1．M7墓室盖板

2．M7形制

彩版五　汉墓M7

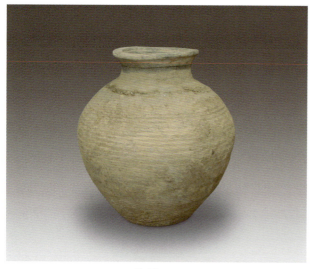

1. 陶罐M7：2

2. 陶罐M7：4

3. 陶壶M7：3

4. 陶壶M7：6

5. 五铢M7：1

6. 铅车马明器M7：7

彩版六　汉墓M7出土随葬品

1. M8形制

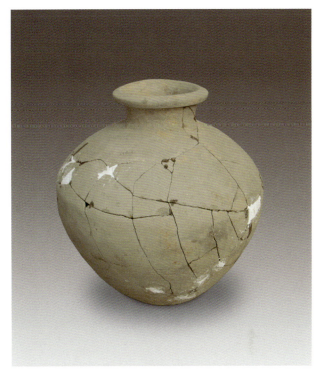

2. 陶罐M8：1

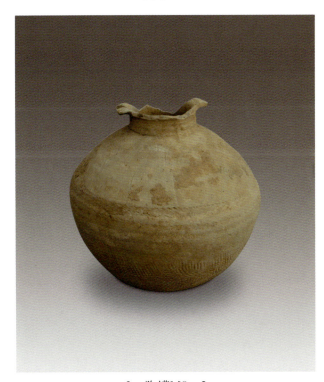

3. 陶罐M8：2

彩版七　汉墓M8及出土随葬品

1. M9墓室盖板

2. M9形制

彩版八　汉墓M9

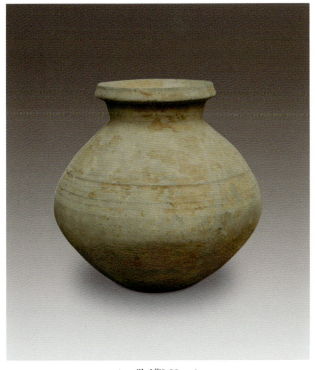

1. 陶罐M9：1

2. 陶罐M9：2

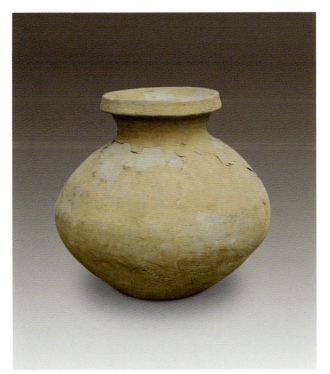

3. 陶罐M9：3

4. 铁剑M9：4

彩版九　汉墓M9出土随葬品

1．M11形制

2．陶罐M11：3

3．陶罐M11：4

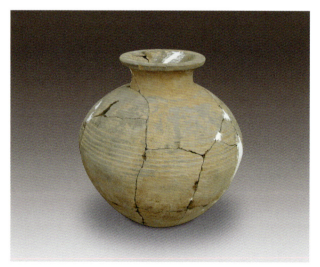

4．陶罐M11：5

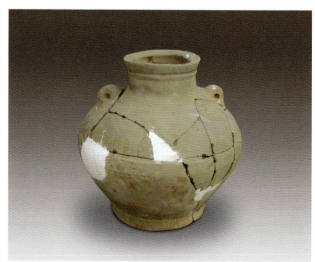

5．陶壶M11：1

彩版一〇　汉墓M11及出土随葬品

1. M12形制

2. 陶壶M12:2

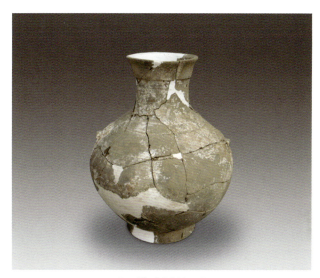

3. 陶壶M12:3

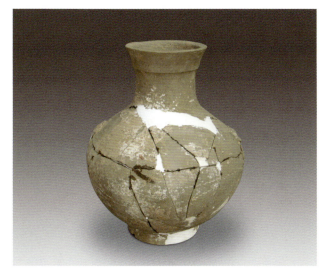

4. 陶壶M12:4

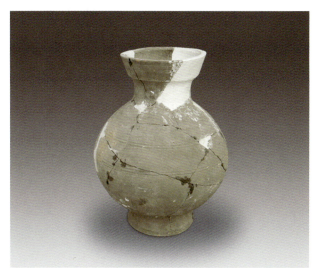

5. 陶壶M12:5

彩版一一　汉墓M12及出土随葬品

1．M13形制

2．陶罐M13：1

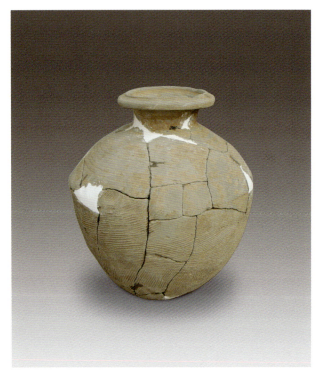

3．陶罐M13：2

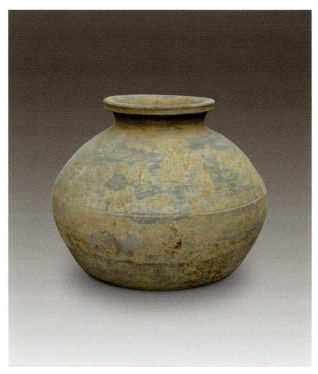

4．陶罐M13：3

彩版一二　汉墓M13及出土随葬品

1. M15形制

2. 陶罐M15：4

3. 陶罐M15：5

4. 铜洗M15：3

5. 五铢M15：6

6. 玉璧M15：1

彩版一三 汉墓M15及出土随葬品

1．M16墓室盖板

2．M16形制

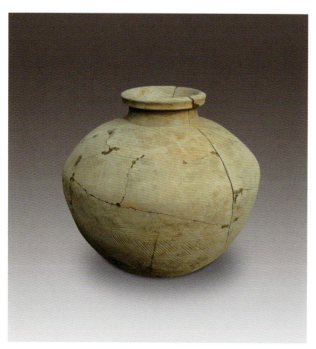

3．陶罐M16：4

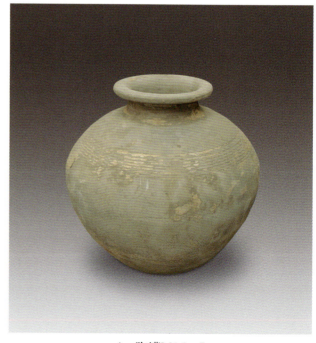

4．陶罐M16：7

彩版一四　汉墓M16及出土随葬品

1. 陶壶M16:5

2. 陶壶M16:6

3. 陶瓿M16:3

4. 五铢M16:1

5. 铁刀M16:2

彩版一五　汉墓M16出土随葬品

1. 陶罐M18：2

2. 陶罐M18：3

3. 陶瓮M18：4

4. 五铢M18：1

5. 陶罐M19：1

彩版一六　汉墓M18、M19出土随葬品

1．M20形制

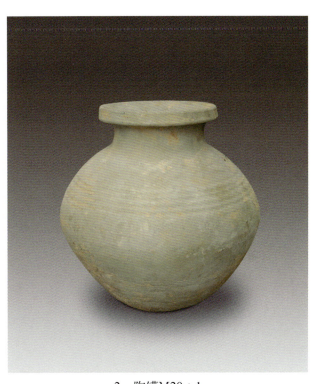

2．陶罐M20：1

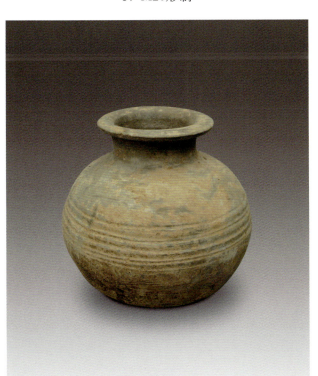

3．陶罐M20：2

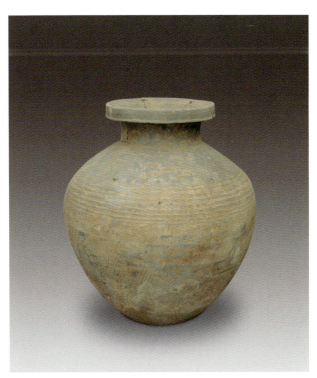

4．陶罐M20：3

彩版一七　汉墓M20及出土随葬品

1. 陶罐 M25：2

2. 陶罐 M26：1

3. 陶罐 M26：2

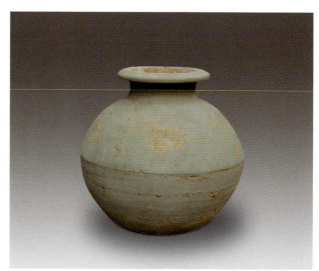

4. 陶罐 M26：3

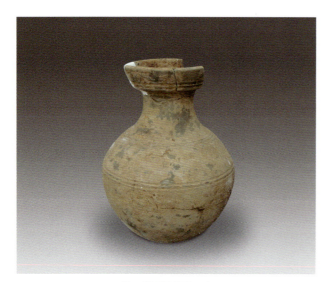

5. 陶壶 M26：4

彩版一八　汉墓M25、M26出土陶器

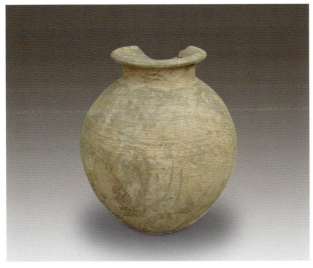

1. 陶罐M27：3

2. 陶壶M27：2

3. 陶壶M27：4

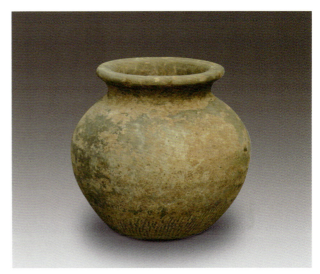

4. 陶罐M37：1

5. 陶罐M37：2

6. 陶罐M37：3

彩版一九　汉墓M27、M37出土陶器

1. 陶罐M38：1

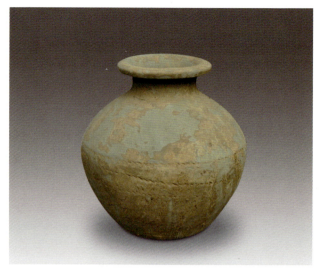

2. 陶罐M38：2

3. 陶罐M38：3

4. 陶罐M45：1

5. 陶罐M45：2

6. 陶罐M45：3

彩版二〇　汉墓M38、M45出土陶器

1．M66、M69、M70墓室盖板

2．M66、M69、M70形制

彩版二一　汉墓M66、M69、M70

1．M70与M66（中）、M69（右）墓室

2．M70墓室

彩版二二　汉墓M66、M69、M70

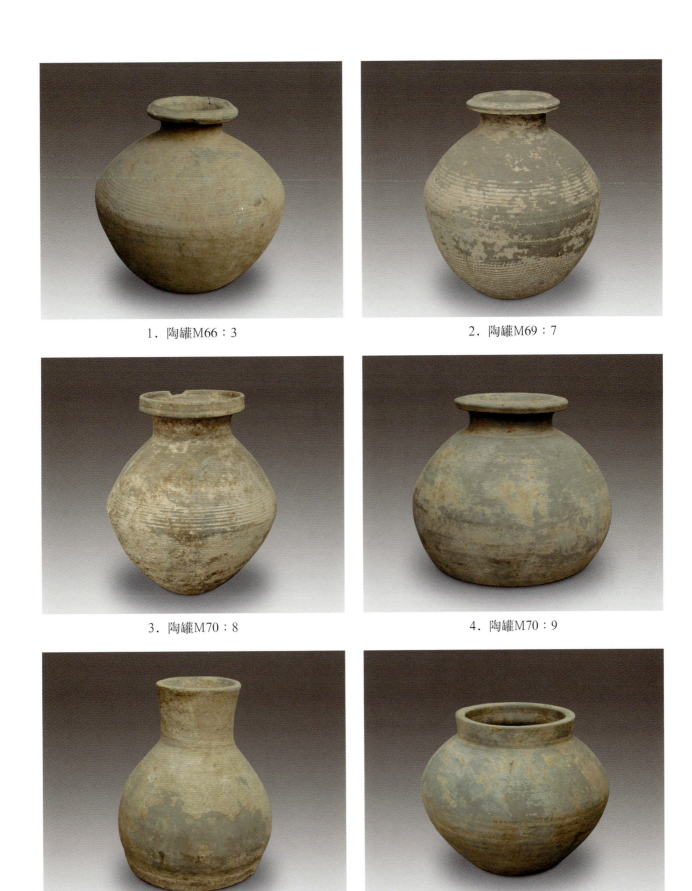

1. 陶罐M66：3

2. 陶罐M69：7

3. 陶罐M70：8

4. 陶罐M70：9

5. 陶壶M69：6

6. 陶瓮M66：2

彩版二三　汉墓M66、M69、M70出土陶器

1．M67形制

2．陶罐M67：1

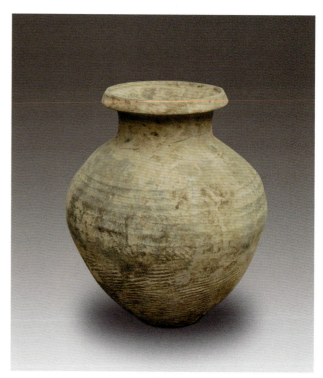

3．陶罐M67：2

彩版二四　汉墓M67及出土随葬品

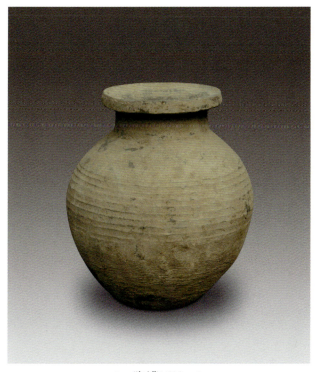

1．陶罐M82：1

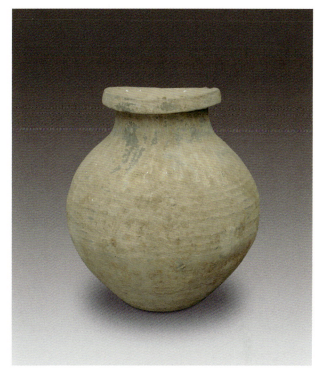

2．陶罐M82：2

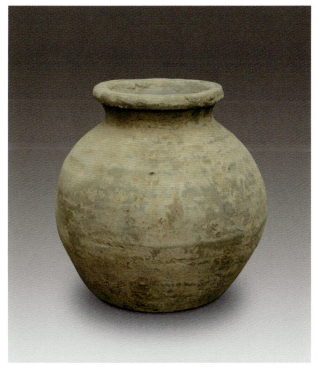

3．陶罐M82：3

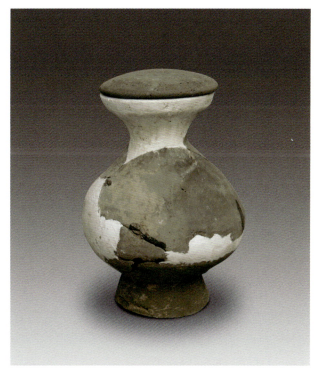

4．陶壶M92：1

彩版二五　汉墓M82、M92出土陶器

1. M97形制

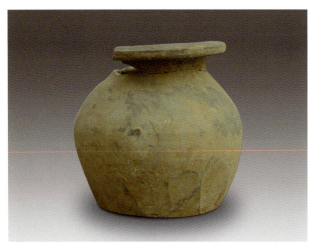

2. 陶罐M108：1

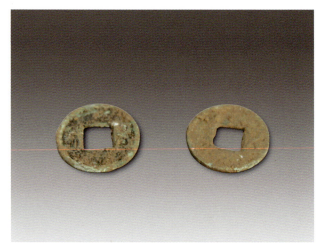

3. 五铢M108：4

4. 铁刀M108：6

5. 石黛板M108：5

彩版二六　汉墓M97与M108出土随葬品

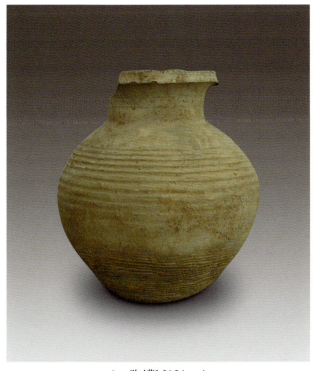

1. 陶罐M121：4

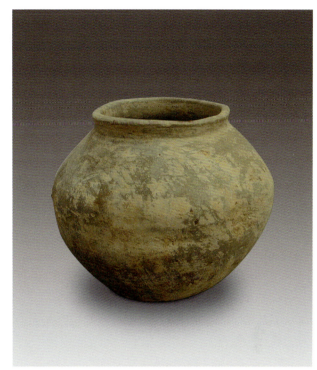

2. 陶瓮M121：2

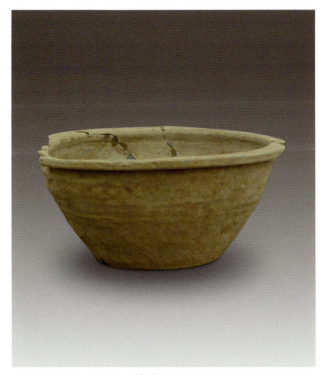

3. 陶盆M121：3

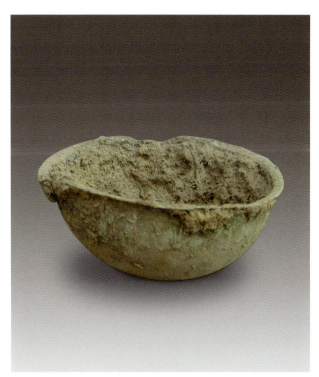

4. 铜洗M121：1

彩版二七　汉墓M121出土随葬品

1．M127形制

2．陶罐M127：1

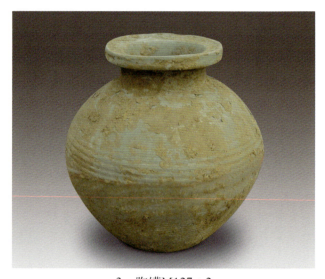

3．陶罐M127：2

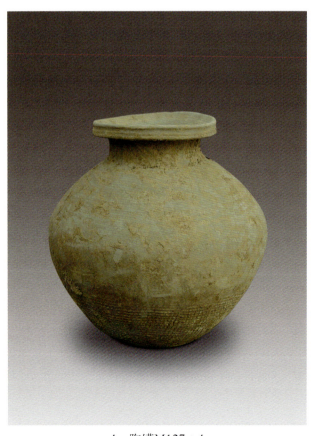

4．陶罐M127：4

5．五铢M127：6

彩版二八　汉墓M127及出土随葬品

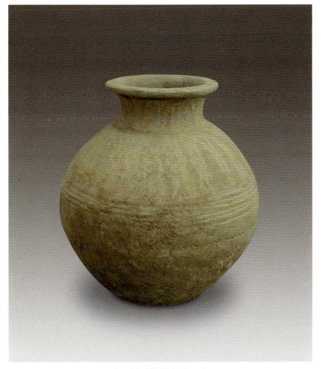

1. 陶罐M132：2

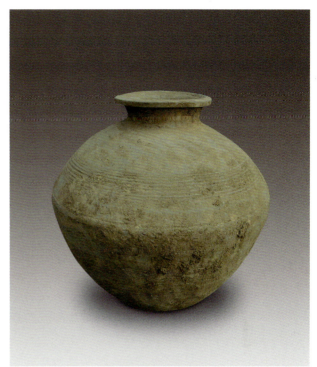

2. 陶罐M132：3

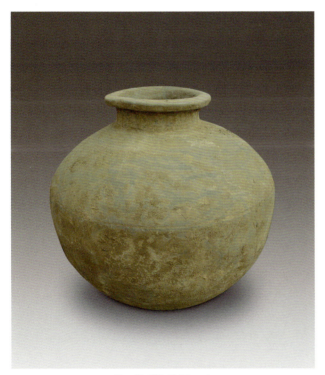

3. 陶罐M132：4

4. 陶钵M132：1

彩版二九　汉墓M132出土陶器

1．M135墓室盖板

2．M135形制

彩版三〇　汉墓M135

1. M159形制

2. 陶罐M159：1

3. 陶罐M159：2

4. 陶罐M159：4

5. 陶罐M159：5

彩版三一　汉墓M159及出土随葬品

1. M167墓室盖板

2. M167形制

彩版三二　汉墓M167

1. 陶罐 M167：1

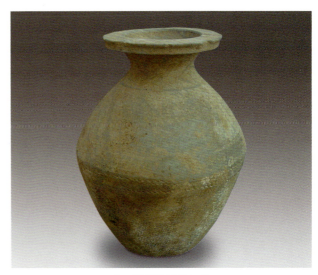

2. 陶罐 M167：2

3. 陶罐 M167：3

4. 五铢 M167：5

5. 铁刀 M167：4

彩版三三　汉墓 M167 出土随葬品

1．M168墓室

2．M168形制

彩版三四　汉墓M168

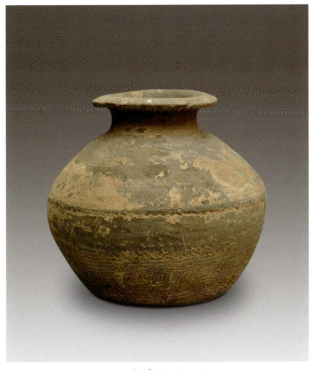

1. 陶罐M168：2

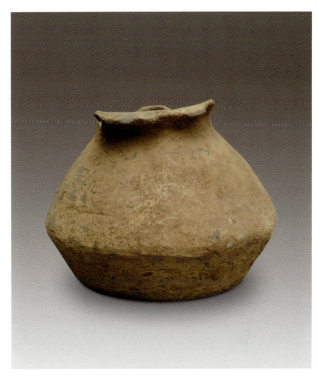

2. 陶罐M168：3

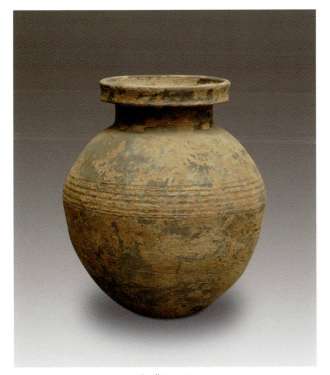

3. 陶罐M168：4

4. 铁刀M168：1

彩版三五　　汉墓M168出土随葬品

1. M170形制

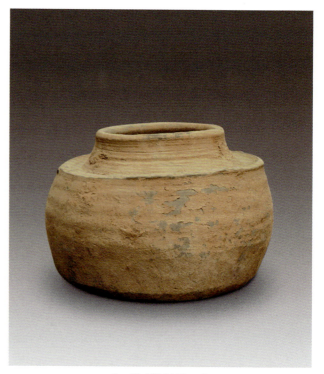

2. 陶罐M171：2

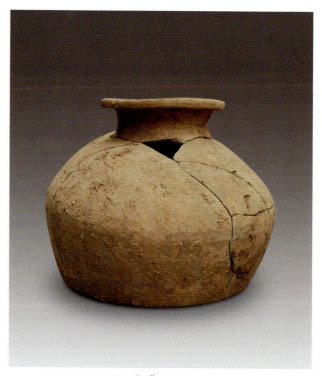

3. 陶罐M171：3

彩版三六　汉墓M170与M171出土随葬品

1. M176

2. M176形制

彩版三七 汉墓M176

1．M179形制

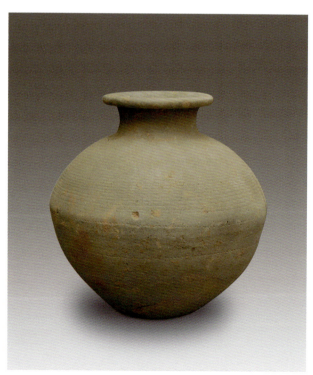

2．陶罐M179：1

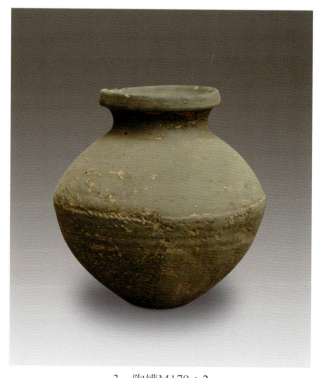

3．陶罐M179：2

彩版三八　汉墓M179及出土随葬品

1. 陶罐M179：3

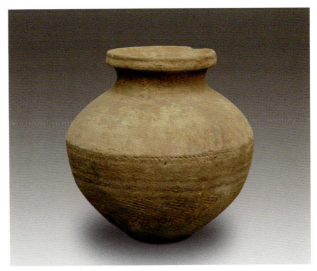

2. 陶罐M179：4

3. 陶罐M179：5

4. 陶罐M179：6

1. M180形制

2. 陶罐M182：1

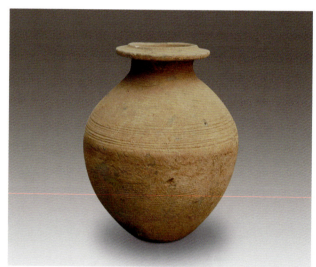

3. 陶罐M182：2

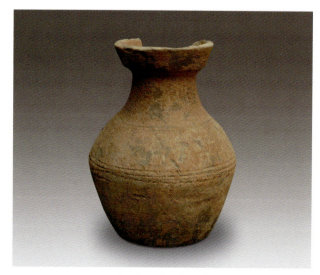

4. 陶壶M182：3

5. 大泉五十M182：4、M182：5

彩版四〇　汉墓M180与M182出土随葬品

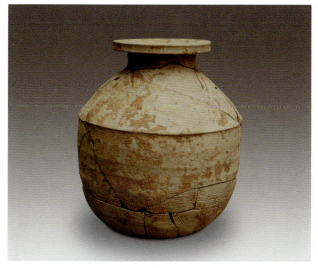

1．陶罐M184：1

2．陶罐M184：6

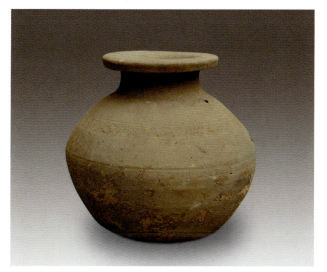

3．陶罐M184：7

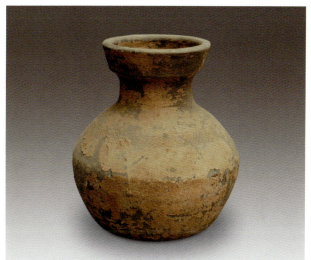

4．陶罐M184：2

5．五铢M184：4、5

彩版四一　汉墓M184出土随葬品

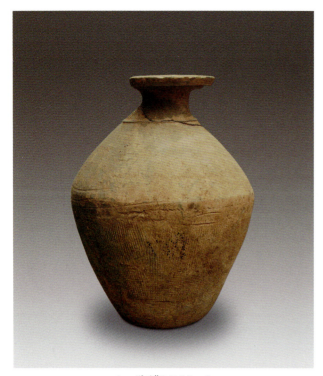

1．陶罐 M185：1

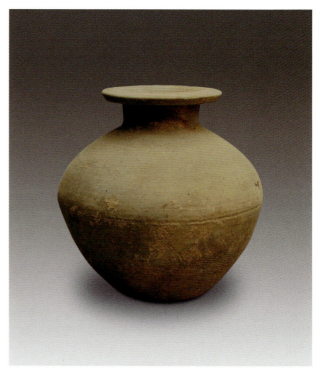

2．陶罐 M185：2

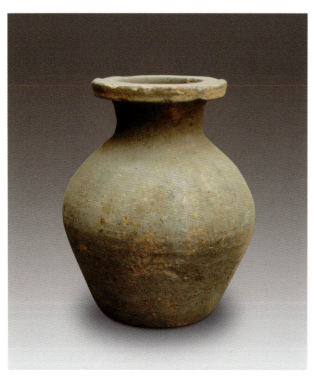

3．陶罐 M185：3

彩版四二　汉墓M185出土陶罐

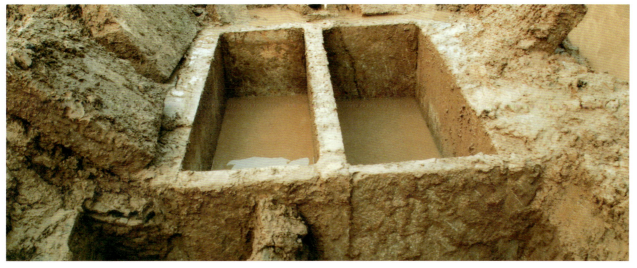

1. M186形制

2. 陶罐M186：4

3. 陶罐M186：5

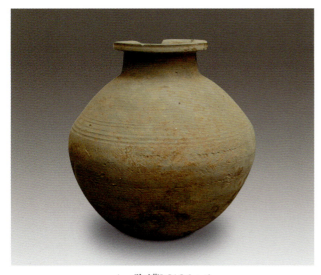

4. 陶罐M186：6

5. 陶瓮M186：3

彩版四三　汉墓M186及出土随葬品

1. M188形制

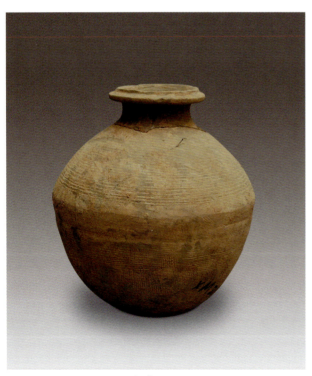

2. 陶罐M188：1

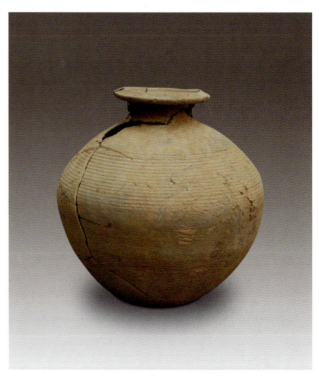

3. 陶罐M188：2

彩版四四　汉墓M188及出土随葬品

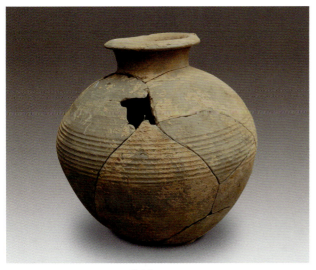

1. 陶罐M188：3

2. 陶罐M188：4

3. 陶罐M188：5

4. 陶罐M188：6

5. 陶盒M188：7

6. 五铢M188：8

彩版四五　汉墓M188出土随葬品

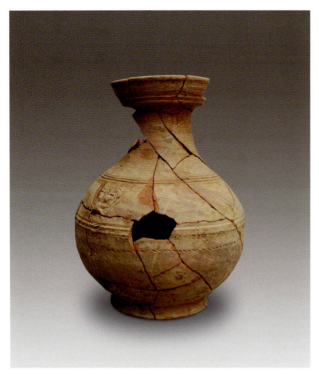

1. 釉陶壶M189：1

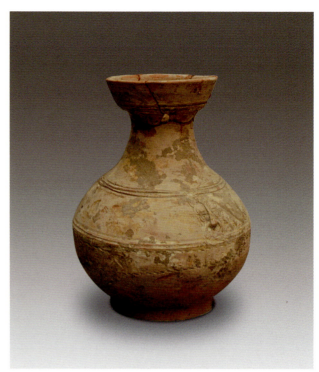

2. 釉陶壶M189：2

3. 五铢M189：4

彩版四六　汉墓M189出土随葬品

1．M191形制

2．陶罐M191：5

3．陶壶M191：6

彩版四七　汉墓M191及出土随葬品

1. 陶壶 M191：7

2. 陶壶 M191：8

3. 陶壶 M191：9

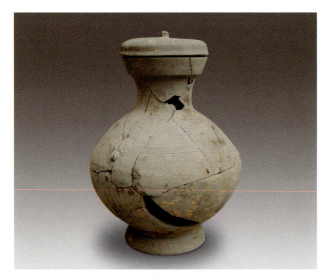

4. 陶壶 M191：10

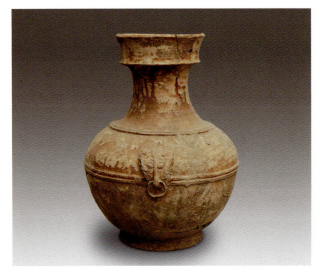

5. 釉陶壶 M191：3

6. 釉陶壶 M191：4

彩版四八　汉墓M191出土陶器

1．M192形制

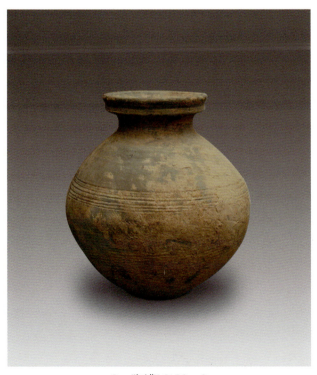

2．陶罐M192：2

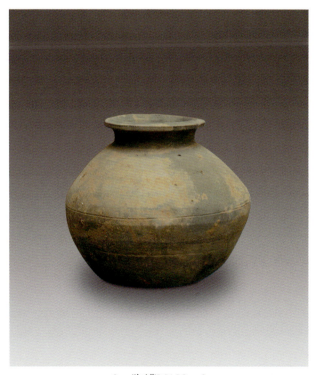

3．陶罐M192：3

彩版四九　汉墓M192及出土随葬品

1. 陶罐M192：5

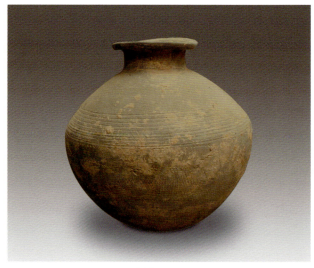

2. 陶罐M192：7

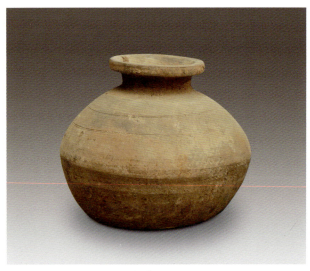

3. 陶罐M192：8

4. 陶罐M192：9

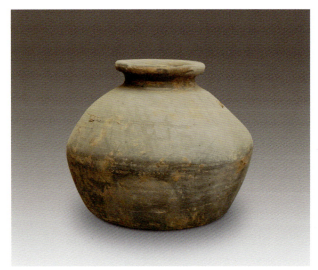

5. 陶罐M192：10

6. 陶罐M192：11

彩版五〇　汉墓M192出土陶罐

1. 釉陶猪圈 M192：12

3. 釉陶灶 M192：14

2. 釉陶楼 M192：13

4. 釉陶勺 M192：17

5. 五铢 M192：1

彩版五一　汉墓M192出土随葬品

1．M194形制

2．M195形制

彩版五二　汉墓M194与M195

1. M196形制

2. 陶罐M196：4

3. 陶罐M196：5

4. 陶瓮M196：7

5. 货泉M196：2

彩版五三　汉墓M196及出土随葬品

1. M198墓室盖板

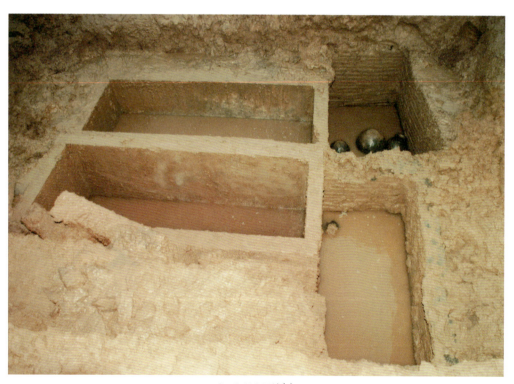

2. M198形制

彩版五四　汉墓M198

1. 陶罐 M198：5

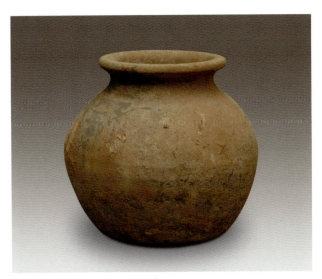

2. 陶罐 M198：6

3. 陶罐 M198：7

4. 陶罐 M198：8

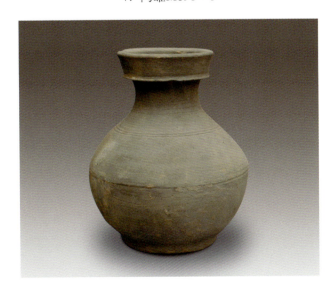

5. 陶壶 M198：4

彩版五五　汉墓 M198 出土陶器

1. M200形制

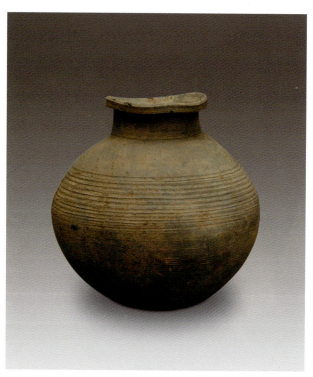

2. 陶罐M200：4

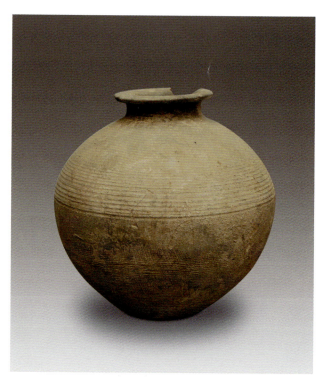

3. 陶罐M200：6

彩版五六　汉墓M200及出土随葬品

1．陶罐 M200：7

2．陶罐 M200：8

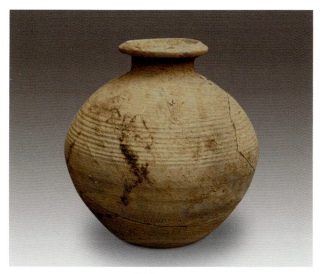

3．陶罐 M200：9

4．陶瓮 M200：5

5．陶瓮 M200：10

6．五铢 M200：1

彩版五七　汉墓M200出土随葬品

1. M201形制

2. 陶罐M201：1

3. 陶罐M201：2

4. 陶罐M201：3

5. 五铢M201：4

彩版五八　汉墓M201及出土随葬品

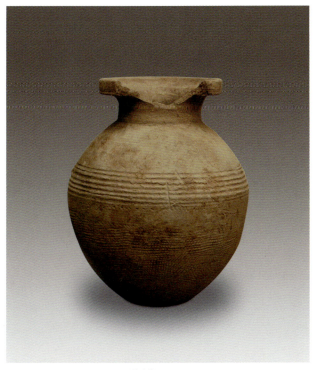

1. 陶罐M202：1

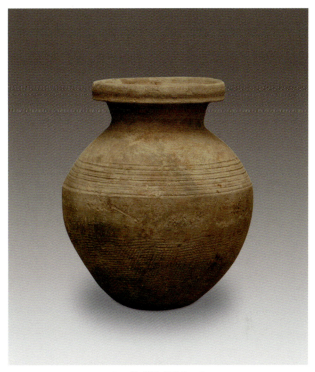

2. 陶罐M202：2

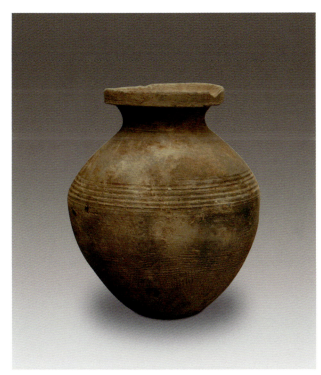

3. 陶罐M202：3

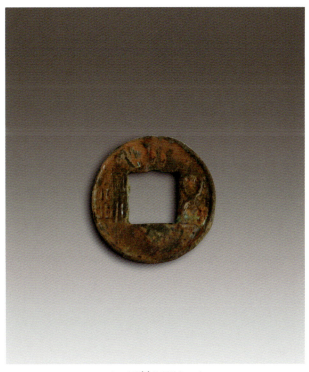

4. 五铢M202：4

彩版五九 汉墓M202出土随葬品

1. M203形制

2. M204形制

彩版六〇　汉墓M203与M204

1. 陶罐 M204：3

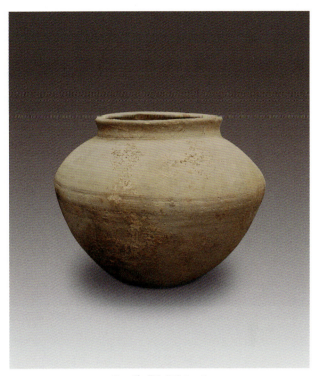

2. 陶瓮 M204：1

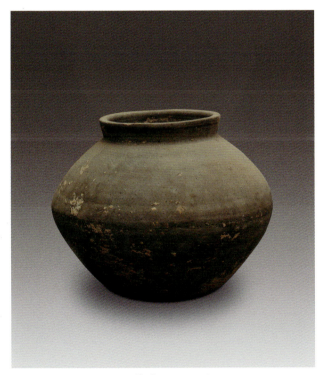

3. 陶瓮 M204：2

4. 大泉五十 M204：4b

彩版六一　汉墓M204出土随葬品

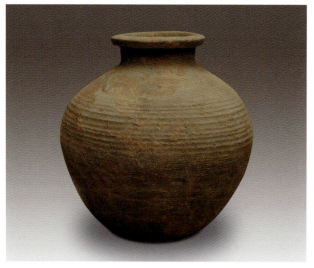

1. 陶罐 M207：1

2. 陶壶 M207：2

3. 半两 M207：3

4. 陶罐 M208：1

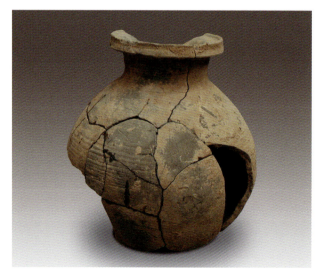

5. 陶罐 M208：2

6. 陶奁 M208：5

彩版六二　汉墓M207、M208出土随葬品

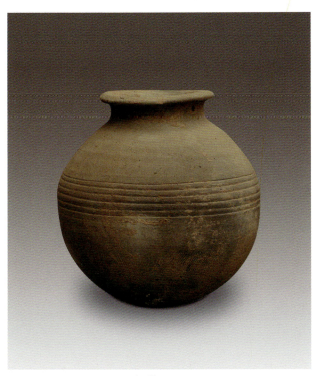

1. 陶罐M209：1

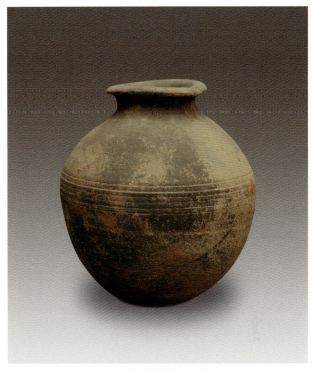

2. 陶罐M209：2

3. 陶罐M209：3

彩版六三　汉墓M209出土陶罐

1. M39形制

2. M51形制

彩版六四　宋墓M39与M51

1. M51形制

2. 白釉碗M51：1

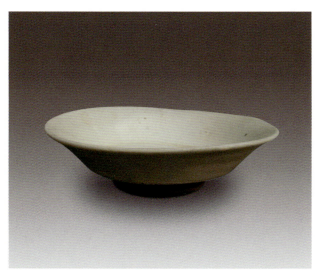

3. 白釉碗M51：2

4. 白釉碗M51：3

5. 白釉碗M51：4

彩版六五　宋墓M51及出土随葬品

1．M52形制

2．M52形制

彩版六六　宋墓M52

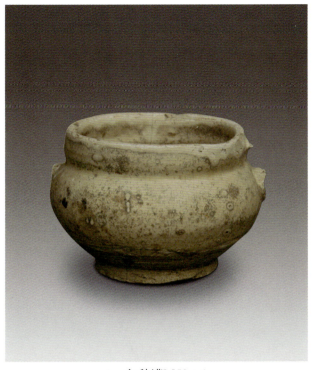

1. 白釉罐M52：1

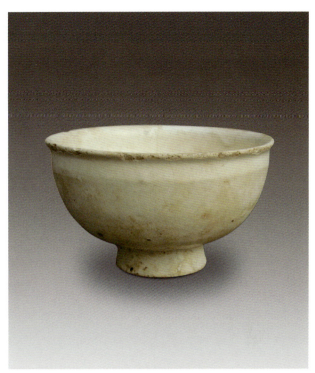

2. 白釉碗M57：1

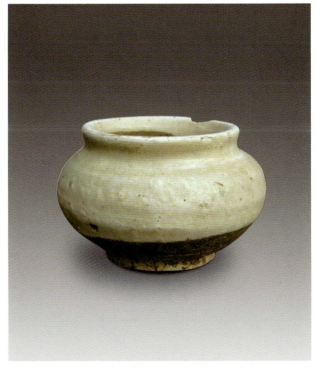

3. 白釉罐M58：1

4. 白釉罐M61：1

彩版六七　宋墓M52等出土瓷器

1．M80形制

2．M80形制

彩版六八　宋墓M80

1. 陶罐M80：2

2. 白釉碗M80：1

彩版六九　宋墓M80出土随葬品

1. M100形制

2. M100形制

彩版七○　宋墓M100

1. 白釉碗M100：1

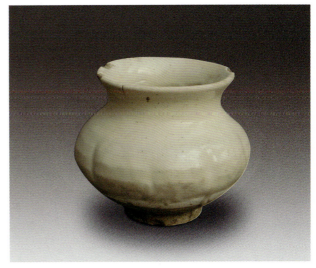

2. 白釉罐M100：2

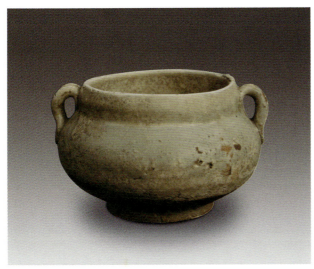

3. 白釉罐M123：1

4. M123形制

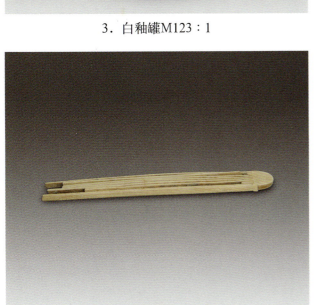

5. 骨束发器M139：1

彩版七一　宋墓M100、M123等及出土随葬品

1. 白釉罐M153：1

2. 白釉罐M155：2

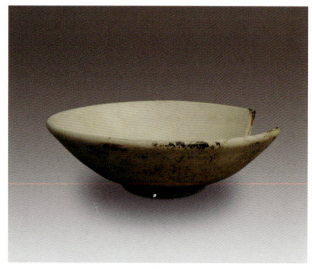

3. 白釉碗M155：1

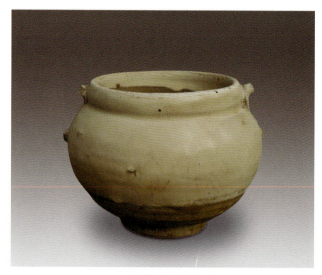

4. 白釉罐M157：1

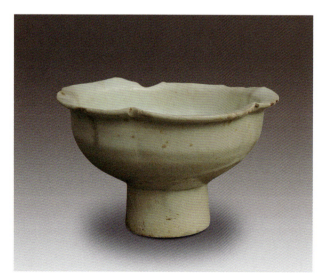

5. 青白釉高足杯M157：2

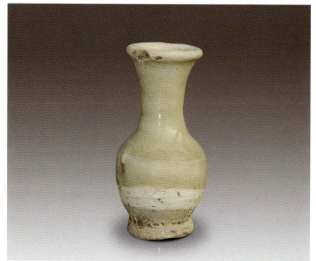

6. 白釉瓶M164：1

彩版七二　宋墓M153等出土瓷器